国家民委贵州师范大学多民族文化融合与区域发展研究基地 2022 年度
课题招标项目（项目编号：YB2022004）研究成果

远大前程

大学生学业成长的叙事研究

罗银新／著

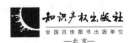

知识产权出版社
全国百佳图书出版单位
—北 京—

图书在版编目（CIP）数据

远大前程：大学生学业成长的叙事研究/罗银新著. —北京：知识产权出版社，2024.3

ISBN 978-7-5130-9111-4

Ⅰ.①远… Ⅱ.①罗… Ⅲ.①学习方法 Ⅳ.①G442

中国国家版本馆 CIP 数据核字（2023）第 245758 号

责任编辑：邓　莹　　　　　　责任校对：潘凤越
封面设计：杨杨工作室·张　冀　　责任印制：孙婷婷

远大前程：大学生学业成长的叙事研究

罗银新　著

出版发行：	知识产权出版社 有限责任公司	网　　址：	http://www.ipph.cn
社　　址：	北京市海淀区气象路 50 号院	邮　　编：	100081
责编电话：	010-82000860 转 8346	责编邮箱：	dengying@cnipr.com
发行电话：	010-82000860 转 8101/8102	发行传真：	010-82000893/82005070/82000270
印　　刷：	三河市国英印务有限公司	经　　销：	新华书店、各大网上书店及相关专业书店
开　　本：	880mm×1230mm　1/32	印　　张：	10.5
版　　次：	2024 年 3 月第 1 版	印　　次：	2024 年 3 月第 1 次印刷
字　　数：	300 千字	定　　价：	68.00 元

ISBN 978-7-5130-9111-4

别人家的孩子 （序）

　　龙年初春，校园里的迎春花渐渐开了。前几日，小罗前来看我和他师母，我印象中这应该是他 2024 年以来第三次来家看望我们。第一次是元旦期间；第二次是春节后他来北京师范大学访学报到；这次是第三次。前两次他都未与我提及出书事宜，这次他从包里拿出书稿放在我案头，恳请我做些指导，并给这本书写个序言。我便随手翻了几页，相继提出一些修改意见。他走后，我再次翻阅书稿，从字里行间中，我看到了这些孩子的努力，更看到了小罗这几年的良苦用心。

　　这本书是小罗 2018 年博士毕业后，准备出版的第 3 本专著，第 2 本因各种缘由在出版社"躺着"暂时未能面世，可能也是有这个顾虑，前两次来他都没给我提及这本书的出版事宜。2018 年小罗毕业后，顺利入职高校教学科研岗，并担任了班主任和辅导员的工作，在工作中随时观察和记录学生的成长，当学生们毕业后，这本书的初稿也初见雏形。对于一位"青椒"老师，如何处理好教学与科研、学生与孩子、家庭与单位的关系是个不小的挑战。小罗毕业这 5 年，很好地平衡了这些关系。他每次来北京看我，我都要提醒他注意身体，两个闺女还很小。这 5 年里，他完成了人生诸多角色转变：别人的丈夫、两个闺女的父亲、本科生的班主任和辅导员、研究生的导师……在这个过程中，他仍然坚持思考和写作，并完成了这本书，实属不易。

　　这本书可读性强，每个案例都是一个励志的故事。阅读之后让我不禁感慨时光飞逝，更勾起了我无尽的回忆。20 世纪 80 年代开始，我就开始从事教育人类学的研究工作，主要关注边远地区乡村教育问题。这主要源于我少年时代上山下乡的知青经历，让我对基层有更深的情愫。随着研究的深入，我提出"多元文化整合教育理论"，目的是破解学校教育中"文化边缘人"的难题，并在云南等地开展了实证研究。我选择云南拉祜族女童开展了长期的田野观察，并让我的博士生杨红做了追踪研究。这些研究的成果都已经陆续出版，如杨红博士的《拉祜族女童的教育选择——一项教育人类学的回访与再研究》。在这一系列研究中，我们都对学生的学业成就进行归因分析，并进行本土理论的建构。这么多年过去了，小罗的这本书算是一脉相承的研究。

这本书在结构和写作上，小罗都花了很大的心思。在结构上，他精心地挑选了 18 个案例组成 6 个章节，每一章都有一个比较鲜明的主题；在写作上，他大量呈现案例自己的叙述，这让故事更具真实性，并在每章结尾做小结，进行归因分析和理论阐释。最后，他用一章的篇幅来进行深入的归因分析并进行学理性阐释，这就使得本书既具有可读性，又具有学理性。

学业成就是教育人类学研究的核心议题之一。从目前研究文献来看，这个议题在国内教育学圈较少有研究者关注，更多是心理学研究者关注。国外经典的学业成就理论主要有"遗传决定论""文化匮乏论""文化模式理论""角色身份认同"等，这些理论对阐释学生学业成就有着重要的参考价值。这部分知识在我主编的《教育人类学通论》一书中有专门的章节做了全面的梳理，希望有志于从事这方面研究的学者可以参阅这本书。在小罗的这本书中，回应了很多学术性概念，例如教育信念、文化适应、角色认同、重要他人、结构与主体等。

"教育信念"这个概念对于本书的绝大多数案例来说是影响他们学业成就的最主要的因素。这本书的案例绝大部分都是来自低社会资本、低经济资本、低文化资本的家庭。他们能够取得高学业成就，最主要的原因在于他们内心强大的教育信念，以及家庭对于"教育改变命运"这一教育信念的坚守。这样的教育信念有助于他们破解学业成长中面临的低资本的教育处境。这个概念也让我看到了小罗跟随我攻读硕博学位期间的那份执着和坚守。

小罗是一个地地道道的山乡放牛娃，每天陪伴他更多的是割草、劈柴、喂马、放牛……如果不出意外，他的孩子也一样重复他这样的生活。但是，随着年龄的增长，他逐步意识到只有读书才能实现父辈们走出大山、跃"农"门的世代夙愿，只有读书他才能把这种生活变成诗意的存在。他秉持着这样的教育信念，把每一次机会都当成救命的稻草，积极克服语言和文化上的障碍，让自己积极适应教育结构的需求，从而从山乡放牛娃走到北京攻读博士学位。博士毕业入职后，他也积极与教育结构发生互动，每年要写 5~6 个各类课题申报本子，教学之余修改论文和书稿……正是因为自己主动与教育结构发生互动，入职 3 年内顺利拿到副教授职称。从我对小罗的了解来看，他学业成长的故事足以撰写一部励志的专著。他从山乡放牛娃蜕变成博士的学业成长历程，以及入职后顺利成为副教授的经历足以说明教育信念、教育结构与主体的互动对学业成就的高低产生重要的影响。

学生是否适应学校文化，对他们的学业成就也有着重要的影响。这方面我早期也做了很多研究。我也指导我的博士生张霜做了专门的研究，相关成果可以参阅《民族学校教育中的文化适应研究》一书。小罗在这本书中也提出和回应了文化适应的问题。我们必须看到，学生在校文化适应问题直接关乎他们的学业成就。需要注意和强调的是，我们不要一提文化适应就感觉只有不同民族学生之间在一起才会有这个问题，文化适应问题应该是一个很普遍的问题，当不同群体接触时都会产生。这是我们在对学生学业成就进行归因时必须重点考量的要素。

角色身份认同在学校教育中是一个十分有趣的概念，尤其是在大学。小罗将这个概念重点用于阐释学生们大学阶段的学业成就，实际上也解答了他在带学生过程中存在的困惑。今天的大学生，从高中进入大学后，面临的选择太多，往往会对自己的身份产生疑惑，不知道自己是谁了。跟高中时代相比，他们求学的目标不再是单一的考大学，而是有了更多的选择。学习的任务和难度系数也会因为个人不同的选择而不一样。这本书中有很多这样的案例，故事很精彩，我建议读者可以好好看看有关章节，从中反思今天我们的大学教育。

我们在人生发展过程中每每会遇到自己的"贵人"，用学术的术语来说就是"重要他人"。在这本书中，每一个案例都给我们呈现了其学业成长中的"重要他人"。大部分案例都提到教师对他们学业成就的积极影响，也有部分学生提及对他们产生的消极影响。可见，教师这个"重要他人"在学生学业成长中扮演的角色是多么重要。跟"重要他人"相类似的另一个概念——"重要事件"。这里需要说明，不要一看到"事件"就认为是贬义词，在这里它是一个中性词。"重要事件"在学生的学业成长中也发挥着积极的作用。书中大多数学生都提及小罗从大一到大二每周举行一次的读书会对他们发展产生的影响。我相信这件事将会成为他们人生中一个关键性的存在。

这本书中的孩子们，让我想起了韦伯说的："人是悬挂在自己编织的意义之网上的动物。"他们经过这么多年的努力，在积极建构自己生命中的网，并努力使之变得有意义。同时，他们又奋斗在特定时代的教育结构中。他们学业成就的高低不仅受个人努力的影响，更受教育结构张力的影响。这些案例很好地证明了当学生积极与教育结构产生互动时，更容易取得高学业成就，反之亦然。这就为我们引导学生如何进行学业规划和发展提供了可资借鉴的经验。

这本书也给我们反思学校教育与社会流动提供了样本。这本书中大多数案例都提及保罗·威利斯《学做工》一书。小罗带的这些"别人家的孩子"的学业经历和保罗·威利斯笔下的"男孩子们"形成了鲜明的对比。"男孩子们"在学校表现出强烈的反结构行为，最终导致学校教育成为阶层固化的工具。相反，我们看到"别人家的孩子"在自己和家庭的教育信念引领下，跨越了低经济资本、低文化资本等障碍，积极地向学校结构靠拢，最终取得了较为理想的学业成就，实现了社会的向上流动。

　　一本专著的生命力应该是读者阅读后在多大程度上引起共鸣。我相信不同阅读者都会在这本专著中看到自己曾经奋斗的影子，并在其中追忆自己似水的华年。

滕星

2024 年 3 月
于中央民族大学独树斋

　　（滕星，中央民族大学教授，中国人类学民族学研究会教育人类学专业委员会首任理事长，中国教育人类学学科建设的重要奠基人之一。）

目　　录

引　言

教育的四个支柱：学会认知（Learning to know）；学会做事（Learning to do）；学会共同生活（Learning to together）；学会生存（Learning to be）。

——《教育——财富蕴藏其中》

2018 年，我经过至少 26 年的学业努力终于博士毕业，带着些许遗憾离京入职贵州师范大学。2018 年，我只是全国博士毕业人数 60 724 人中的一员❶，现在回想起来，感觉自己是多么的幸运。同年 7 月，我拿着双证到贵州师范大学人事处报到，经过近两个月的暑假，我迎来了自己入职后的新角色——教育学院的教师、教育学院 2018 级兼职辅导员、班主任。9 月份迎来人生中的第一届学生，共计 62 人。这 62 人中有 90% 以上和我一样来自农村，只是每个学生的经历不同。这 62 个学生只是当年（2018 年）全国录取本科生 4 221 590 人中微不足道的一小部分❷，他们能进入贵州师范大学也经过了激烈的角逐。改编一下当时流行的话语，他们经过 12 年的努力才争取到坐

---

❶ 教育部. 各级各类学历教育学生情况 ［EB/OL］（2019 – 08 – 08）［2023 – 10 – 10］. http：//www. moe. gov. cn/jyb_sjzl/moe_560/jytjsj_2018/qg/201908/t20190812_394239. html.

❷ 教育部. 各级各类学历教育学生情况 ［EB/OL］（2019 – 08 – 08）［2023 – 10 – 10］. http：//www. moe. gov. cn/jyb_sjzl/moe_560/jytjsj_2018/qg/201908/t20190812_394239. html.

在大学喝咖啡的机会，我经过至少 26 年的努力也才拿到和他们在大学一起喝咖啡的机会。就这样，我们的故事开始了……

2018 年，我们没有想过要给彼此记录点什么，所以我没有把自己的老本行（记田野日志）发挥出来，导致现在很多事情都只能靠碎片化的记忆来呈现。这项研究，或者说我和他们的故事之所以能够成为一个问题得以呈现，更多的原因，我想是因为我的理想主义。2018 年博士毕业后，我意气风发地入职贵州师范大学，那时候还没有成家，没有为人父，有更多的精力和这些刚进入大学的学生打成一片，在长时间的互动中聆听彼此的故事。在他们的大学学业成长过程中，我虽然做了挺多的事，但是在他们即将毕业的时候，我发现往往事与愿违，也不知道是否达到了当时我们彼此的初心，抑或目的。

他们作为师范生，根据当时的人才培养方案的基本要求，经过四年的学习需要达到"一践行三学会"（践行师德、学会教学、学会育人、学会发展）的培养目标。在和他们的交流中，我发现大多数学生还是希望毕业后能够到中小学任教，但比较遗憾的是他们在高考填志愿时，未能选择一个可以入职中小学的专业学习。其实邻省早就已经对教育学专业的学生放开了限制，后来班上广西籍的学生也都基本入职当地的中小学，如愿做了教师，省内能够顺利进入中小学编制的学生却寥寥无几。这样的结果一定程度上印证了学生们本科四年期间在学业上的矛盾和忧虑。

班上学生当年都是以超一本线 20 分左右的分数录取进来的，通过四年的学习，他们是否达到了学校人才培养方案的要求，即"一践行三学会"，如果从就业对口的视角来看，他们中大多数人都未能实现育人之梦，也难以去证实自己是否有教学的能力，抑或教好学生的能力。因为社会结构未能给他们提供足够的岗位，让他们展现自己的专业能力。与社会关注和学校对他们培养的目的不太一样的是，作为他们的辅导员和班主任，我更关心他们在大学四年的心路历程和自我认知，抑或自我评价。因此，便有了我和他们一起自创的"大学生学业成长的叙事研究"课题。一定程度上来说，这是我们之间的"自娱自乐"。因此，在学理性和规范性上不能用严格的范式对这项研究进行评判。

　　在他们的叙述中，有后进生的成功逆袭、留守儿童的涅槃、随迁子女的教育选择、乡村学子的自我调适、山乡女童的成功蜕变，更有学术苗子的坚守成长。总之，他们的故事呈现出不同文化背景的学生从幼儿园到大学学业成长的心路历程，并对自我学业成就进行初步的归因分析。在行文中，我更尊重他们对自己的评价。因此，不得不说他们作为新兴之苗，在自我分析时确有不足之处，但他们勇敢地迈出了第一步。我在他们第一步的基础上，在每一章进行了初步的总结，以弥补他们的不足，但也不得不说，我好像在画蛇添足，却未能达到画龙点睛之功效。本研究在此基础上，在最后一章对他们的学业成就的取得进行了更加深入的归因分析和理论阐释。

第一章 从后进生到高成就者的逆袭

教育的终极目标是实现自我觉醒。在接受教育之后，知道我是谁，我要的是什么，我的价值是什么？本章呈现的是那些在学校教育中，历经多次挫折和失败之后，仍然不忘初心的案例。

第一节 学业中的重要他人

从小学开始，我便觉得自己是非常幸运的，一生之中也遇见了许多对我影响甚深的人，所以关于我的求学生涯也算得上有趣且丰富多彩。我的求学生涯不得不提及几个重要他人和几次重要的转折点。这些重要他人和重要转折点很大程度上改变了我的性格和我对世界的看法。我也因此成为一个幸运儿，总是能够在每一个关键时刻遇见我的"贵人"，在许多"奇葩"老师的鼓励、关心、关爱、引导、刺激等作用下，也在许多同伴的影响下，在父母不知所措的疼爱下，沉睡的灵魂不断觉醒，让勤快善良的一面取代了懒惰邪恶的一面。

一、小学到大学的老师

"师者，所以传道授业解惑也。"在我的学业成长过程中，老师扮演了重要的角色，在他们的引导下，我取得了较为可观的成绩，并实现了跃"农"门的世代夙愿。同时，小学到大学的老师身上有共性的地方——授业解惑，也有不同的地方——因时育人（根据学生发展不同时段的身心特点来实施教育）。

（一）平凡又不平凡的小学数学老师

他没有来学校之前，我是一个人见人恨、啥都不会的小胖子。我上课调皮捣蛋，平常又喜欢打架，到了考试时数学基本上都是个位数，语文则是二三十分。当所有人都已经会写数字 1 到 10 的时候，我却只会画"1"。父母和亲人虽然都没有说，但是可能已经觉得我不会成为"读书的料"了。父母从来不管我的学业，一方面是因为无能为力，虽然父母都是初中学历，但是可能当初条件受限，也没有认真学习；另一方面是因为要养家糊口，所以没有时间，这应该是主要原因。因此，我一直处于"放养"状态，在"摸爬滚打"中不知不觉地度过了三年。更惨的是，因为成绩太差，我又读了一次一年级。

记得那天，阳光明媚，风和日丽，一个高大的身躯映入我的眼帘。这是一个陌生人，不过我们这些调皮捣蛋的小孩子也知道，她将会是我们新的科任老师。后来我们才知道原来是以前的校长夫人——数学老师生病了，所以就由她来担任我们的数学老师。

这位老师是一个独特的存在，她上课的时候不会像以前的老师一样一直叫"好学生"回答问题，而忽略了"坏学生"。并且所谓的"坏学生"回答错了，她也不会像其他老师一样破口大骂，而是细心地纠正学生的错误，或者让学生请别人给自己纠正错误。这个老师上课任何人都可能会被叫到，我们这些平时不受重视的孩子和别人眼里的"坏学生"也如此，所以我们的数学课一般都会很热闹，不管是好学生还是"坏学生"，都会积极地举手。从那时起，我开始觉得上课有趣了。

但是，我的第一次单元测试还是考得很差，23 分，又是倒数，好像是倒数第五名吧！毫无疑问，我们几个考倒数的小朋友又被叫到了办公室，但是很幸运，我们没有像往常一样被叫家长。虽然已经不是第一次了，也很忐忑，却有一种轻松的感觉。我们本来以为会被批评，但是老师面带微笑，她和蔼可亲地告诉我们几个小傻瓜，"不错哦，下次继续努力！你们这次都突破了个位数"。她让我们回去把错题订正，单独交给她。之后的每次作业都是这样，直到下一次考试。虽然这也是和以前那个"讨厌"的老师一样是对我们进行了惩罚，我们五个小朋友却很开心地接受了，而且认认真真地完成了"惩罚"。当然，将错题订正也不是我们几个被点名的同学才这样做，其他小朋友也订正了，而且订正错题也成了这个老师的一种风格。

后来，又到第二次单元测试，我看见题目的时候，第一次感觉有好几道题是我改错题的时候遇见过的类似的题目，于是轻轻松松地就完成了。虽然还是有很多题目不会，但是第一次觉得考试很轻松。这种感觉很好，比割别人的皮筋和赢了玻璃球都还舒服。后来，成绩出来了，我们五个都考得比上一次好了很多，进步都很大。我看见我得了 55 分时，不敢相信我还能考这么高。到下一节课的时候，老师重点表扬了我们几个同学，还有几个中等学生进步也很大。我简直不敢相信自己的耳朵，我竟然被表扬了。我斜眼去看看另外几个同学，他们也是一脸懵圈的眼神。就在我们几个懵圈的时候，老师奖励了我们每个人 3 个数学练习本，我们几个像做梦般拿着奖励。后来的每一次考试，我们班的最后五名同学都会被老师叫去办公室。我想，他们肯定也是受到我们以前那样的奖励了。就这样，我们班的最后五名同学一直在变，一个学期以后我们所有人的成绩都在不知不觉中有所提升，平均成绩就更不用说了，我的成绩基本上都保持在 50 分左右。

通过无数次的考试，我们也上战场了。期末考试成绩出来了，我们都怀揣着一颗激动的心等待结果，毕竟要过年了，大家都希望成绩好一点。和其他班级一样，老师正常地叫前三名上台领奖状。我们成绩不好的都觉得无所谓，应该说颁奖环节与我们无关。我们来就是为了拿成绩单回家找骂。但是，当老师叫到我名字的时候，我木讷了，以至于老师叫了好几次我才反应过来，原来老师是在叫我。我像做梦一样上去拿了奖状，还是不敢相信，我居然拿奖状了，还是提高奖。后来看到了成绩，数学69分，语文40多分。天啦！这些成绩加起来都是我以前几年的总和了。我不敢相信地掐了一下自己，发现是痛的，于是便相信了这个事实，也开开心心地回家了。后来，在我们四年级的时候，这个老师就被调到中心小学去教书了。我想这个老师这样流动也好，可以让更多小朋友也变得像我们一样幸运。而我，在获得奖状以后，小学的数学成绩便基本上都在90分以上，偶尔考80多分，语文也慢慢在及格线波动。

（二）朋友般的初中数学老师和语文老师

这两位独特的朋友一个是慷慨大方、幽默风趣的数学老师，一个是笑口常开、和蔼可亲的语文老师。有趣的是，我们数学老师还是语文老师的学生。

先谈谈我的数学老师吧！这还得从我们小学升初中的考试说起，那次语文和数学的总分我应该一辈子也忘记不了，162分，其中数学91分，语文71分。为什么会记得这么清楚呢？因为我们小学升初中以后，需要分班，即实验班和普通班，而实验班需要的分数是162.5分。因此，我的162分就格外记忆深刻。

也就是因为这162分，我便和我们要说的第一个朋友——数学老师经常联系了。因为老师来我们班的时候，一个人都不认识，更不知道我们的水平如何。他是我们的班主任，要选择班干部时，随手拿成绩单看见了我的名字，就让我当了学习委员。我又一次蒙了，因为家里父母严格约束造就了我的性格内向，所以我什么也没有说，便担任了学习委员的职务。这也就为我后面经常和老师交流提供了条件。

还记得，老师带我们班的时候，我们班第一次考试的平均成绩属于普通班的倒数。老师丝毫不慌，也不像其他班的班主任一样，对我们严厉批评。他采取了一个政策，根据第一次考试的成绩，把我们分成一个又一个的"连带"小组，也就是成绩最好的带成绩最差的，成绩第二的带倒数第二的……考试结束的时候，这两个人的平均分就是"连带"小组的最终成绩。而这个最终成绩就会成为奖励和惩罚的标准，前三名会获得笔记本等奖励，而后三名则被惩罚打扫一个星期的卫生，还有作业大礼包。

我们这个数学老师，上课的时候幽默风趣，他的课，可以说所有人都不会打瞌睡，而且都会学有所得。因为他总是会给学生一些意想不到的学习思路，可以说我数学的又一次提升都是受他的影响。而下课的时候，他就会像朋友一样和我们聊天，在不知不觉中，他对我们很多人都了解得差不多了。

数学老师不仅在学习和生活上帮助了我们很多，而且在班级方面也给予我们很多帮助。这一点可以从学校的校运会看出来。我们打篮球比赛，就会发现我们班每一场比赛的球场旁边都会有两箱红牛，全部是数学老师自己掏钱买的，而其他班旁边连一瓶矿泉水都没有。他在我们打篮球的时候，还提醒我们认真打。不管输赢，他都请我们几个队员去下馆子。最后我们奋力而战，因为一分之差未能获得冠军，拿到了亚军。老师也兑现了自己的承诺，带我们 10 个同学去下了馆子，花了不少钱。在餐桌上，他和我们有说有笑，欢快地吃了一顿饭。此外，他还请为班级作贡献最大的同学去吃饭。这似乎是数学老师独有的标签。因为他无微不至的关心和独特的教学方式，让我们班那些调皮捣蛋的孩子们变得稳重了很多，学业成绩也有所提高，甚至数学成绩的平均分还差一点超过实验班的平均成绩。这似乎创造了一个传奇。

　　另外一个是我们的语文老师。他是青春永驻，永远不会衰老的传奇。因此，他被认为是学校里面"最年轻的老人"。甚至他和他的学生，即我们的数学老师在一起，如果不知道他们是师生关系的话，你都可能会以为我们数学老师是语文老师的老师。我们数学老师开玩笑地和我们说他发现我们语文老师没有变化。好像我们高中时候回去遇见语文老师，得出的结论也和我们数学老师的结论一样。那么，是什么原因让他拥有不老容颜呢？那就是笑口常开，而且不动怒。

　　我们语文老师的微笑，是最有意思的笑，也是对我们影响最大的笑。还记得有一次我们被要求课后背书，因为其他原因，我忘记背了。老师知道后只是微微一笑，我却觉得毛骨悚然。这种毛骨悚然的微笑成了我之后的学习动力，不断鞭策着我。还有一次是考试，我因为运气比较好，所以成绩不错，得到了老师表扬的微笑。那个微笑带有一丝温馨和甜蜜的气息，让我充满了动力。此外，他还有很多不太在意的微笑，这些微笑都有着不同的意蕴。从他身上，可以看到渊博的知识和积极乐观的心态，还能看到充满力量的微笑。

（三）像母亲又像大姐姐的高中班主任

　　初中时，我在数学老师的关心与教导和语文老师的微笑之下，不断地成长，不断地进步。在语文老师积极乐观心态的鼓励下，我在中考时取得不错的成绩，也引来了纳雍五中、四中、二中的电话和丰厚的奖励。但是由于亲戚的介绍，我去了教育资源相对丰富、师资力量更强的六盘水市第一实验中学参加外地招生考试。

　　在考试期间，我寄宿在亲戚家。因为他家有两个小孩和我一样，都要上高一了，所以交流起来比较方便。在和他们的交流中，我发现我们有很大的差异。他们活泼外向，而我性格内向，不善言谈。他们在为人处世上比我强很多，我开始感到自卑。在那里待了差不多一个星期，我还知道了野炊等一系列新鲜的东西。我参加完了招生考试，并顺利地被录取，于是就为我遇见这个母亲一样的大姐姐提供了机会。

开学，我们开始寻找班级，也认识了我们的班主任。她是一个看起来非常严厉、非常高雅、非常有气质的女神。她很体谅学生，对学生非常好，有一种姐姐甚至是母亲的气息。关于她，我印象最深刻的有两件事。一件事是我们在学校过中秋节，其他老师对我们都是不管不顾的，只有她问我们有多少人不回家，然后进行了统计，在中秋节时给我们每人发了三块月饼。那是我吃过的最温馨的月饼，到现在回想起来似乎都还能感受到那种味道。另一件事是"盗窃案"。那是发生在一个课间操的时候，我们学校很多人的手机和钱都被盗了。这个小偷很厉害，能够抓住我们做操的十分钟时间去作案，并且安全逃走，要不是有监控，可能这就会成为一桩疑案了。我们老师在案发后，自己拿出3000元，还把自己饭卡里面的600多元给那些被盗走手机和钱财的学生。那些学生不收，还被老师教导了一番。

（四）秉持大语文观的高中语文老师

在我们高三的时候语文老师退休了，没有老师来接任我们班最后一个学期。作为校长助理的他来担任我们班的语文老师。他凭借着自己的高情商和谦逊的态度，把学校里所有的语文老师都请来给我们上课。

还记得这个老师来给我们上第一节课的时候，就写下了四个大字——大语文观，并告诉我们要多看书，不要"死读书"，也不要"读死书"，不然就算考上非常好的大学，毕业后找到很好的工作，一样会被辞退！他还说，"你多读一点书，虽然表面上看起来不一定有用，实质上却能深刻地影响你"。说到这里的时候，他会给我们吹嘘他当年横扫图书馆的故事，说自己大学的时候经常逃课去啃书，还告诉我们语文不仅仅是一门学科，更是人生的必修课，语文会陪伴我们一生，生活之中的一切都离不开语文。他说书本是我们的饭碗，我们每天都必须带饭碗。他每次上课或者讲卷子都会说："开饭了，把你们的饭碗拿出来。"刚开始的时候我们都会哄堂大笑，后来就慢慢习惯了。

他还告诉我们，一个人应该学会独立思考，有自己的思维，有自己独特的个性，不然就是一个麻木的机器。他还说："我知道你们不可能一整节课都在认真地听我讲课，但是只要一节课中我说的某一句话能够影响你，引发你的思考，那么这一节课你都是学有所成的，都是进步的。"

更有趣的是，我们高三下学期快要高考了，那天他有三节课，讲了一节课以后感觉我们都很疲惫，又听我们在讨论 NBA，便开始和我们"吹牛"，然后就被我们"忽悠"了，第二节课就带我们全班悄悄地看了一节 NBA。看完了 NBA 以后，我们都精神饱满。第三节课还有一场，老师没有给我们看，而是说："把你们的碗拿起来，我们继续吃饭。"然后不管我们怎么忽悠，他都坚守阵地，我们最后还是败下阵来，乖乖"吃饭"。

关于这个老师，我觉得他是一个传奇，是一个谜一样的男人。他幽默风趣，不拘小节，善解人意。他还说了很多经典的话语，在不知不觉中影响着我。我的性格变得外向，我的语文"境界"有所提升，都是因为这个老师。

（五）带我踏入学术世界的大学老师

在我们那位平凡却又不平凡的小学数学老师的引导、两位像朋友一样独特的初中老师的指引、大姐姐一般关怀我们的班主任和大语文观的语文老师的启发下，我不幸却又幸运地遇到了带领我进入学术世界的老罗。在我的眼里，老罗也是一个平凡人，怀揣着一颗充满激情的心，生活之中处处碰壁，却很少和我们谈起这些。

其实关于老罗，印象最深刻的应该要数"开学第一课"——手抄《学记》。老罗说过，没有手抄《学记》的教育学生涯是不完整的。关于《学记》，我还粗略并且随意地写了好几篇勉强可以叫读后感的"杂后感"，只是由于某些原因，现在只留下了一些残片。其实继《学记》后还有许多关于其他书籍的杂谈和"胡思乱想"。好的开头等于成功的一半，在手抄《学记》的开头下，很多人都在心中给老罗记下了一笔，只是不知这一笔方向如何？是横？是折？是竖？是弯？是钩？亦不知道性质是好是坏。

从《学记》开始，我们坚持了一年半的读书会。虽然参加读书会的人越来越少，但是大家都从中学到了一些东西。比如我就学会了吹牛，也学会了一些为人处世。这已经成为我大学之中一笔宝贵的财富。

关于老罗，除了学术方面的指引，他给我们的生活也带来了很大的影响。因为这种亲切的关系，所以我便把他当作了自己的"哥哥"，也会经常叫他新哥。虽然这样似乎有些不当，毕竟有"一日为师，终身为父"的规训，但我还是习惯性这样称呼，我想可能是因为我们之间没有什么代沟，加之新哥比较平易近人，我才敢如此斗胆和"不礼貌"。在大学，遇见老罗，实属人生的幸运。关于老罗——我的新哥，本来是有很多话想去表达的，只是此时此刻，又不知道从何说起，或许是因为这种情感，用什么语言都不足以表达，便不知道从何说起吧！

二、小学到大学的同伴

同伴在学业成长中发挥着较为重要的作用。实际上，我们很多社会行为都是通过同伴获得的，尤其是非学校文化的社会行为，比如社区民间游戏、网络游戏文化等都是通过同伴群体获得。从小学到大学，在我的学业成长中都有几个对我学业成就影响比较大的同伴。

（一）小学玩伴

小学时候的玩伴，首先是一起追逐打闹、割小女孩皮筋的捣蛋鬼。在割皮筋的时候，还会划石头剪刀布，谁输了谁就去割，结果就会被追着打，其他人就会一起哈哈大笑。还有一起打玻璃球、打纸卡的那些人。我和一个姓杨的小伙伴还因为互相欣赏彼此的打卡技术而成了好朋友，并且一起赢得了很多纸卡。后来初中的时候因为他父母要出去打工，他被逼无奈地跟着去了。之后听一些朋友说，他因为谈恋爱而堕落了。我由于没有他的联系方式，在岁月的流逝中，我们成了彼此的陌生人。后来同伴又慢慢变为每天放学一起回家和相约打猪草的人。打猪草的时光是美好的，大家都可以很放松，开开心心地先玩一圈，到处找野果子吃，有时候还会去偷人家的果子吃。我们玩开心了，就可以去割猪草了，有时候还会划石头剪刀布来赌猪草，结果有些玩伴输了就哭了起来。我们不忍心便又和他割了一些，然后高高兴兴地回家了。

（二）初中同伴

升初中后，小学时候的玩伴只剩下五个。我们五个都是走读，每天打打闹闹地从家里出发，放学后快快乐乐地回家，并且会把学习的知识当成玩耍一样玩着回家。记得有一次我们刚刚上完历史课，是关于奴隶的知识。于是我们就扮演了一场奴隶与奴隶主的故事，一直追着我们的"奴隶"，还把他捆住，用刑。

我的初中玩伴还有经常打球的同班同学，因为我初二就开始打篮球了。关于打球的小伙伴们，印象最深刻的要数我们在考试后的一场雨中篮球了。那是我们考完试以后，很多人都回家了，天上也下起了毛毛雨，但还是阻挡不了我们青春疯狂的脚步，于是我们几个人便在雨中狂奔，球也飞来飞去，一个又一个清脆的进球声音加上青春的嘶吼声，以及淅淅沥沥的雨声，交汇在一起，汇成了一幅青春的美丽图画。不知道打了多久，也不知道我们怎么收场的，只记得一个个飞在空中定格的画面与那放荡不羁的青春呐喊声。

我的初中同伴还有一个每天一起上学、一起回家的好哥们。我们两个一直会被彼此的父母用来作对比，我们也在无形之中形成了竞争。我们最喜欢做的事就是一起去我们那里的"小陡坡"坐着，然后聊一聊自己的未来，谈一谈自己的人生，也一起疯狂地嘶吼着。我们还一起约定过要考一中，但是我们两个人都违背了诺言。他被亲戚介绍考去了毕节读高中，而我也被亲戚介绍考去了六盘水。从此，我们一起学习、一起打篮球、一起聊人生的机会基本上没有了，我们也各自追寻自己的梦去了。

（三）高中同桌

高中是我人生的转折点，具体来说是高二。在遇见了那些活泼、性格外向的朋友之后，我内向的性格被洗礼了，外向的狂野被唤醒，慢慢地变得外向起来。刚开始的时候，我和男孩子说话都会脸红，但是和这一帮小伙伴经常在一起打球以后，经常听他们说说笑笑的，于是便开始和他们交谈，渐渐地融入了他们的圈子，一起吃饭、吹牛也成了常态。后来，我打车外出时也会经常和司机聊天，有时问问他们的收入，有时聊聊他们的孩子。他们都会告诉我，好好读书，以后挣钱更容易。因此，我的性格更加外向了。

高中时，有两个同桌对我的影响很大。A 同桌是因为刻苦唤醒了我沉睡的心。因为我高一的最后一次考试失败了，导致我到了快班（我们学校分为：火箭班，基本都能够上重点大学；实验班，基本能上一本的大学；快班，差不多只能考二本以上；普通班，有一半能够上普通一点的二本学校），于是便自甘堕落。但我在快班的成绩能够稳定在中等偏上水平，每天基本上都是睡觉、看小说。有一天我在不知不觉中把头换了一个方向，发现我的同桌学习态度非常认真，每天都能够坚持刷题和看书，他还主动把书借给我看。这深深地触动了我，于是我开始学习了，成绩也在不断地提升，基本上保持在我们班级的前十名。后来又换同桌了，B同桌也很努力，而且一直刷题，但是效率不高，经常出错，类似的题型遇见了还是会做错。我跟他说，你不能这样刷题，这样只会重复错误，加深错误的印象而已，并把自己的"武功秘籍"借给他使用。他经常来问我，也经常去问老师。这种好问的精神打动了我。我想他们都这么努力，为什么我不去努力呢？于是就和我的同桌约定，每天刷几道题，并且我要教会他。我们就这样坚持下来了，后来我的成绩也突飞猛进，有几次还考到了5个快班的第一名，在实验班也可以排在前面，我的这个同桌也取得了很大的进步。比较遗憾的是高考我没有考好，成绩又变成了我们班的第九名。即便如此，我还是非常感谢高中时这两个刻苦的同桌，他们给了我灵魂重生的机会。

（四）大学师门

还记得刚入大学第一个班会的时候，我们师门的"老大"在黑板上写了几句话：班级是一个学习共同体；班级是一个文化共同体；班级是一个伦理共同体。他在当时具体讲了什么，我的印象也有些模糊了，但是都脱离不了"共同体"这个关键词。而"共同体"让我想到的是"星星之火"和"学习共同体"背后的师门成员。在师门里，有很多优秀的师兄师姐，于我而言，那是一个遥不可及的梦和难以达到的高度。对于他们，我了解不是特别多，印象比较深刻的也只有A、B、C、D四个同级的师门成员了。

A同学，批判精神超级强，智商极高，情商极低，却谈了一场我们皆羡慕的大学恋爱。他待人比较直爽，为人真诚，只是有时候不知道如何去变通，所以非常容易得罪人，也极容易让别人感觉不舒服。

其实，如果你和他长时间待在一起，了解他的性格以后，便会觉得这个小伙子非常不错。这家伙还有一个特殊功能，总是能够从不同的视角去分析问题，所以每一次在讨论的时候，他的话总是能够给我带来不小的启发。"不鸣则已，一鸣惊人"在他身上体现得淋漓尽致。

B同学，踏实诚恳，吃苦耐劳，尊师重道，知恩图报……基本上老实人有的品质，这个兄弟都具备了，尤其是话少、干事效率高这一点，更是其突出特征。他的的确确有一种高人的气息，却忽视了"沉默啊，沉默啊！不在沉默中爆发，就在沉默中灭亡"的真谛。在这个聒噪的社会，太过于沉默也容易被忽略，导致没有"入场券"，又怎么可能去展现自己的才能。

C同学，为人处世满分，人生大赢家，低调的学霸。这"厮"虽然平时看似无所事事，吊儿郎当的，但是遇到什么重要的考试，那种学习劲头和自制力是无人能比的。他的大学收获应该挺多的，只是他没有认真去整理和反思。这"厮"，的的确确给我们带来太多意外和惊喜了，所以称其为人生大赢家，毫不为过。最起码在我认识他的大学四年里，他值得拥有这个称号。按照他的性格，他的确适合从事公务员这一类工作，而且他也如此打算。

D同学，学习效率高，能力强，尤其是在我们几个中，她的文学功底和英语能力都属于学霸级别的高手。只是在一些"大场合"时有一些紧张和不自信。她如果把这一点完善了，以后的发展前途一定不错。因为她有一股认真劲儿，所以只要方向对了，就会取得不错的成绩。

我觉得我们这个师门，真的是卧虎藏龙。如果从能力上来排名，我是垫底的。这句话要是让他们听见，估计我又要被喷了。不过客观地评价，我的能力真的不如他们，只是因为性格原因，加上我喜欢吹牛，便被赋予了太多，于是乎被一股压力推动着向前迈进。

三、生我爱我的父母亲

父母对我的影响是最大的，特别是在我不想读书的时候，想到他们的身影，便又充满了动力。我父母虽然在学习方面基本上不管我，却在物质和心灵上给予我许多帮助。

父亲包容、小心谨慎、内向的特点，还有对我不能随便出去玩、晚上七点以前必须回家等强制性要求，是对我的关心与保护，却在无形之中把我塑造成了一个没有主见、随波逐流的人，也让我在高中以前的活动空间基本上都是学校和家的周围。我从小学到初中都是如此。母亲则是大大咧咧、粗心大意、爱管闲事的一个人。在我的记忆中，母亲给我留下的印象似乎并不是太多。

我上小学和初中的时候，父母都会让我们去地里干活。这或许也是父母给予我们的一种教育——"体育 + 德育 + 智育"。我大约在一年级时就开始下地干活了，三年级时能背 70 ~ 100 斤的东西，身体素质还是很不错的。父母告诉我们，苦力钱不好赚，又伤身体，叫我们好好读书。这种亲身体验让我更有了学习的动力，每一次想要停下学习的脚步，就会想到汗流浃背的父母与烈日之下的黄土，便又有了动力。父亲还教会了我，人应该学会吃亏，学会包容，学会不怕吃苦，从而养成了我不喜欢反驳别人的习惯，更多时候，我觉得只是别人的理解角度和所站立场不同罢了。

在记忆中，我一直生活在父母的保护伞下。所以，什么冒险精神、人际关系之类的认知基本为零。还记得我上高中的时候，老爸老妈的"絮絮叨叨"，告诉我不要轻易相信任何人，钱和贵重的物品要锁起来，因为外面的坏人太多了。他们又嘱咐我想吃什么就买什么，经常打电话回家，好好学习，不要贪玩，没有钱就跟他们说……我们永远是父母眼里长不大的孩子。每次我从家里去学校的时候，都看见父亲的白发越来越多，后背也越来越弯曲。当时寄快递还不方便，有时候忘记带到学校的东西，最后都是由晕车的老爸坐车亲自送到学校给我。

当时我不理解父母的关心与管束，一直想挣脱束缚，并且把自己的很多缺点都归因于父母，长大后慢慢地体谅了父母。他们其实只是想对我们好，想让我们有所成就。他们望子成龙、望女成凤，只是方式和手段用错了而已。准确地说，也不能称其为错误，只能说不适合我们。父母不知道如何帮助我们的学业成长，所以只能提供一些物质和精神的支持。在这个过程中，父母提供的更多是物质上的帮助，而忽略了孩子心理的发展。

四、小学到高中的蜕变

我大学以前的学业生涯，可谓跌跌撞撞，也算比较幸运的，完成了一个又一个不太可能的事情，制造了一个又一个属于我的奇迹，塑造了一个又一个不同的我。从活动空间来看，高中以前，我是一个不喜欢四处游走的人。不管是小学七年（多读了一个一年级），还是初中三年，我的活动空间都是在学校和村子周围，最远的也只是去地里的时候。这可能和我父母对我的"关心"有关。这些在很大程度上决定了我的性格，不喜欢冒险，也让我对外面的许多东西都充满渴望与好奇。于是我高中到外面读书的时候，便觉得好多东西都很神奇，而且还买了第一个智能手机，迷恋上了追剧和看视频，周末经常在奶茶吧一坐就是一整天。我想，这或许就是"禁欲"到"纵欲"的过渡阶段吧！慢慢地，我的活动空间开始到外面的世界，其实就是六盘水这座城市。我以学校为中心，通过辐射的形式慢慢去探索这座城市。开始的时候我还经常迷路，但是慢慢地就好了许多。在这个过程中我看见并且了解到了许多东西。比如，我看见了天桥下面有算命的，有卖佛珠的，有卖各种各样水果的，还知道有自助餐这种东西，又了解了原来还有淘宝、支付宝、花呗等一系列的东西。慢慢地，我又将活动空间延伸到网络，开始知道了一些热点问题和网络用语。就这样，我从一个与社会脱节的孩子慢慢转变成了与社会有所接触的人。当初那颗天真无邪的心也慢慢地多了一些颜色，看到了和以前在农村不一样的生活方式。我接触与活动的空间在不断变化，认识的人也多种多样，渐渐习惯和别人打交道，自己的视野也慢慢开阔了。我的活动范围从学校拓展到学校周围和网络空间，但是依旧没有跳出贵州。更准确地说，我还没有出过省，更不要说出国了。于是我便觉得要通过考试离开贵州，到外面的城市去看一看。然而高考填志愿的时候，我因为一些原因，还是选择留在了贵州。

从性格方面来看，我高中以前都是依赖父母，在家一直做父母听话的乖宝宝，在学校做老师眼里的乖学生，却没有自己的思想，"麻木"地活着。每天都是千篇一律地活着，完成作业，做家务，干农活，教别人做作业，不断地循环，不断地重复，却不知道读书是为了什么，也没有思考过这个问题，不过每天却是优哉游哉的，好不快活，一天天也没有什么烦恼，很单纯，有什么就说什么，但是很少说话。如果你去询问我的小学同学和初中同学的话，他们对我的评价肯定都是"善良＋内向＋乐于助人"。到了高中以后，我们学校有一个"课前三分钟"，就是让每位同学在上课之前讲与这门课相关的东西，可以是人物，也可以是历史，还可以是题目，然后再开始正式上课，而且每一个同学都有机会，也必须上讲台去讲。开始的时候我因为内向，所以很害怕，讲得很小声，也不连贯，但是后来慢慢地习惯了这种方式，于是便开始不再害怕，大胆地讲自己想讲的东西，就这样，我变得外向了许多。在高二的时候，遇见一群喜欢打篮球的人，受到他们豪放与外向性格的影响，我也变得外向了。在我高三的时候又遇到了一个非常幽默风趣的大语文观老师，受他的"人要有自己的思维"的话语影响，便开始习惯于思考，这让我的性格愈加外向起来。关于性格方面，为什么我高中之前会如此内向，而高中的时候变得外向呢？这和离开家到外面求学是不是有联系呢？这就不好说了。可以肯定的是，影响我性格的因素，绝对不仅仅是家庭，还有其他各种各样的因素。一个人是外向还是内向，家庭因素的确有影响，但是这种内向和外向如果受到外界的不断刺激，也会发生改变。

从学业成就方面来看，我觉得老师对我的影响是比较大的。我也很幸运，在学业生涯之中遇见了无数个优秀和独特的老师，他们给了我不一样的生命。我从很多人都认为我不是"读书的料"转变成为小伙伴眼里的"学霸"，是因为一次次的鼓励和一张张的奖状；语文从不及格到及格，是因为一个老师的微笑；将语文结合人生和生活，学会了思考，是因为一个老师的"大语文观"……这些老师都在让我蜕变，也让我对教师这份职业心生敬畏。正是因为与数学的不解之缘，让我对数学情有独钟，虽然数学成绩不是特别好，但依旧热爱数学。这在很大程度上是因为小学数学启蒙老师。此外，在学习的道路上，氛围对一个人的影响很大，最明显的要属于我高中时期。我待在实验班的时候，每天早上六点半就有很多同学在教室里背单词或者背书了，还有一些同学甚至晚饭都不吃，自己带泡面去教室里面泡着吃，吃完了就去刷题，更壮观的是下课时间，全班人基本上都是趴在桌面上睡觉。在这种氛围影响下，你不起早，不去教室看书写作业，都感觉不对劲。到了快班后，就形成了两极分化的局面，大部分同学下课时间还是会休息，少部分同学则活蹦乱跳地打闹，而我属于那种正常发呆的人。在快班，还是有很多同学在认认真真刷题，氛围也还不错，只是没有以前在实验班的那种动力了。我也去普通班了解过，那可真的是惨不忍睹。上课的时候还有人打游戏，老师也不怎么管，下课更是打闹一片。睡觉？认真学习？难，难于上青天！这种氛围会让你也想去玩，而不是学习，可能你认真学习还会被当成"异类"（这个是和我同学的朋友聊天的时候知道的）。

五、众说纷纭的读书会

我的大学生活是精彩丰富的，谈了一场莫名其妙却又充满回忆的恋爱，拿了一次又一次的奖学金，打了无数场充满激情的篮球赛，还遇见了一群有趣的朋友，何其有幸！要感谢罗老师——我的又一位启蒙老师给予的机会，让我有了一种不再懈怠的动力去完成一次又一次的学习总结，主动而又被动地去回忆和反思过去、立足现在、展望未来；也感谢一直以来与我们分享书籍的每一位小伙伴毫不吝啬的精神盛宴般的盛情款待，在无形之中给我带来的惊喜和在"润物细无声"之中对我思考与认识的影响；更要感谢那些伟大的教育家、哲学家、人类学家、社会学家等各大"家族"的"名人"，给我们留下的鸿篇巨制和其独特的观点与不朽的精神。

我读到的东西可能只是冰山一角，甚至有可能与作者想表达的意思截然不同，那也是无所谓的，因为我阅读不是为了机械记忆些什么，而是想去思考，想跨时间、跨空间与这些人来一场属于我和他的交流（这个他可能不是真正的那个他，而是因为他写了相关的东西，而我去读了以后读出来的一个由他衍生出来的另外一个虚构却又不是完全虚构的他），一场真正的有沟通性的交流。除此之外，还要感谢我大学里遇见的各种各样有趣的事情、有趣的人物……总而言之，感谢我大学期间遇见的一切，不管是美好的回忆，还是痛苦的记忆；不管是酒囊饭袋的人情世故，还是诗和远方的精神追求；不管是浑浑噩噩地虚度光阴，还是勤勤恳恳地认真奋斗；不管是初生牛犊不怕虎的胡言乱语，还是三思而后行的意外惊喜……

其实，关于学习反思之类的东西我也零零散散地写过一些。关于大学的学习生活，在我的记忆之中，是一段短暂而又漫长的回忆。这段回忆，留给我一种"众里寻他千百度，蓦然回首，那人却在灯火阑珊处"的感慨，为何如此说？因为我曾经一直问自己，教育学专业未来能做什么？这或许也是别人经常疑惑的一个问题，所以我一直很迷茫，也一直在寻找答案。后来我发现，我们迷茫的不是我们所选择的专业，而是人生！我们所要解决的关键问题不是我们选择的专业是什么（选择偏好，可能是主动的，也可能是被动的），也不是埋怨我们的专业如何不行（专业认同感），而是在大学期间我们想要改变些什么和想要学到些什么（期望），想要变成什么样子和我们变成什么样子（实然和应然）等问题。

回想已经成为浮云的大学时光，充满着人生百味，酸甜苦辣咸也成了必不可少的调味料。还记得那个懵懂无知的"理科生"青年，怀揣着"初生牛犊不怕虎"的精神，去探索属于自己的大学世界。于是我便从一个沉默寡言的人变成了一个充满激情的胡言乱语的"读书人"。现在回想，"读书人"一词其实是对我的讽刺，因为我似乎还没有认真地读过一本书，更没有真正地做到精读一本书。这的确是讽刺，无知的人哦……不过虽然我没有怎么读书，却也在随便翻翻之中得到了些什么。

迷茫的同学们结束了却又开始了那痛苦而又快乐、主动而又有些被迫的读书会。还记得学习委员带我们回忆了大一以来关于读书会的点点滴滴，让我们知道原来读了那么多书，只是读的深度不一样。有时候可能只是知道了书名和作者，有时候则是结合了过去的经验和自己的认知，对书的内容进行了胡思乱想的思考与反思。我们从《学记》开始，到《学做工》结束，但是"学"无止境……我们的生活总是在一个世界结束，又在另外一个世界开始，或者说我们的生活总是在开始与结束间徘徊。在徘徊中，我们不得不思考一些问题。我们的未来在哪里？我们的未来又会是什么样子的？我们期待的未来又会如何？在这个多变的世界，我们因为无知而沉默了，我们想说点什么，但是又无话可说，不过我终究是要说点什么的。

在我们粗略读过的书中，我印象深刻的关键词会有哪些呢？我反问自己。文化边缘人、文化资本、社会资本、经济资本、符号资本、再生产、阶层固化、阶级流动、"大学之道，在明明德，在止于至善"、"学会生存、学会共存、学会认知、学会做事"、五项修炼、利他自杀、利己自杀、纵欲、禁欲、理想国、爱弥儿、民主主义与教育、柏拉图、卢梭、杜威、自然教育、绅士教育、"把种子埋在土里，将知识留给后人"、精英教育、洞察、局限、黄东林、金翼之家、快乐学习、有准备的环境、车间文化、图式、同化、平衡、主观能动性……这些观念便浮现在脑海中。

还记得我们班 62 人的大家庭一起读《拉祜族女童的教育选择——一项教育人类学的回访与再研究》。这是唤醒我想去读书的灵魂的开始（虽然可能人不齐，也没有谁去认真读过，但是在我的内心，已经默认 62 个人全部去读了，灵魂也告诉我是这样的）。读书会开展的流程与往常一样，正常地进行着，没有什么不同。然后到了分享自己的想法的时候，我也不记得自己说了些什么，只是记得大意——"拉祜女童"处在一个上又上不去、下又下不来的阶段（但是在说的时候说了一大堆废话），还形象地用一个"卡"字来形容，好不妙哉！后来在罗老师的发言里，用了一个"文化边缘人"总结。这五个大字便深深地冲击着我的心灵，是的，我的心灵颤动了。我突然发现了自己的无知，于是，内心那颗读书的种子便开始破壳而出，然后再慢慢发芽……

读书的这粒种子发芽是缓慢的，在经过雅斯贝尔斯的《什么是教育》、布迪厄的《再生产》、斯宾塞的《教育论》、杜威的《民主主义与教育》、林耀华的《金翼》、洛克的《教育漫话》、卢梭的《爱弥儿》和《社会契约论》、柏拉图的《理想国》、王国维的《人间词话》、联合国教科文组织的《学会生存：教育世界的今天和明天》《反思教育：向"全球共同利益"的理念转变？》《教育——财富蕴藏其中》、沈红的《结构与主体：激荡的文化社区石门坎》、保罗·弗莱雷的《被压迫者教育学》、涂尔干的《自杀论》、安德森的《想象的共同体》、费孝通的《江村经济》、托马斯·库恩的《科学革命的结构》、安东尼·吉登斯的《现代性后果》、彼得·圣吉的《第五项修炼》、迈克尔·波特的《竞争战略》、米德的《萨摩亚人的成年——为西方文明所作的原始人类的青年心理研究》、米歇尔·福柯的《性经验史》、格尔茨的《文化的解释》等肥料的灌溉下，我对读书更加感兴趣了。虽然这些书大多数也只是熟悉的陌生人，也只是知道书名和作者，有时候知道几句好玩的话而已，但还是感觉挺有趣。

读书的种子一旦发了芽，便准备去生长，于是我便习惯性地去对所读的书里面有趣的句子进行解读，以我认为的方式去解读。其中，对我影响深刻的句子也挺多的。比如：

> 知识必须自我认识，自我认识只能被唤醒，而不像转让货物。
>
> 教育的本身意味着一棵树摇动一棵树，一朵云推动一朵云，一个灵魂唤醒一个灵魂。
>
> ——雅斯贝尔斯《什么是教育》
>
> 出自造物者的东西都是好的，一旦到了人的手里，就变坏了。
>
> ——卢梭《爱弥儿》
>
> 我们生而自由，却又无不在枷锁之中。
>
> ——卢梭《社会契约论》
>
> 词是对话的精髓所在，说一个真正的词就可以改变世界。
>
> ——保罗·弗莱雷《被压迫者教育学》
>
> 第一项修炼——自我超越、第二项修炼——完善心智模式、第三项修炼——建立共同愿景、第四项修炼——团体学习、第五项修炼——系统思考。
>
> ——彼得·圣吉《第五项修炼》

我们应该将全人类视为一棵树，而我们就是一片树叶，离开这棵树，离开他人，我们无法生存。

——联合国教科文组织《反思教育：
向"全球共同利益"的理念转变？》

终身教育的四大支柱。

——联合国教科文组织《教育——财富蕴藏其中》

什么知识最有价值——科学知识。

——斯宾塞《教育论》

健康之精神寓于健康之身体。

——洛克《教育漫话》

应该极力注意，决不可把读书当作他的一种任务，也不可使他把读书看成一种工作。

——洛克《教育漫话》

当然，不可否认，读这些书是困难的，甚至是读不懂的。一方面是因为其本身就存在难度，另一方面则是因为自己也没有花太多时间去读，结果当然显而易见。但是，如果我们因为读不懂而放弃去读书，那的确是一个傻瓜，当读不懂的时候为什么不选择先大概浏览一遍，然后去读一下简单有趣的书籍，最后在状态良好和有一定的知识储备的时候再回来认真地"啃"这些书呢？比如《窗边的小豆豆》，我认为这是一本想要当老师，尤其是幼儿园老师和小学老师必读的一本书。《教育是美好的》是一本很好的家庭教育方面的书。《天才在左疯子在右》是一本很简单又非常复杂的书。天才与疯子只不过是一个愿意在遵循外界规则的同时发挥自己的才能，一个太过于自我，或者说没有人能够懂他，于是便走向了自己的世界，成为疯子。读书，很有趣，但又很无聊。我也在寻找一个属于我的读书的道，这个过程必然不容易，但是，绝不放弃，因为读书真的带给我很多东西，不管是肉体上的，还是心灵上的。

我们的读书会在大三以后就没有继续了，但是这就意味着读书会已经"死亡"了吗？不，它只不过是以另一种形式存在于我们看得见或者看不见的地方罢了。"师傅领进门，修行靠个人。"读书会已经将我们带到了一个崭新的世界，至于后面的路，只能靠我们自己去走了，毕竟知识这个东西，最终还是得靠自己去理解与接受。我的读书会还在继续，而且会更加多样，我不愿意放弃，哪怕这个读书会的世界只有我一个人，我也会读下去，因为我知道自己并不孤独……

六、感谢青春有过的她

我们的大学生活好像太安逸了，我们也似乎在过着"温水煮青蛙"式的生活。好像正是因为我们所处安逸的时代赋予了我们太多的空闲时间，让我们不再担心吃穿住行，也不用担心没书看。久而久之，精神上便闲得慌，接下来就是"搞事情"了，于是各种各样的问题便接踵而来。似乎这些问题的出现基本上都是因为我们成了那一只"青蛙"。在处于大学这个特殊的"边缘人"团体之中，我们在不断地进行着"同化"与"顺应"，似乎都只是为了适应社会，变成别人期望的样子。在家庭中，我们需要不断变成"别人家的好孩子"；在学校里，我们需要变成老师认为的"好学生"。

回想一下我们的大学生活，有一些人的美好新生活即将开始；有一些人则与我一样"混"过了几年的时间；又有一些人呢，或许沉思与迷茫了整个大学时光……但是这些都不重要。凡是过往皆为序章，当下又是新的起点。大学，就像我们新哥说的一样：大学，大学，大了自己学。这看似普通的话语，却道出了大学生活中你是自由与独立的。你现在的努力或许在将来只是回忆，但是你可以决定这回忆的好与坏，充实与虚渺……不知道从什么时候开始，人们给大学贴上了

"天堂"的标签，让许多人误解了大学。于是，大学便成了游戏的天堂、追剧的殿堂、逃课挂科的聚集场……这些成了我们习以为常的事情。实际上，我们应该重新对大学下一个定义。

　　小学的书声琅琅，在大学变成了游戏世界里的欢呼和 KTV 里的呐喊……小学下课时操场上活蹦乱跳的场景在大学则变成了死气沉沉，成绩从小学时的向 100 分看齐变成了大学 60 分就是神……如此多的现象反映出来的都是大学生不如小学生，我们读书读后退了，读书是为了什么，为什么要读书，读完了书以后我该何去何从？我想应该不仅仅只有我一个人有这些疑问。读书是为了什么？读书是为了文凭、读书是为了玩耍、读书是为了更容易地获得更多的钱、读书是为了兴趣、读书是灵魂与灵魂的交流、读书是为了更好地服务社会和服务他人……每个人都有自己的想法，只是清晰程度不一样罢了。为什么要读书？读完书以后我们该何去何从？这个问题需要我们用行动去诠释。大学教育如果被重视了，那么教育会不会跨入一个新的境界？愿意为教育事业奉献的人们继续奋斗，在社会多元化的基础上开辟出无数条适合不同地方的教育之路。大学生应该努力奋斗，勇往直前，不应局限于眼前的世界，探索与创新才是正确的选择。

　　我的大学，不管是读书会，还是生活中许多的事情，都给我留下了非常深刻的印象。可能是喜欢"胡思乱想"的缘故，仔细回想起来，又感觉自己的大学生活有点空荡。什么大学英语四级、普通话考试、计算机二级、大学英语六级、教师资格证、驾照……都一无所获，虽然运气好拿了两次奖学金和接力跑步的奖项，但是这些似乎并没有什么含金量。有时候会想，如果我不继续读书，就以我现在的水平和能力，能做些什么？不过仔细想一想，其实我的大学也没有那么糟糕，起码我还是谈了一场恋爱，并且真的和她一起去泡了图书馆，学习成绩也在那个阶段得到了提高，而且也留下了诗和远方的美好回忆。虽然最后因为某些原因没有走到一起，但是我不后悔。不管当初是因为一时冲动而选择了在一起，或者因为别的什么原因，都不后悔。毕竟，关于爱情，我认为就是感觉合适，并且能够相互促进，你情我愿，那就在一起度过属于你和她或者你和他的美好时光。不合适了，也挽留不了，而且都感觉彼此在一起很累的话，就放手吧。这才是明智的选择，也才是真正的喜欢与爱。

现在回望这段青春，我觉得遗憾很多，也觉得自己还不够优秀，也不够成熟，更遗憾的是没有活成自己所喜欢和期待的样子，所以能够谈一场难忘的恋爱，成了小陈"老师"的 boyfriend，的确是一种幸运。不幸的是我这个 loser 最后没有和她走到一起。这也导致我第一次考研的时候，状态很差。虽然表面上不在意，但是心态还是受到了很大影响。后来我也明白了思念无力，那是因为我们看不到思念的结果。也许，思念不需要结果，它只是证明在心里有个人曾经存在过，遗憾的是现在她已经离开了我的世界，只留下了残缺不堪的回忆和背影。而我们却痴迷其中，无法自拔，因为这个人曾经带给了我们许多东西——或好或坏。在那段时间，我总是在很多其他人的碎片场景中回忆起自己曾经的懵懂与年少，便想着用华丽的文字去记录一笔，却发现自己才疏学浅，也就不知道该用什么语言和怎样的基调去表达当时的心情。想着想着便陷入了悲观的世界，幸而看见了满天繁星和缕缕炊烟，才又回过神来，眷恋这复杂的人间。后面慢慢走出来了，所以给了自己一个"二战"考研的机会，打算全力以赴去弥补自己的遗憾。

七、我无悔的考研历程

除了上面谈到的东西，我的大学之中印象最深刻的便是考研了。考研是一场磨炼意志、自我斗争、自我怀疑、系统学习的修行，过程充满了酸甜苦辣咸，结局却可能不尽如人意，心中的愧疚感也不免变得沉重。

考研准备期。在这个阶段，上网查资料，看抖音、公众号、百度网盘，用各种浏览器去看分数线、推荐的资料，等等，然后把自己缺的书全部买齐，甚至做了时间计划表，还调整过几次，后面也没有怎么用。这个阶段应该开始准备投入了，不过也适应了一段时间才投入其中。

考研奋斗期。此时，我对未来充满期待，每天的学习动力也非常足，作息也规律，身心健康，无忧无虑，是最值得回味的时刻。这个阶段，不管在什么地方，什么时间，是不是一个人，都能够静下心来背东西，也不会觉得枯燥乏味，也不会胡思乱想，更不会觉得自己考不上。脚踏实地，一步一个脚印地走，然后每天充实地回到寝室，安心地睡觉。

考研迷茫期。这个阶段，自己开始蒙了，感觉背了很多东西，但是不知道这些东西有什么用，如何去用？于是开始去找真题来做，从而去积极地适应，但还是难以适应。有时候甚至会根据真题去模块化地适应，于是把很多时间放在中外教育史的人物上面，从他们的思想、实践、对比等方面都去深究。等人物弄得差不多了，又会经常弄混淆或者遗忘，心态便有一些改变，晚上也经常睡不着，开始失眠了。

考研怀疑期。这个阶段，我开始怀疑自己记忆力不行，甚至有时候会觉得自己考不上，尤其是刷一些英语题目的时候，做五个错四个。调整了一个星期左右，状态慢慢回来了，英语也花更多时间去学习，然后状态又回到了奋斗阶段。

考研冲刺期。这是全力以赴的阶段，政治、英语、专业课都花了很多时间。英语重点放在作文上，政治就是大题，专业课就是人物和制度。我会结合真题去分析，也学习了一些技巧。结果考完试以后，后悔自己过于注重技巧了。不过已经改变不了什么，便又没有多想了。

第二节 后进生的成功逆袭

今天，人们对教育有着不同的看法。有人认为教育能实现阶层流动，有人认为教育只是维系阶层利益的工具，还有人秉持"读书无用论"的观点。为什么会有那么多的观点？这和人们看到的教育结果有关。比如在保罗·威利斯的《学做工：工人阶级子弟为何继承父业》一书中，小家伙们最终还是重复父辈的老路，于是便有了教育再生产理论。这样的再生产不就是一种阶层固化吗？但在另一部分人身上，他们通过教育实现了阶层流动。这不就是教育的另一种再造吗？那么，在教育效果差异如此巨大的背后又隐藏着什么呢？

一、学前班的缺憾之美

依稀记得，读学前班的时候是母亲带我入学报到的。我记得那时候她牵着我的手带我去学校报名，很快找到了报名的地方。人们都说第一印象很重要，而我对学校以及老师的第一印象也深深地影响着我的学前班生活。学校的大门是两扇铁门，大门旁边有一家小卖部，卖着一些零食和小玩具。漫步进入大门，是一个长长的斜坡，斜坡的左侧种着几棵松树，长得很高也很茂盛。斜坡的右边是一家住户，他们家也开小卖部。校园里这家小卖部顺着斜坡往下是长长的楼梯。这里是我常常坐着晒太阳的地方。楼梯再往前是一片操场，操场上有两个篮球架，那是给高年级学生准备的。把视野拉回到斜坡，继续向前有一小片空地作为过渡，空地的另一边是一堵有一个圆形洞的围墙。围墙里面有两个乒乓球台，再往里是倒垃圾的垃圾池。在乒乓球台的右侧是教学楼，教学楼的前方有两个小小的花坛，里面种了一些矮小的不知道名字的树和几棵高大的松树。教学楼再往右走是一个很大的厕所，我从来没见这个厕所出现过拥挤的情况。教学楼的背后则是一片空地，那是学生们爱去玩的地方。再往右走就到了升旗的地方，那是六一儿童节时表演节目的场所。升旗台过来就是两栋办公楼，好像还有教师的住所，办公楼的后面有一小片空地，可能是规划的时候没规划好而多余出来的。学校的面积并不大，建筑也不多，但给我很好的感觉，充满了生机与活力。校园里的植被很多，还有跑来跑去的孩子。母亲带我去报名处，领着我走到报名老师的面前。这个老师看起来很凶，让对于学习充满好奇的我顿时有点害怕。她看起来有四五十岁了，脸上布满皱纹，眉毛是画出来的，眼神很犀利，感觉充满了"凶光"。

整个学前班的生活给我印象最深刻的有两件事。第一件事我也不记得具体是在哪一天，只记得前一天和当天早上都下了大暴雨。到了下午的时候，我发现教学楼后面那片有着植物的空地积满了水，于是我和几个同学开开心心地跳进水坑里踩水玩。由于地上太滑，我一不小心摔倒在水坑里，身上湿漉漉的很难受，于是我并没有想太多，当即跑回家里去换衣服了。等我再回来时，学校里静悄悄地，没有一个人走动，这时我才想起来还有一节课，心中怀着一丝忐忑，慢慢走向了教室。"报告！"我对着门喊了一声，但是老师并没有理会。于是我又喊了几声。最终老师问我为什么没来上课，我跟老师说明了原因，当时心里慌得要死，感觉视野里只剩下老师那一双犀利的眼睛。没错！她就是给我报名的那个老师。果然不出我所料，我被喊到了教室的墙角扎马步，并且被狠狠地打了几下手板。我记得当时整个手掌都变厚了一层，等到放学的时候两条腿都是软的，走路感觉是飘忽忽的。这是我在学前班第一次被老师批评，但可能是小孩子的天性吧，好了伤疤忘了疼，后面我也接着犯了好多次错误。但是有了第一次的经验，感觉只是被打了两下手板就过去了。另一件事是学前班结束的时候，那时候我很高兴，因为要升小学了，但现实狠狠地给了我一个大嘴巴子，我是全班唯一不及格的。老师在讲台上狠狠地批评了我，那一刻我感觉世界对我充满了恶意，同学们的目光都带着刺，让我感觉皮肤生疼，于是我心想着到小学之后一定要好好学习。

二、独辟蹊径的后进生

小学阶段我的学业成绩总体比较低，但我还是很怀念那段经历中给予我帮助的老师和同学，以及那些让我难忘的人和事。

（一）平等待生的老师

我的小学生活整体上是非常平淡的，唯一有所变化的就是经常替换上课的老师，整个小学我们换过六七个主课老师。我学业成长中的第一个重要的人就是第一个老师。我只记得我们都叫她胡老师，她关心每一个学生，并不会因为学生成绩的差异而报以不同的眼光与态度。我记得在她的帮助下，我的语文成绩总算考到了 70 多分。最开始的时候，我的语文只有 60 分左右，经常不及格。在课堂上她让我们以课本为剧本，扮演一些小故事中的角色，像我这样的后进生她会特别关照，给我们更多的机会上台表演，并且很耐心地解答我们的问题以及纠正我们的错误。她让我感觉到了来自教师的关爱。她还带着我们看了一场电影——《妈妈再爱我一次》。那次看电影的经历在我心里种下了一颗爱的种子，也许我之所以比我弟弟他们早熟，就是因为这一部电影吧！胡老师后来因为得了很重的病离开了我们，具体是什么病她并没有告诉我们。我们通过其他老师了解到胡老师住了很多次医院，我们能做的只有在心里默默地祝福她。

（二）叛逆的"坏孩子"

这件事大概发生在我小学二年级。那是周五下午的大扫除，轮到我们大组（班级上分了大组和小组）打扫卫生，班长带队。放学的时候还不到五点钟，但一直到六点多了，我们仍然在扫地。原因是班长一直要求我们这里扫一下，那里扫一下，明明地面是泥巴路，但他也要我们一直扫，非要说那里有灰不干净，甚至还让两个同学去河边打水，而他本人却站在一边喝着饮料什么都不干。我的脑海中出现了"公平"二字。这不公平，为什么同样都是扫地的一员，而班长就可以不扫地？还要指挥我们一直扫。于是我把扫把丢在一边直接回家了。第二周我便被打小报告了，然后被罚扫一天的地。在那之后，我渐渐地变成了一个"坏孩子"。我开始意识到班级里是有等级的，总有那么一些人可以随便指挥其他人，并且自己可以偷懒不干活，而另一些人就只有服从。或许是由于爷爷奶奶的宠爱，导致我有着逆反的心理，从而使得我总是和班干部对着干，比如故意不交作业或者把作业乱写，于是我就成了老师办公室的常客。

（三）路见不平就帮助

小学四年级的时候，我们班上有一个同学的父亲生病去世了。这件事是在第二天下午同学跟我讲的。那天，我只看到那个同学一直在哭，眼睛很红，并且早上的时候也没有来上课。当时我并不理解他为什么会这样。那时候我并不能理解死亡是什么概念。而在这件事发生后，班里有一个矮个子的、平时很讨厌的同学总是对着那个同学说："你老爹死了，你是个没爹的孩子。"每当那个同学这样说之后，父亲去世的那个同学就会追着他打，但又总追不上。看不惯的我就把矮个子同学给拦住了，于是他被狠狠地打了一顿。这件事发生之后，那个矮个子总是来骂我的父母，我同样追不上他。于是每到上课的时候我就用石头来砸他，这件事使我在老师印象中的后进生角色更为鲜明，对我的态度也随之改变。那时，年幼的我并不会想太多，针对这种情况我的回应是自暴自弃，于是我父母就经常被叫到老师办公室。

（四）班内文化边缘人

小学五年级的时候，学校里的同学好像是受电影和情景剧的影响，创立了一个叫"火焰帮"的小帮派。帮派老大是我们班那个个子比较矮、长得比较胖的同学。他之所以能当老大是因为他认识社会上的小混混。他被欺负的时候，那些小混混就会来帮他。属于后进生的我理所当然地也被他们邀请加入帮派。一开始我是准备加入的，但突然想起了之前学校里发生的一起斗殴事件，有一个同学因为打了人赔了很多钱，于是我就拒绝了。毕竟我的家庭条件并不那么好，我要是把别人打得太严重而赔钱的话，那我以后就完蛋了。拒绝加入帮派之后，我感觉我从班级中的三个圈子里完全脱离出来了，成为一个边缘人。你可能会好奇这三个圈子是什么。第一个圈子是成绩好的那些同学；第二个圈子是成绩一般的那些同学；第三个圈子就是加入"火焰帮"的那帮后进生。之后我每一天的学校生活都如同看电视一样。之所以这样说，是因为我成了边缘人，上课的时候我的视野里只有老师讲课学生听课的画面，下课的时候就是几个要好的同学一起打闹或者一帮后进生在那里骂娘的情景。这一幕幕的场景，在我的脑海中就好像在看电视一样。这一系列的事件让我慢慢地变得沉默寡言。我有时候也会说说话，因为我仍然有两个朋友，一个是我邻居家的孩子，另一个是从学前班开始就一起玩的玩伴。但之后发生了一件事让我对于朋友有了新的认知，性格也变得更加内向。

（五）患难方见朋友情

由于我之前拒绝加入"火焰帮"，后来总是会和"火焰帮"的圈子产生摩擦，特别是和他们老大。这个矮胖的家伙非常小气并且自私。我记得在一次大扫除的时候，我扫地的时候可能太用力了，就把灰扬到了那个矮胖的家伙身上，他立即一拍桌子跳过来打了我一拳。我反应过来之后就和他打在了一起，很快，他的那些小弟也一起冲上来打我。无疑，我是打不过的。但是，出乎我意料的事情发生了，我玩得好的其中一个姓宋的朋友冲了上来把其他人拉开了，由于他身体强壮，其他人也没再动手。这样的事不止发生了一次，而每次那个姓宋的朋友都会来帮我。因此，直到现在，即使很少有联系，我也仍然把他当作朋友。

另一个姓陈的朋友就完全不同了。在六年级的时候，他叫我一起去游戏厅里打游戏。那之后我的零花钱都用在和他去游戏厅里玩游戏了，甚至钱不够的时候，我产生过偷的想法，还好我仅存的理智告诉我这是不对的。我完全上瘾了，每天下午放学都会和他去游戏厅里打游戏。那天同样如此，中途他出去了一趟，等他回来的时候，他的身边不止有他，还有我们的班主任，原来他出去的时候刚好遇到了班主任来游戏厅检查（因为之前就有人在班上告状，但由于没有证据，班主任并没有说什么），我记不清那时候我具体的想法，但我想是这样的：你不仅不提醒我，还把老师带过来了。毫无疑问地，我又被批评了，而这个所谓的朋友却因举报有功被老师奖励了。这件事情之后，他直接把我们共同的玩具（卡牌）独占了。这件事的发生也让我对陌生人甚至关系比较普通的人产生了怀疑。我不再信任其他人，除了那个姓宋的朋友。

（六）男生女生的奥秘

六年级上学期的时候班里转来了一位彝族女同学，她就坐在我的旁边。一段时间之后，尽管我们很少有言语上的交流，但我们仍然熟悉了。因为我总是会去抄她的作业，而她总是会来问我问题或者借文具。虽然我的成绩总体很差，但数学还是很好的，甚至做过一段时间的数学小组长。每次下课的时候，除了上厕所，我也不会四处走动，就只是和她聊聊天或者坐在那里发呆、睡觉。每天的日子都这样平凡。后来，由于她的成绩慢慢地变好了，老师便把她调开了。即使这样，她仍会向我借文具，纵使中间隔着几排的距离。时间长了，有个男生突然说我和这个女生关系这么好，我是不是个娘娘腔啊？我当时就很生气，于是就没有再借文具给这个女生了，仿佛这样就能证明我是男子汉一样。现在想想当年自己是多么幼稚，更是可笑。这次事件之后，那位女同学也很少和我交流了，我在班上再次成为一个"独特"的个体。那一天之后，我思考了很久关于男生和女生的问题，毕竟可以算作朋友的一个同学就这样变成了陌生人，我感觉很可惜。于是我询问家人还有从手机上了解关于男生和女生的问题。为什么男生就不能和女生玩？不过三分钟热度的我也仅止于此，并没有得到很好的答案，唯一的答案就是男生和女生不一样，男生不能和女生玩。

不知不觉小学六年的时间就这样过去了，我从一开始有许多玩伴，到后来的独自一人，甚至得罪了很多人。我想也正是由于独自一人实在无聊便去学习了，否则到了初中后就完全跟不上学习的进度了。

三、后进生也憧憬逆袭

由于小学时形成的孤僻性格，在初中阶段我仍没有什么朋友，甚至得罪了一些同学，于是，与同学间的矛盾也时常发生。其实想想我为什么得罪他们，我自己也不清楚。我一直都是如同六年级的时候一样独来独往。不过现在仔细一想，也许就是因为那几个同学处在青春期，并且他们的哥哥都是"混混"，以欺负人、打架为荣，并且把这当作真正的"男子汉"气概。我由于沉默寡言，加上从小营养不良，长得比较瘦小，看起来就比较好欺负。第一次小小的矛盾发生时，我本想提椅子砸他的脑袋，但想了一下砸下去的后果和可能赔付的医药费，我最终选择了忍让。也就是这次之后，他们都认为我是最好欺负的，矛盾也就因此渐渐加深，于是我的初中生活就变得类似于小学阶段。这种糟糕的同学关系也影响着我的学习，特别是在非班主任的课的时候，他们总是在我身边大吵大闹，或者打游戏，让我无法专心听课。

后来发生了一件让我印象深刻的事。在初二下学期时，尽管我平时没有认真地学习，但在没有什么事可做的情况下，我也会看看教材，去研究一下教材上的题目。因此，在一次考试时，我惊喜地发现，原来这些题目都是差不多的，并没有想象的那么难，于是那一次数学考试我考了120多分。这跟我之前的学习感受相比，简直是一次"飞仙"的感觉。

我满怀欣喜地迎来了这一堂数学课，果然不出所料，和以往一样，老师会先讲解一下本次考试的大体情况。我终于要被表扬了！我激动地期待着。老师先是提了一些成绩倒退的同学，然后才轮到那些进步的同学。我记得大概是这样说的：我们班这次有个同学考得很好，进步很大。然后指着我问：你可以说说你为什么有这么大的进步吗？也许是性格使然，我表现得支支吾吾地，于是老师接着说：怎么？我记得你之前都是七八十分，这一次突然考了120多分，是不是找到什么学习的好办法了？做人要诚实啊！我当时并没有第一时间反应过来，直到晚上睡觉的时候想起老师的话，才发现他是怀疑我作弊。正是因为这一次老师的怀疑，让我连书也懒得翻一下了，120多分就成了我初中时数学考得最高的一次。这仿佛也坐实了我作弊，我总感觉老师和同学用异样的眼光看我，让我内心愤怒的同时又感觉委屈。因此，在初三学习化学的时候，我打算好好学习，让别人刮目相看。在第一次化学测试的时候，我考了90多分，是当时全班的前三名，但是当成绩出来的时候，周围的同学都说我是抄了别人的，而老师上课表扬的时候，他们也对老师说我就是个作弊的人，这次也是抄的，可恨的是，老师相信了他们说的话，还教育了我一顿。这就是所谓的"三人成虎"吧！我的初中老师并不是一名合格的教师，一名合格的教师不应对学生有偏见，这不仅仅是认定了后进生就一直是后进生，还有在上课的时候只关注成绩好的那一小群人，每次老师问："听懂了没有？"只要那些成绩好的人说听懂了，老师就会过到下一个知识点，即使少数成绩比较差的学生有着不同的声音，老师也会忽视。教师的这种行为只会激化一部分学生反感学习，而达不到教育真正的目的。

初中三年对我的习惯养成有着巨大影响的是一个爱看小说的同桌。无论上课还是下课，他总是低着头看手机。起初，我并没有那么严重的小说瘾，但在同桌的影响下，我的小说瘾越来越重。他会帮我在手机上下载很多小说。在他的帮助下，我成功地变成了和他一样的人，上课、下课，甚至是回到家里，躲在被窝里也要看小说，每天的日常生活仿佛都只是看小说。直到初三下学期的到来，我的平时测试成绩与高中录取分数形成了鲜明的对比，并且在家里父母的辛苦劳作也让我深深地明白他们有多么辛苦，于是我立志要发奋学习。最终经过几个月的努力加上30多分的体育分，我的中考成绩最终定格在470多分。

初中的生活对我来说仿佛是一种磨难，同学之间的矛盾、老师的质疑犹如锋利的针狠狠地扎在我身上，让我每天的学校生活都显得那么的痛苦。即使初三下学期努力了几个月，但这也更类似于临时抱佛脚，仍达不到毕节六中的录取分数线。我的初中生活就这么画上了一个不完满的句号。

四、后进生的成功逆袭

高中在我学业生涯中是最为辉煌的阶段，在小学和初中阶段，我基本扮演着后进生的角色，但是进入高中后，经过自己的努力，我实现了较为完美的逆袭。

（一）兜兜转转进入四中

其实学习真的是一件很不公平但又很公平的事。之所以说它很不公平，是因为即使在相同的环境下，不同的人总会享受着不同等级的待遇，并且你周围的人也会深深地影响着你的学习。这些你都无法选择。而很公平的是，即使你遭受不公平的对待，你也可以通过你的努力改变这一切。学习就像一场耕种，种瓜得瓜，种豆得豆，种什么样的因，结什么样的果，在每一个人的身上都是一样的。如果你付出了艰苦的努力，那么你最终得到的一定是很好的回报。可惜的是，我初中并没有付出多少努力，或者说努力得太晚了，直接影响了我高中入学。

我记得当时我已经想要放弃学业了，毕竟连我知道的非常差的学校所要求的分数都比我考的分数要高几十分。这样的话还有读高中的必要吗？但我父母并没有放弃，他们说以我的中考分数也可以去那个高中读书。于是我母亲带上我去到了那个学校的报名点，很让人气愤的是，报名点的老师不仅没有给我报上名，还狠狠地羞辱了我一顿。但我很清楚地看到我前面一个人考的分数比我还要低，却仍然报了名，所以说即使是在象牙塔也有分层。母亲也愤怒地带着我回家了。直到几天后我父母接到了我姑姑的电话。我姑姑说，她家附近的那所学校招收的最低分只有300多分，可以去那里看一下。于是母亲又带着我去到了那所学校，我也顺利地进入了那所学校——毕节市第四实验高中。

（二）似曾相识的好老师

报名点的老师是一个看起来很和蔼的年轻老师。她的脸上一直挂着笑容。当我母亲带我去她那里报名的时候，她笑眯眯地和我母亲在说些什么，我没有仔细听。然后她问了我一句："你以后是想学文科还是理科啊？"我心里想着：什么是文科？理科又是什么？不过理科听起来好高大上哦。"当然是理科了，文科有什么好学的。"这句话我记得很清楚，那个老师听了之后，只是笑了笑，并没有说话。

到了下午的时候，一张很大的班级名单就贴在了学校里的告示板上，我被分到了六班。等我到班级队伍集合点的时候，发现那个报名点的老师就是我的班主任。和学前班的时候何其相似啊！但不同的是，这个班主任并不像学前班的那个班主任那样严厉，高中班主任总是笑眯眯的，时时刻刻传递着满满的正能量。她在高一刚进校的时候就给我们制定了早上6：30到教室的规定，并且她每天都是最早到教室的，比住校的学生还要早。我真是无法想象她作为老师，为什么要这么辛苦。这个老师也对我性格的转变有着巨大影响。她关心我们每一个学生，即使你是成绩最差的同学，她也会为你考虑。

我记得高一的时候我们是分组教学，每一个小组围成一圈。在分组的时候，班主任根据入校时的各科分数进行划分，每一个小组都有某一个科目的"学霸"。她的理念就是让学业成绩较高者带动学业成绩较低者。我记得有一次班里的同学不知犯了什么错，面临着被学校开除的风险，那个同学还是成绩最差的那一个层级，但我的班主任并没有放弃这个学生，她去了主任办公室，保下了这个学生，并且为这个学生制订了相应的学习计划。

（三）不同群体影响各异

在高一上学期快结束的时候，学校宣布新校区完工，我们将搬迁到新校区去。一开始学校在我姑姑家旁边，那时候我住在姑姑家里。但随着学校的搬迁，我不得不住校。记得到寝室的第一天，我默默地把一大包东西放在地上，准备把床板擦干净。此时，我的室友告诉我，他们已经帮我擦过了，我说了一句感谢。到晚上的时候，寝室里的人都到齐了。经过介绍，很意外地发现寝室里有一个班上成绩最好的学生，并且还是我们的寝室长。他是一个合格的寝室长，每天早上6：00起床，然后挨个叫醒我们。不过通常只有我会起床，其他人总是会再睡上一二十分钟的懒觉，甚至还有一个要睡到7：30才起床。时间久了之后，我和寝室长的关系更进一步，经常一起出去闲逛或者一起学习。可能受他的影响，我进校时的分数在班级里是靠后的，但在高一上学期的期末考试中我考了第二名，第一名就是我们寝室长。或许是高一上学期我给寝室长带去了压力，他学习更加刻苦了，我的学习时间也随之增加。这就使得高一下学期的时候，每一次月考全年级的前三名总有我们两个。

不过随着高二分班的到来，我们的寝室也被重新分配，我被分到了班上爱玩的几个同学的寝室里。一开始我还会在教室里学习完了再回寝室。在和他们一起出去玩了几次之后，每次放学第一个到寝室的总是我。同时，我跟睡下铺的同学一起玩"部落冲突"游戏。这游戏仿佛有毒，每天大部分时间都被我花在了游戏上，甚至上课的时候一闭上眼睛全是游戏里的画面，感觉我已经走火入魔了。我的成绩也随之开始下滑，就这样一直滑到了全年级末尾的水平。

新换的寝室里有一个"情圣"，他总是给我们灌输着他的恋爱观念。在他的影响下，我成功地对女孩改变了看法，这也让我和班里的女生关系变得更好，特别是成绩好的那几个。高二上学期期末很快就来了，我"成功"地考了两百多分。"天呐，我怎么考了这么点分数？回去要糟了！"分数下来的时候，我内心充满了忐忑以及惶恐，特别是想起高一时的无限风光。再对比当下，甚至连寝室里平时成绩最差的考得都比我好，而前任寝室长成绩也有所下滑，到了十多名。于是我就听见了他在教室里的反思，这让我的内心更为忐忑不安，就这样胡思乱想了一天，甚至到了晚上睡觉的时候仍然在想。想到我入学时的艰难历程，又激起了我的学习动力。到了高二下学期的时候，不知什么原因，我发现我对班上一个女孩总是格外地关注，这让我质疑自己，难道我恋爱了吗？在这个疑问的驱使下，我总是特别关注我对那个女孩的情感以及态度，于是很可怕的事情发生了，我越是仔细研究就越是关注，仿佛陷入了一个死循环。这个问题一直困扰着我，直到高三上学期，让我醒悟的是高二下学期没有明显进步的成绩以及家庭的经济压力。我想作为一个学生，学习不就行了吗？想那么多干什么呢？如果考不上大学的话，不就白读高中了吗？于是，在之后的日子里，每一次的月考我都比前一次进步 20 分左右。很奇怪，很难有大的进步，但每次都有所进步，就这样一步一步地到了 470 多分。当我满怀期待地准备下一次月考时，却发现高考已经临近了。再加上一些外部因素的影响，最后一次月考并没有进行。我抱着考不上好学校的心态参加了高考，也许是心态太过放松了，我竟然接连两科考试睡着了，不过值得庆幸的是最终顺利考上了大学。

五、学业成长的自我归因分析

学习是一场终身的旅行，在我看来，最美好的阶段是学校里的时光，但在之后的旅途中，我们仍能有新的发现，并且弥补自己的过错，把自身的缺点一点一点地填补。我的学业中有三个因素影响着我的成长。

（一）家庭氛围

在最初的时候，父母并没有在我身边，我跟着爷爷奶奶生活。中国家庭有一个特点——隔代亲。由于爷爷奶奶的溺爱，我的性格变得骄横。奶奶爱出去打麻将，所以我从小就对玩乐特别感兴趣。在父母回到家里后，父母的关系也影响着我性格的形成，从而间接影响着我在学校里的表现，最终就体现在一纸成绩上。另外，父母信奉的是"棍棒底下出孝子"以及不和"坏孩子"玩的教育观念，也使我不懂得怎样去关爱他人，并且严重影响着我人际关系的发展。

（二）重要他人

重要他人指在个体社会化以及心理人格形成的过程中具有重要影响的具体人物。我的学业成长中主要有三个重要他人。第一个是小学的一个朋友。由于这个朋友的影响，我开始走向游戏厅，与学生的身份完全脱离，转而去玩乐，并且在班级中表现出来的就是完全杜绝了与好学生那一圈层的联系。再之后朋友的背叛更是对我的性格有着重要的影响，这使我的性格变得孤僻、多疑，不再那么愿意相信别人，从而导致了我初中时没有朋友的情况。第二个是高中时的班主任。班主任对学生负责的形象改变了我以往对教师的看法，让我对教师再次产生了信任，相信自己能够通过教育而实现自身的改变。第三个是高一时的寝室长。他的影响是最直接也是最明显的，在他的影响下，我养成了学习的好习惯，从而一改以往的差生形象，变成了班级里的好学生。随着成绩的提升，其他同学也会来向我询问问题，这也使得我的人际交往慢慢得以扩大，随着越来越多的朋友的出现，我的性格也在一步步发生改变。

（三）社区环境

我所在的社区环境并不是很好。在我很小的时候，街道上还有人提着刀互相追砍。但是由于父母的严厉教导，我并没有变成那样的人，然而我的学习还是受到了影响。同时，社区环境也影响着家风的好坏。我父母比较爱打麻将，究其原因主要是麻将文化是该社区文化的一部分。此外，在我们生活的社区，打孩子是很普遍的现象，通常孩子哭得越凶，打得越狠。或许正是在这种社区环境的影响下，父母才会信奉"打"的教育观念。

第三节 努力学习改变一切

我出生于 2000 年 5 月，虽出生于市区，但在高中以前一直住在村寨里。村寨中有很多少数民族，以苗族居多。少数民族的文化底蕴深厚，我小时候的很多玩伴都是少数民族孩子。因此，我的童年深受少数民族文化的熏陶。近年来，我的家庭经济状况良好，我在学业成长中没有因为经济困难而影响学业进度。我的父亲很重视我的学业成绩，尤其从初中开始，非常愿意在我的学业上给予经济支持，但是父亲又似乎只是重视"成绩"而不在乎过程。母亲很注重我的礼仪规范，对学业成绩不太在乎。我的学业成长历程，总体上没有太大的坎坷，只是在进入初中后有了一次巨大的转变。在此，先说一下我在别人眼中的印象。

一、他者眼中的自己

在叙述我的学业成长历程之前，我想简单说说目前我所了解到的他者对我的评价。这里主要呈现我的父母、邻居和同学对我的评价。

（一）父母眼中的我

我在和父母闲聊的过程中，向父母问到他们对我的评价。爸爸说："你的脾气有时候倔得很，但是总体来说还是听话的。学习也还算努力，你读小学时，我去外面打工，你妈妈在家带你和你姐，当时家里也不富裕，我也照顾不到你们的情绪。现在家庭富裕了点，你姐也有工作，成家了，你要好好读书，之前高考没考好，我也知道你难过想复读，但是你要知道在普通大学也可以发光，高考上的失误不代表你一生都会失败，不要荒废大学的时光，以后的生活是自己过。我也不希望以后你和你姐要花钱给我们养老，就希望你们以后有一个稳定的工作，逢年过节来看看我和你妈妈就行了。你自己要过得好。"妈妈说："哎呀，你成绩一直都挺好的，好好读书，以后当个好老师。你和你姐一样，有时候就是太脆弱，一点小事就觉得生活没意思，人生这么长，动不动就没意思，怎么过以后的日子。以后工作了，走入社会，困难还很多。以后我和你爸不在你身边，你和谁说。所以坚强点，困难总会过去。可能也是我的原因，从小到大没让你们做什么家务，什么都给你们弄好，让你们现在都经不起什么考验。"

确实，到现在我基本没做过家务，妈妈什么都会做好，我就只用负责好好读书，所以在整个学业成长过程中，我总是经不起挫折，哪怕是老师的一句批评、一次考试不如意都会对我产生很大的影响。

（二）邻居眼中的我

住在我家旁边十多年的阿姨曾经对我说："你很给你爸你妈争气，现在也读大学了，想起我搬过来的时候你还是小小的一个，现在都是大姑娘了。你小时候还活泼点，和我们家姑娘两个天天在一起玩，寨子里面小姑娘也少，你们两个一胖一瘦，像两个活宝，现在看你们都很少在一起玩了。读高中后很少看到你出来一次，寨子里面办酒席这些活动都没看到你，你现在也很文静，说话少。好好读书，以后孝敬你爸妈。"从邻居的评价中可以看出，我在学业成长过程中，性格也在发生改变，从外向活泼到内向文静。

（三）同学眼中的我

因为我小学时成绩不好，加上受过轻微的校园欺凌，对我之后的学业成长有很大的影响，不过现在我已经释怀了。小学同学说："小学同学中你的变化是最大的，你不像我们，大家现在都上班了。当时听到你读高中的消息，我们都不相信。我们小时候也调皮，总拿你开玩笑，现在想来我们那个时候都不懂事，也挺对不起你。现在你都读大学了，其实我还挺好奇你后面成绩变好的原因是什么。"初中同学说："从初一开始就看到你读书好认真，而且特别注重成绩排名。感觉你读初一的时候很文静，都不怎么说话，还是后面初二下半学期才感觉活跃了很多，也是真正融入了班级里，老师们也是真的很喜欢你。"高中同学说："天，你读书的时候真的是绝了，太努力了，每天晚上就睡两三个小时，有时候还通宵。我都不知道你是怎么过来的。我也搞不懂，你每天睡这么几个小时，第二天精力还这么旺盛。没有想到你高考的时候有点失误，不过你这么努力，现在在大学成绩应该也很好吧。"从我学业成长过程中的同学对我的评价可以明显看到我在学业成绩和性格上的改变。

二、学业历程的自述

从学前班到大学的成长过程，我想可以把这段历程分为两段。第一段是学前班到小学毕业。这段时间我在学校的学习生活比较压抑。第二段是初中到大学。这段时间我逐步在学业上找到了自信，并在大学找到学习的意义。

（一）从学前班到小学成长比较压抑

我对学前班的记忆比较模糊，但是刚刚进入校园的那一天，还是有印象的。我没有上过幼儿园，直接读的学前班。我很遗憾没有读过幼儿园，因为我觉得幼儿园是孩子的天堂，在幼儿园中更多的是玩耍。幼儿园中的游乐设施，我到现在也没有接触过，也是这个原因让我在高考填志愿的时候没有选择学前教育方向，我对学前教育比较陌生。六岁那年，爸爸揣着户口本和姐姐还有表哥领着我去学校报名，我兴奋极了。可是才没过几天我就厌倦了，要学写字，我不会写，哭着喊着不愿意去学校。那时候我觉得学校是非常陌生的地方，心里非常害怕，平时在家里经常无法无天地哭闹，到学校后就完全不敢吭声了。从开始上学时的兴奋与激动，到面对学校陌生的环境和不懂的作业等，我都感到害怕，想退缩，不愿意去学校。因此，可能因为没有从幼儿园到学前班的过渡，让我在学前班的学习中非常胆小，只愿意生活在自己熟悉的世界，害怕去接触外界，适应能力较差。当时我的同学，都是先上幼儿园再进学前班。我认为幼儿园更多的是训练孩子的动手能力，所以在读学前班的过程中，课上的很多活动，我总是不能很好地参与其中，动手能力也比别人稍差一些。我的性格也比较内向，在学校只会和很熟悉的同学说话，不敢和其他同学说话。其实在读学前班的时候，我就有过被同学欺负的经历。我还记得当时父母给我买了一些文具，可是班上有一个小女孩，她每次都会把我的铅笔拿走，而且还不准我告诉父母，所以隔一段时间我就会叫父母给我重新买铅笔。在买过很多次之后，我姐姐问我为什么会用得这么快，是不是把钱买其他东西了。过了一段时间我才敢说我的铅笔被其他同学拿了，可见我在学前班就很胆小。其实现在回想起来，我觉得在学前班并没有学到什么知识，而且也不喜欢学习，觉得读书一点也不开心，只喜欢待在寨子里面和小伙伴玩。我还记得有一件事，寨子里有两个伙伴和我是同班同学，我们都不喜欢读书，不喜欢去学校。有一天中午放学回家之后，我们在其中的一个小女孩家商量着下午不去上课。快到上课时间的时候，我们躲进她家衣柜里待着，想着上课铃应该已经过了，就从衣柜里出来在寨子里面玩。现在回想起来，那还是我第一次也是唯一的一次逃学经历，或许是真的不喜欢学校，对学校很抵触。

小学六年中，我不知道是从何时开始其他同学对我有了偏见。尤其是从五年级开始，就连低年级的学生也都用异样的眼光看我。或许是因为学校处于城乡之间，所以有一部分学生住在村寨里，还有一部分学生住在小区里。住在小区里的学生就会觉得比住在村寨里的学生高一等，有点看不起村寨里的孩子，而且村寨里少数民族比较多，小区里的孩子就觉得少数民族的学生成绩都不怎么样，家里也贫困，属于弱势群体。因为我和少数民族的小伙伴在一起玩，小区里的同学就对我产生了偏见。我不完全属于少数民族学生的一员，也融不到小区学生中。我也不知道为什么他们觉得我的外貌不好，觉得我不爱干净，都不愿意接近我。特别难过的是，我也没有得到老师的关怀。我把同学们对我有偏见这件事和小学的班主任说过很多次，可是每次她都只是给同学们说不要对我有偏见，却从来没有暗中观察过到底说完之后有没有效果，好像她说完之后就不管了。因此，我和她说了也没有什么用，这种情况还越来越严重，后来我也就不再和她说了。我已经把别人对我有偏见当成一种习惯，以至于我越来越胆小，越来越不喜欢学校。

在小学阶段让我印象最深刻的一件事是儿童节。儿童节是每个小孩子最快乐的一天。但是在我小学的六年经历中从来没有过一次快乐的儿童节，也从来没有参加过儿童节的演出。每年的儿童节，我都用羡慕的眼光看着舞台上的其他同学。在四年级的那次儿童节，班主任说让每一个同学都参与其中，我听到这个消息很开心，想着我终于可以像其他小朋友一样，在儿童节这一天打扮得漂漂亮亮的。可是大家在排练节目时都不理我，也不管我，最后住在小区里的班长直接把我从名单上刷了下去。那一年的儿童节，我们班只有三个同学没有上台表演，其中一个就是我，而班主任并没有说任何安慰我的话，也没有来问原因。这是我第一次对学校、对一个班级失望到底，我当时都不想读书了，本来成绩中等的我，成绩一直下降。我还记得，我爸给我开过一次家长会，那是我小学排名最高的一次——第十五名，我看到了他脸上的笑容，可在那之后，排名就一直后退，二十四名，三十二名，四十一名……一次次的成绩排名烙印在我的心里。我爸也没有问过我原因，就对我说了一句：你不是读书的料。这句话我至今都没忘记。现在回想"读书的料"这个词感慨还挺多的。"读书的料"这个词是对一个学生不适合读书的一种形容方式。六年的小学经历让我对学习没有任何兴趣，也讨厌学校。这是压抑的六年，是在同学们异样的眼光下度过的六年，但幸运的是，我在村寨里面能够得到很多欢乐和温暖，所以我在寨子里和在学校里完全是两个人。在寨子里，我很开朗，和小伙伴相处得很好，她们从来没有嫌弃过我，甚至在寨子里我的形象还挺好，受到小伙伴们的关注。回想整个小学经历，对我学业成绩影响很大的就是学校环境，其实我最初的成绩也不差，处于中等水平，如果老师多关注我，消除我的心理阴影，或许我的成绩就不会一直连续下滑。

（二）初中在学业和性格上的巨变

因为九年义务教育，即使小学成绩不好的我，依然可以继续接受初中三年的教育。我很怕在初中碰到我的小学同学，但还是遇到了一个小学隔壁班的男生。他就是当时对我存在偏见的其中一员，我很怕开学之后，他会给班上的其他同学说我以前的经历。我想着我不能再让同学们对我有偏见了，我想了很多种办法，最后我觉得只要我好好读书，排到班上的前几名，同学们应该就不会像小学同学那样对待我了。我要趁他们还不知道我的过去，改变小学时的状况。因此，开学后，我每天都很安静，一个人静静地学习，也不和其他同学说话。才初一的我每天都会学到凌晨一两点。每个周末、假期，都充斥着补习班，当然了，我爸也很支持我报补习班。在这个过程中，即使很累我也还是坚持着，直到第一次期中考试，我考到了第九名。我看到努力后的成果，很开心，也看到父亲脸上的喜悦，更加坚定地告诉自己，学习就能够改变一切。这是我第一次感受到学习带来的快乐，在那之后，我的名次从第六名到第四名又到第七名再到第五名又前进到第三名、第一名，之后一直保持在前五名。我的学习成绩有了巨大的转变。渐渐地我也感受到同学们的热情，感受到班级的温暖。我才知道一个班级可以这么好，老师也很亲切。那个小学时对我有偏见的男同学也没有把我小学的经历告诉大家，甚至他还和我说了为数不多的几句话。我整个人开始开朗起来，也才知道其实没有谁天生就是内向的，当环境允许时，当碰到开朗的人时，自己也会开朗起来。最后，我以 542 分的中考分数考上了一所公立高中。

现在回想起来，也正是初中这样的看重成绩排名，也让我太过看重结果。即使付出了很多努力，只是因为考试时的状态不对，心态没调整好而考差都会全盘地否定自己，甚至会觉得自己的人生很失败，就又拼命地去学。这给自己带来很大的压力。因此，一点点的排名下降都会对我产生很大的影响。现在我对成绩排名的态度有了很多的改变，不再只是注重结果，而是应该先注重过程，再注重结果。

（三）高中成为坚定和自洽的自己

高中三年的学习，有压力却又很充实，我也从中找到学习的意义。高一我顺利进入了重点班，成绩也不错，老师很关注我，我很喜欢这种感觉。尤其是物理老师，他很看重我，也正是因为这样，我的物理成绩一直名列前茅。我常常反思，如果老师对学生是充满期待的，学生往往就会按照这样的期待方向发展。反观我的小学经历，如果当时班主任像物理老师一样，或许小学的我也不会如此厌倦学校，讨厌学习。回首高中三年的生活，以往的一切仿佛转瞬间就在眼前，那三年的我，已经完全摆脱了小学时候的标签，虽然偶尔会表现出不自信，但是我会通过自己的努力去证明自己，增强自信心。对学习的态度发生了巨大的转变，从一开始讨厌学习、讨厌学校生活，到开始试着接触校园、接触同学、重视学习，但没有找到学习的意义，觉得成绩排名只是摆脱同学们对我有偏见的工具而已，没有感受到学习过程中的快乐，再到高中深刻体会到学习的重要性、学习对自己的理想以及未来生活的意义。高中三年的学习经历让我收获太多，疲惫却又充实且快乐。

（四）大学实现自我有意义的学习

刚刚进入大学时，我很迷茫，也不知道怎样学习，没有规划，因为大学的学习不像高中，大学需要自己主动去学，需要自己有比较强的自主性，若是漫无目的，大学四年就会匆匆度过，迷茫且不知所措。班级文化和校园文化是让我从迷茫到有目标的重要因素。从大一就开展的读书会，让我知道我所学的专业，看书很重要，让我定下了每个学期读完多少本书的目标。包括辅导员给我们树立考研的目标，在班上开展考研院校分享会，让学长学姐给我们分享考研、就业的经验，都让我的大学学习有了方向。学校提供的各种学术讲座，巩固了我的专业基础知识。图书馆的学习氛围让我静下心来去思考自己的目标，去感受书中的美好。

大学四年和室友、同学的相处时间最长，她们或多或少地会影响着我。大学统一寄宿的生活使得同辈群体成为影响大学生学习态度的重要因素，随着年龄的增长，同辈群体对青年大学生的影响愈加深刻，处于青春期的大学生通过与身边的同辈群体进行比较，以获得适当的自我评价与积极的社会认同。在这种比较过程中，同辈群体的态度就如同一个巨大的心理场域，影响着群体当中每一个人的态度。

关于大学生活，我想再谈谈自己的考研经历。对于备考研究生的过程，我的前期状态还算可以，去实习后因为自己心态的原因，很难调整，尤其到十一月后，多次崩溃。感觉自己很失败，实习没有积累到太多经验，复习也跟不上进度，而且在整个备考过程中，走过很多次弯路，方法不对，复习效率不高，没有好好地做一个整体规划。回顾大学四年，我到底学会了什么？好像什么也没有，可这是自己选择的路，不过我已经调整自己的心态，不要好高骛远，想想各种可能，去尝试，也许能成功呢！

三、学业成长的自我归因分析

从他者对我的评价和我的学业成长经历来看，我认为影响我学业成就高低的因素主要有个人主观因素、家庭成长环境和校园学习文化等。

（一）个人主观因素

从我十多年的学业经历来看，影响我学业成就的主观因素主要包括：智力水平、学习方法、心理状态和自身努力程度。智力水平是影响学生成绩的因素之一。智力水平的高低直接影响学生的理解能力、思考能力、记忆能力、反应速度、接受能力等，从而影响学生的学习速度和学业成就。同样的学习内容，那些智力较高的学生很快就能学会、学好，但智力一般的学生就需要付出更多的努力才能掌握。以我为例，我在读一年级时，学习字母表都比较困难，即使教很多遍还是记不住，当时同龄的学生学习知识都比我快。但智力水平也不是决定因素，掌握好的学习方法可以使学习达到事半功倍的效果。这在我身上最好的体现就是从初中开始，我开始会慢慢总结自己的学习经验，寻找适合自己的一套学习方法。心理状态对学业成就也有影响。我从讨厌学习、厌倦学校，到学习成绩名列前茅的巨大转变也是我心理的巨大转变。我从胆小，把别人对我的偏见作为一种习惯到渴望得到老师和同学的关爱，并付诸行动，去证明自己应该受到同学们正常的对待，性格变得开朗。另外，对我而言，努力是最大的主观因素。我在学业上的巨大转变就是靠一直坚持不懈、勤奋努力得以实现的。我智力水平一般，虽然智力很难改变，但可以通过自己的努力来改变学业成就。

（二）家庭成长环境

在我的家庭教育背景上，我的父母受教育程度都不高。这是因为父母那一代家庭经济困难，很难供他们读书，所以在学前班以前，我的父母并没有让我学一些东西开阔眼界。在之后的学业成长中，因为父母的文化程度不高，所以他们对我小学之后的学习功课没有做过指导。在家庭教育理念上，家长的教育观以及对子女教育的支持与重视程度都将影响子女在学校学业成就的取得。我的父母对我的学习还是挺重视的，尤其从初中开始，虽然父母不能指导我学习，但是只要我在学习上需要什么，他们都会支持，所以我家庭的教育理念相对较好，这是对我学业的最大支持。在家庭经济水平上，我在小学时没有太多体会，但是从初中开始，感触就比较深，在整个学习过程中没有碰到过经济上的问题，父母也很支持我去考研读研，在学习过程中，父母告诉我好好学习就行，不要去考虑其他的事。

（三）校园学习文化

在我的学业成长过程中，受到校园学习文化的影响很大。在小学阶段，因为学校个别教师对学生道德教育的缺失，导致我有了六年的阴影，对学校厌烦、抗拒，甚至对我的心理也造成了一定程度的影响。在初中时感受到了班级文化的重要性。学习氛围的营造对学生的学习兴趣、学习动机都有很大的影响。在大学校园中，感触最深的是一个学校的文化底蕴、一个班级的班级文化对学生素质的影响。一个学校优美的校园环境能够为学生的主动发展提供保障。高层次、高品位、高格调的校园环境，既能对师生起到陶冶情操和完善人格的作用，又能"润物细无声"地内化为师生的自身修养和涵养，并体现在他们的言语和行为上。校园文化要成为一部立体的、多彩的并具有吸引力的书，从而为学生创造一种自由、平等、宽松的生活与学习氛围，使学生与老师在进行心灵沟通的过程中，提高学生的心理承受能力，培养学生积极向上的生活态度，树立正确的人生观和价值观。同时，课堂教学应该朝着个性化教育方向发展。如让学生参与"如何进行自我管理"的讨论，每个学生做到"五个一"：提一个不懂的问题，争取一次发言机会，参加一次讨论，发表一个不同的见解，得到一次成功的体验，从而让每个学生都能抬起头来走路，让每个发言的学生不带遗憾坐下，唤起学生积极主动的学习欲望，这才是教学的最高境界。

校园文化对于学生来说就犹如空气和水一样，每时每刻都在影响着学生的发展。大学辅导员和班主任对班级的管理也在一定程度上影响着学生的学习。我所在大学的班级文化氛围浓厚，辅导员开展的一系列学习活动，不管是读书会，还是考研院校分享会或就业经验分享会，这些都为我们确立学习目标提供了方向和指引。

小　　结

本章呈现的 3 个案例有一个共同的特征，即小学阶段的学业成就都比较低，但是初中之后他们的学业成就逐步得到提高，最终在高中阶段实现了完美逆袭，成为一个名副其实的大学生。在大学阶段他们经历了相同的校园文化的熏陶，并实现了个人更好的发展。纵观他们从小学到大学的学业成就来看，影响 3 个案例学业成就高低的因素主要有以下几点。

第一，重要他人。从上述 3 个案例自我叙述的情况来看，在他们学业成长中的重要他人主要有老师、同伴和父母。首先，老师在他们学业成长中扮演了重要的角色，直接影响他们对某门课，甚至对所有学科的学习。在他们学业成长的道路上，教师的角色通常有两种：一种是以生为本、循循善诱、关心学生的老师。在老师的关心、照顾和帮助下，学生学业成绩得到不断提高，从而实现了从后进生到高学业成就者的完美逆袭。另一种是唯分数论的老师，只重视学生的学习成绩，关心优秀生，对学业成绩落后的学生存在偏见，忽视后进生的身心健康，导致后进生的自我效能感越来越低，从而放弃了对学业成绩的追求。其次，同伴既能影响他们朝积极的方面发展，从而取得高学业成就。同时也会影响他们朝消极的方面发展，从而取得低学业成就。最后，父母的受教育水平和教育理念对他们的学业成就也会产生影响。父母由于受教育程度低，无法直接给予他们学业上的指导。但是，他们的父母十分重视教育，认为受到好的教育能够改变孩子的一生，帮助他们跃出"农"门。因此，父母会利用一切可以利用的资源让孩子进入好的学校接受更优质的教育，并最大限度地满足孩子学习上的需求。但是，在这个过程中，父母往往忽略了孩子其他方面的发展，从而使孩子在学业成长的道路上产生各种困惑。

第二，主体性发挥。在本章 3 个案例学业成长的路上，他们都面临着理想和现实的冲突。一方面渴望自己拥有一个光明的未来，能给父母一个满意的交代；另一方面因各种原因难以取得理想成绩或沉溺于游戏世界。他们想要在学业上有所收获，但又因各种原因放弃了自己对学业的追求。在现实的社会结构之中，如果自己的主体性得到发挥，那么他们便能取得较高的学业成就，反之则只能取得低学业成就。

第三，校园文化。本章 3 个案例都有着极其相似的求学经历，他们都出生在农村，都有在乡村受教育的经历，但是中学之后，情况发生了改变。他们都去了各自以为教学质量较好的中学努力学习。在他们的叙述中，能够明显地感觉到他们前后心理的变化。同时，班级文化和校园内部同辈群体文化对他们的学业成就也产生了影响。尤其是同辈群体的文化，对他们的影响更加明显，如果不能融入某个群体的文化，学生极易成为班级文化的边缘人。

第四，关键事件。在他们的学业成长过程中，提及了一些关键性事件。例如，突然取得高学业成绩被老师误认为作弊，生活在苗寨被同学误解，大学期间的恋爱经历，大学读书会，等等。这些作为他们学业成长过程中的关键事件都发挥了或消极或积极的影响。尤其是中小学，这种关键事件对学生产生的影响会更大，诚如本章中的案例被老师质疑作弊后，索性彻底放弃了好不容易建立起来的学习自信心，最后成为班级文化的边缘人。

总之，学生学业成就的高低主要受重要他人、主体性发挥、校园文化和关键事件等因素的影响。因此，如果能在学生学业成长过程中为其提供教师支持、营造良好的家庭教育环境、树立优秀同伴榜样，帮助其形成正确的自我效能感和价值追求，学生便能取得较高的学业成就。

第二章　从留守儿童到本科生的涅槃

农村留守儿童一直备受社会关注。本章中的 3 个案例给我们呈现了不一样的留守经历，更为值得关注的是他们为什么能在学业上取得较高的学业成就？在从留守儿童到本科生涅槃的过程中，他们身上发生了哪些值得关注的故事？这是本章预期达到的效果。

第一节　农村留守女童的教育坚守

留守儿童的成长一直备受关注，他们的教育经历深深影响着一生的发展。曾几何时，我也是留守儿童的典型，吃过苦也享过福，理解父辈的辛苦，也明白他们的期望。我从小便深受"读书是唯一的出路"思想的影响，由于家庭原因，姑姑小学没毕业，父亲高中读了一半便辍学了，叔叔读了个职业技术学校最终选择了进厂。

一、奶奶陪伴的幼年

记忆中，老家寨子户落很稀疏，亲近的往往只是离得近的几户人家。住在我们家对面半山腰上的伯父性格很外向，但也有点不大度。

他种了一片橘子林，在他家后面的半山腰上。橘子成熟的时候，整个半山腰都是橘色的，就算是橘子烂得铺满地面，路过的人也不敢偷偷捡上一两个稍好点的。伯母和奶奶时常吵架，什么难听的话都骂过。伯母家原本住我家下面，后来两人吵得太厉害，她家便搬走了。我只见过伯父一次，他常年在外打工，极少回家，伯母则在家做一些散工贴补家用。其实我一直没有搞清楚他们大人究竟在吵些什么，无非就是你占了我家一点土，我占了你家一点地。据说她们吵了大半辈子，直到我读初中时伯母家又搬了回来，我们两家的关系才得到了缓和。邻居哥哥（姓陈）家住在我家对面，中间隔了一条小河。我们从小一起长大，关系好到甚至成为大人们眼中的"青梅竹马"。初中时他家搬去了上面的寨子，两家大人也不知怎么闹了矛盾，关系便稍稍疏远了些。另外一个哥哥（姓吴）大我两岁，从小两家大人便关系亲近，我们自然也似亲兄妹般。吴姓哥哥的姐姐从小成绩优秀，毫无悬念地上了高中，吴姐姐在高中遇到一位同名同姓的男孩子，高中没有读完便与他奉子成婚了。2018 年我考上大学时，这位姐姐已是三个孩子的母亲，同时她家从四世同堂转变为五世同堂，至今还是他们吴姓家族的骄傲。他们家至今仍是村里老人们茶余饭后不可或缺的谈资。我最好的玩伴也姓吴（与吴姓哥哥系同一祖母，其父家中排行老五），她同我一样是留守儿童，还待我如同亲妹妹般。她父母离家多年后从外地回来（她父母将近 6 年没回家），带回了四个弟弟妹妹，她曾悄悄同我说过不喜欢他们。中考时她没有考上高中，便听从家人的安排结了婚，我再见她时，她已是两个孩子的母亲，我们仿佛是两个世界的人。过年时我走进吴家大院，只见她们各自或抱着或背着自己的小孩，谈论着奶粉钱，谈论着家庭矛盾。她们的话题全是柴米油盐，而那时的我是一个彻底的局外人，但我很庆幸自己无法融入她们。

父母在外打拼，每年过年才回来一次，所以奶奶做什么事都会带着我。她上山干活，就会给我铺一个简易的座位在田埂上，撑上一把伞，前面放点瓜子、花生和水，她干一天活，我就能安静地在那坐一天，静静地看着奶奶一锄两锄，我有时玩会儿泥巴，有时玩会儿虫子，就这样祖孙两个，从日出到日落。村里的酒席都会请奶奶这个大厨去掌勺，我就坐在切菜的案板旁边，看着外面同龄的孩子你追我赶，表面上不为所动，其实心早就和他们一块儿玩耍去了，但我知道我得乖巧懂事，不能让奶奶操心。路过的伯伯孃孃们会时不时过来给我一个糖果，一块胡萝卜，我看得出他们喜欢我乖巧的模样，可是又有哪个小孩子天生喜欢安静呢。我喜欢吃糖果，所以每次酒席结束回到家，奶奶总是能够惊喜地掏出很多糖果，直到后来我上了高中和妈妈住在新房子里，再回老家，奶奶还是会给我留很多糖果。

我家门前有条小河，经常会有人在河里抓鱼（用一种除草剂在河里搅拌，半个小时左右，河里的鱼、虾、蟹全都活跃了起来，后来才知道是被毒起来的）。我和邻居的两个哥哥一听到动静就背上"小笆篓"（一种用竹篾编造的、背在身上装鱼的工具），拖着一个细细的竹条编的竹筛往河里去。同村的人都很热情，让我喊奶奶一起下河，可奶奶总共就没去几次（后来奶奶说，总归是别人的"杰作"，自己一个大人是不好参与的）。每次等到我全身湿漉漉地回到家，洗澡水已经烧好了。吃过香喷喷的酸汤鱼，饱饱地就睡觉了。后来再也没有吃到过有奶奶味道的酸汤鱼了。

村里的风俗让我明白女孩儿如果不读书，成家就是唯一的选择。我深知对于出身农村的我们，走出这座大山的唯一途径只有读书，我不愿也害怕成为村里同龄人中的一员，尽管这意味着我不仅要与陈旧腐朽的思想观念做斗争（到了适婚年纪不结婚似乎就是违背人伦），还要接受别人异样的眼光，成为所谓的"不肖子孙"。这也让我在选择考研和备考期间承受着巨大的、无形的压力。

二、茁壮成长的童年

2005 年，邻居哥哥 7 岁（我 5 岁），该去上学了。他去报名那天，我哭着喊着也要上学，便一同跟去报了名。村里同龄的小学学生不是很多，老师也只有几个。学校只有一栋楼，总共两层，每层有三间教室和一间办公室，里面是木房，外面用砖随意修葺了一下。依稀记得 6 岁上一年级时全班同学有 50 人左右，虽然当时国家规定 7 岁才能上一年级，但农村一年级常常混龄，从 4 岁到 8 岁的学生都有，其中有一个胖胖的男孩儿，我印象尤为深刻。他有些许调皮，总爱欺负人，而我由于个子矮小，时常成为他欺负的对象。我们教学楼顶有一个小小的蜜蜂巢，他耐不住手痒，爬上去捅，没过多久就被蜜蜂吓得连滚带爬地从窗户上跳下来，还在牛粪上打了个滚儿，我躲在一旁窃喜。到冬天，几乎每个人都会带着自己的小火盆，放上一块大大的木炭再盖点灰，便能坚持一整天。转火盆很刺激，一只手提着火盆在头顶 360 度旋转，如果速度控制不好，里面的灰和炭就会洒下来，头发就会遭殃。为了练成这门绝技，我常常一个人在家提着空火盆练习，功夫不负有心人，我成功了。后来胆子大了，在同学面前表演的时候，差点儿就把我齐腰的小辫子烧没了。因为这件事，我回家被奶奶大骂一顿，而我一边委屈地哭着，一边琢磨着失败的原因，只是后来再没机会尝试。二年级开始班上就只有十来个人，而学校也只剩两位教师了，一位校长，一位副校长。班长、副班长、学习委员等职位一选完，全班都是班干。我很荣幸做了三年学习委员，其他事儿没干，说得最多的就是："老师，体育课给不给？美术课上不上？"我们没有专业的老师，一个老师带一个班，所有科目都由这个老师负责。体育课上最喜欢的就是去河里抓虾米，学校前面的河就是我家门口那条河的上游，以前河水很清澈，鱼虾特别多。抓很多虾米放在一个自己挖的小水池里，然后留下最活跃的几只，看最后谁的虾米剩得多谁就赢了。我们也会将五谷子（薏米）穿起来像丢沙包一样玩（小孩子总爱比较：五谷子越长越厉害）。跳绳我可是数一数二的厉害，而滚铁环（人总是跟着铁环跑）却是我小学一直没学会的技能。

　　二年级那年，我第一次体会到"父爱如山"。有一次，由于我垃圾食品吃得太多（我爱吃干脆面和辣条，奶奶便时常一箱一箱地买回家），导致腹痛不止，当地很多医院、私人诊所都跑遍了，一点用也没有。那年父亲在广州上班，听到我的病情，马不停蹄地赶回来。奶奶去学校给我请了一个星期的假，父亲每天天不亮就带着我去赶最早的班车进县城，然后坐最晚一班车回家。每天早晨走两个多小时山路后，在一个山头等车，每次都坐那辆绿色的大巴车（绿色大巴最早），进城要坐将近三个小时。我从小很少坐车，一路晕车一路呕吐，下车后脸色煞白，站也站不稳。父亲带着我跑遍了县城的几所大医院后，还是没有什么效果。眼看已经花了五天时间了，没有一点头绪。终于第六天，父女俩一如往常赶车进城，司机叔叔带着调侃的语气和父亲寒暄，父亲从他那儿知道一家中医诊所可能对治疗我的病有用。父亲的神情顿时舒缓了很多，那一刻，我看见了父亲的笑容。这家中医诊所不大，在一个桥头，父亲描述完我的症状之后，那个医生胸有成竹地让父亲放宽心。果然，戒了垃圾食品，喝了一段时间中药后，我再也没有出现过腹痛。

　　我们小学老师姓孙，是当地人，在当时他家是村里有名的有钱人。他上课从未说过普通话，很多年后我问他，他才说是害怕他的口音把我们带偏。我一直是班里的"万年老三"（考试成绩一直是第三名），二年级下学期领成绩单那天，孙老师迟迟没有出现，班长、副班长和我三人去了他家才发现他醉得不省人事。师母告诉我们，老师把成绩单和奖状放在办公室的书桌上了，让我们自己去拿来发了就早点回家。我们仨都紧张地往学校赶，打开办公室的门，一个简易的办公桌和一个书架，书架上没有几本课外书，书桌上整整齐齐放着我们的成绩单、奖状和假期作业。"拿去发了都早点回家吧，假期愉快！"老师留了张纸条。成绩单是老师手写的，十二份，奖状是书店买的，三张奖状正好是我们仨的，班长递了我的给我，我迟迟不敢看，班长似乎有点失落，但还是笑着恭喜我拿了第一名。回家后这张第一名的奖状被我贴在了最显眼的位置。四年级时，因为农村生源太少，老师也所剩无几，我们也被迫转学到了镇中心小学。那个夏天，我们拿完成绩单后，沿着校门口的小河，打算一路玩着回家。几个从未见过草原的小孩，在路过一片荒地时被吸引了。那片荒地很久没有人种过了，看着很像一小片草原。几个小伙伴在上面追逐打闹，模仿着电视上的样子，做俯卧撑、跳蛙跳等，忘记了时间，殊不知此刻我们的家长正满世界地寻找我们。他们沿着我们平时上学的马路走到学校，一路上都没有我们的身影，后来询问了学校旁边的住户，说我们好像沿着小河走下去了。正当我们玩得高兴时，几根大大的竹条狠狠地抽在了我们身上。那次挨打是从小到大最刻骨铭心的一次，奶奶和其他两个孃孃一边走一边教育我们，到家后我愧疚地回房间睡觉了。

家里离镇上很远，正常情况下走山路要花两个多小时，而贪玩的我总是会耗上三四个小时，所以我从五年级便开始住校。那时的小学没有宿舍，我们便几家人一起租住在一个老板家。我们一共十来个学生住一起，男生一间房，女生一间房。最小的是一个二年级的小女孩，她家比我们家要远得多，因为她最小，我们都很照顾她。周五放学我们就和村里稍大些的哥哥姐姐们一起回家，一路上打打闹闹，两个多小时的山路似乎很快就走完了。住宿的地方只管我们吃住，米和被子都是从自己家里带，每人每年400元左右的菜钱，每天也就一大锅菜一堆人吃，许久才能吃到一顿肉，现在想来是不那么划算的。房东家有两个孩子，一个男孩，一个女孩。我住那的时候，他们俩还比较小，较大的姐姐也才上幼儿园小班。他们时常到我们的房间乱窜，喜欢拿我们的各种东西，当我们给房东反映的时候，他只会说孩子还小不懂事，也没有当着我们的面做什么表示。后来我们也不好再计较了，只得把自己的贵重物品放好。房东家也有一亩三分地，在课余时间我们经常会去帮他干点农活，房东会给我们一人买一个冰激凌作为奖励。我们住的楼房下面是一条大河，夏天的傍晚，我们经常躺在河岸，学着张衡的样子一边数着星星，一边畅想着自己的未来。中秋节时，河岸边有许多人在煮月亮饭（当地中秋节有在河边煮月亮饭偷菜的习俗），我们也会把房东为我们做的晚饭留起来，带到河岸去同那儿的人一起吃。

我们五年级一个班60来人，有两个班，我最好的朋友被分配到了一班，而我则进入了学风较好的二班。语文老师和数学老师分别任班主任和副班主任。她们俩性格完全不同。语文老师姓杨（似乎是我家某个亲戚），比较爱美，整天打扮，高跟鞋的声音辨识度很高。杨老师写得一手好字，所以她特别注重我们的写字课，喜欢字写得漂亮的学生。数学老师姓黄，很质朴很和蔼，标准的女教师角色，关注我们的学习和健康，喜欢成绩好的学生。黄老师喜欢班长，因为班长成绩优秀，后来班长上了全县最好的高中，但是他的字写得不怎么样，他的课桌腿上刻着几个大字——国家主席，他说那是他的梦想，后来听说他大学毕业后在上海一家银行工作。副班长的字很干净利落，笔锋有劲，很得杨老师欢心，大学毕业后在县城做起了烟酒生意。开学第一课不是入学须知，而是练字，每人一支钢笔写自己的名字，觉得写得不错了，拿上讲台给杨老师看，过关了就可以出去玩。我从未用过钢笔，弄得满手墨汁，名字写了好多遍也不过关，多亏同桌帮我写了一个才蒙混过关，后来每周的写字课就成了我的噩梦。

黄老师的教育很理性，对学生往往是动口不动手。她对学生一视同仁，就算是成绩好的学生犯错，也照罚不误（我就曾被她罚过扫厕所）。课下她又常常叫我们几个比较乖巧听话的学生去给她改试卷，改完试卷她会一人发一支笔或给点其他什么小奖励，所以我总是很乐意去帮忙。语文老师比较感性，她在教学中时常掺杂着许多个人情感。写字好看的副班长和写字丑的班长一起迟到，她是不会罚副班长的，通常都罚班长练字。但她的教学水平和教学方法在我们镇中心小学是数一数二的。她的公开课从来不会冷场，通过自己制定的奖罚制度充分调动了我们上课的积极性。回答正确一个问题加一朵小红花，小红花积累到十朵可以换一个本子。小红花挂在教室前门后面，自己贴自己的红花，由各组的组长监督。另外，作为她的班干，经常会得到一些好处，本子和笔什么的都不用自己花钱买。我们对她可谓又爱又恨。杨老师微胖，身体不怎么好，但心态特别好。她会经常教我们唱歌（广场舞神曲）、跳舞（广场舞）。记得最后一个儿童节时，她组织了一个学校合唱团，代表学校去参加县里的儿童节会演。合唱团里大多都是同班的同学，排练也很愉快。那是我第一次正式上台表演。正式表演的前一天，杨老师亲自给我们每一个人化妆做头发，毕竟是第一次做造型，特别爱惜也很臭美。学校租了两辆大巴车，很奇怪，这次我来回都没有晕车。那天一直下着毛毛细雨，穿着薄纱裙却丝毫不觉得冷。对杨老师印象最深的是她教训同学。六年级上学期，我同村的两个男孩子和班上比较调皮的几个同学一起逃课。村里的其中一个小男孩是跟老师请了假的，他的请假理由是家里爷爷过世，杨老师当时特别同情，还给他付了车费让他赶紧赶车回家。第二天还没上课，杨老师气愤地跑进教室把那几个同学拎出去，随手抽了一把扫帚，她穿着高跟鞋，罚他们在门口蹲着马步，连打带踢，涨红了脸。她气喘吁吁回到讲台坐下，喘了几口大粗气后给我们解释原因：恰巧那天赶集，她下午没课，在街上偶遇了那个男孩的爷爷，后来还有旁边的农户说有几个学生去偷果子，还拍了照片。同学们理解了杨老师的做法，对她愈加敬畏。

因为是从乡下并校到镇中心小学，我的乡土气息会比其他同学重很多。起初，我自己也比较腼腆，加上和他们不熟，所以也不怎么爱与人交流，而且杨老师和我是亲戚，又让我接了组长这份"肥差"，就会有同学对我有意见。女生还好，只是会在背后说一些坏话。男孩子就比较直接了，有次放学，我急着回去，打扫完教室后，同班的几个男孩子把我关在教室里面，在外面表达着对我的不满。我没办法，在教室里急得直哭。他们不依不饶地在外面说了我好久，才放我出来。碰巧在教学楼下遇见了黄老师（黄老师住教职工宿舍），他们神色慌张地逃避。黄老师觉察有问题，在教室楼梯转角发现了正在抽泣的我，她当时问的是什么我没有听进去也没有回答，她安慰了我好久，就送我回去了。第二天，那几个男同学受到了惩罚。黄老师也对全班同学进行了批评教育，我好像终于融入了这个"新社会"，却又迎来了另一个"新社会"。

我从小体弱多病，六年级那年，奶奶因为过路道士的一句话，开启了为我"续命"的探索。那位道士直言我活不过本命年，奶奶急得到处寻访"得道高人"为我做"法"。终于，功夫不负有心人，在2012年的年末，奶奶为我抓住了最后的"救命稻草"。那个夜晚的寒风格外刺骨，全家人一夜未眠，我在堂屋里面一遍又一遍地重复着道士那些奇怪的行为。好在经过一番折腾后，我的生命得以成功"延续"，全家人心里悬着的重石也终于落下。如今的我，23岁，身体康健、学业有成，或许是那次"续命"成功的结果吧。换作今天，我绝不会听信那种无稽之谈，但对于处于当时那个时代背景下的人们而言，他们会将愿望和情感寄托于这些神灵并长期虔诚地供奉着他们，以此祈求风调雨顺和身体康健。

三、肆意生长的少年

小升初时成绩比较好的同学都去了县城重点中学，但我属于那种

"宁做鸡头不做凤尾"的人，所以我选择了在乡镇中学读初中。我上的初中学校不大，一栋教学楼，一栋综合实验楼，两栋学生宿舍和一栋教职工宿舍，没有像样的操场和足球场，食堂也很小。一个年级四个班，我和小学比较亲近的小伙伴都在四班。开学报到的第一天，我直接把外面住宿的行李搬进宿舍就可以了，所以不需要家人陪同。在教学楼大厅和几个同学聊天，一个有点儿凶的女老师突然示意我把凳子抬过去给她，说来也巧，这位女老师就是我们的班主任（姓姚）。我们是姚老师本科毕业带的第一届学生，她也没有什么实际的教学经验，像一直以来的说法一样，新教师的热情度总是要高于老教师。姚老师一来就制定了很多班规：不能在教室吃东西，晚自习前半小时是班级自习时间，早读迟到罚款（一般是五元），等等。但这份热情并未持续下去。这一阶段我的乖巧形象维持得很到位，老师们对我的印象几乎总是在颁奖台上接受表扬，却不知我也曾因寻衅滋事在漆黑的操场上狼狈地蛙跳，因寝室矛盾在寒风中颤颤巍巍地蹲马步；而在朋友面前，有十分喜爱我的老师做后盾，拿着鸡毛当令箭的事可没少干。他们对我都是唯恐避之而不及，这就是我"隐晦"的叛逆期。

我的初中生涯前半段很平淡，除了学习就是忙忙学生会的事，帮老师改试卷，检查卫生，查午休纪律，等等。我也纯粹是一个循规蹈矩的好学生形象，深得老师喜爱，一向胆小怯弱的我也成功蜕变成了班里的"大姐大"。初二那年，又一次撤点并校，很多其他学校的同学加入。因为当时一班和我们四班成绩最好，所以这些并校生全都被安排在了二班和三班。也许是学习风气的缘故，许多成绩较好的并校生转入我们班。这些新鲜血液的融入让我的初中生活发生了大转折。初二上学期，筹备"一二·九"活动，我们一如既往地在早餐食堂门口排练着节目，三班的同学过来请求我们腾出一点位置给他们排练，虽然大家平时并没有什么交流，但我们还是答应了。后面的几个星期，两个班一起排练，相处得十分融洽，但是再没有什么其他交集。

自那之后，三班的班长总是给我带早餐，炒粉、包子、糯米饭、包粉，每天都不一样。室友们的八卦让我不知所措。我向她们讨教应该怎么处理好这件事，却也没有一点结果。周六晚上，过了约定时间父母都没有打电话过来。我就先拨打了父亲的电话，好几次之后父亲终于接了。"爸爸，我这个星期参加活动有个男生……"只听到对方"我在忙，先挂了！"周日半天过去了也不见父亲回电话，眼看我就要去学校了，鼓起勇气拨通了母亲的电话，母亲接得倒是挺快，只是回答内容没什么差别。我很失落也很沮丧。后来，初三的一段经历给我的初中生活增添了一抹不一样的色彩。那是最后一次冬季运动会，在同学们的蛊惑下，我的初恋开始了。少年时期的爱情算不上爱情，我更愿意称为知己。很多事情不用说出来，对方就明白你的心意，在我看来那也不算早恋，毕竟连手都没有牵过。快中考了，我们约定一起上县城里最好的高中，开始每天约着一起学习，一起刷题，后来填志愿时（我们是先填志愿才中考），别人告诉我他填的是另一所学校，也不知是赌气还是冲动，我们心照不宣地没有再联系。

　　等中考成绩，对我来说似乎不是很漫长。在一个热得受不了的下午，闺蜜打电话告诉我说，我俩都进了县城最好的高中。我没有特别兴奋，因为我认为那是意料之中的事儿，毕竟自己也不是很差劲的。中考结束后的假期格外长，没有作业似乎也很不习惯。我的第一次工作体验也在中考结束后正式开始了。在西双版纳，父亲工作的地方，我开始了朝九晚五的生活。换上当地的工作服，进入酒店餐饮部的第一天，似乎每个人都很和善，但又不怎么好相处。领班带我简单地熟悉了业务之后，就开始了正式工作。休息时间所有人都在玩手机，有说有笑，由于我没有手机，就只能默默地在旁边坐着自娱自乐。这种情况持续了很久，直到有领导来检查的那天，领导对我嘘寒问暖了几句后（那个领导是我父亲的同事，我和他们一起吃过几次饭），所有人都过来问我怎么会认识他，我只得如实相告。后来，吃饭、休息、上下班，都会有人热情地拉着我和她们一起。在这期间，我了解到，她们大多是初中毕业，甚至初中还没毕业就出来打工挣钱供家里的哥哥或弟弟上学了。我结交到了比较好的朋友小刀。她比我大三岁，因为家庭原因，很早就辍学出来赚钱供弟弟妹妹上学。她从未和我提过她的父母，一直照顾她的是奶奶，周末轮休的时候，她会买上奶奶爱吃的东西回家。她喜欢鸡蛋花，因为从小奶奶经常给她摘下来戴在头上，鸡蛋花是那儿再平常不过的花，随处可见。西双版纳这个地方，给我的第一印象是热，第二印象是观念的陈旧。我在西双版纳的同事全是女生，她们几乎都是辍学挣钱供家里的男孩子上学。她们热爱生活、热爱学习，甚至曾试图通过教育来改变自己的命运，但陈旧的风俗和观念磨灭了她们的意志，只需要挣钱供哥哥或弟弟读完书，她们对家庭而言便再无其他作用了。两年后，我与小刀再次联系时，她已成功逃离她的原生家庭，远嫁到了安徽。

四、发荣滋长的青年

2015 年 8 月 23 日，高中开学了。我们家也在我开学前搬入了新家，离我高中学校很近。我也再次见到了阔别多年的亲妹妹。她见我第一眼没有叫姐姐，我也没有和她多交流，或许是彼此都还很陌生吧。妹妹小我五岁，第一次见她是在老家，那时她三岁。当时外公带着妹妹回来住了三天，印象特别深刻的是奶奶把所有的好菜都搬上了桌，不仅妹妹没有吃一点饭，连外公也略带瞧不起的样子。妹妹总喜欢进我房间拿我的东西，终于有一次被我逮个正着。她刚好拿了个玩偶长江七号在我房间门口，我正好放学回家，她楚楚可怜地看着我，我还没说话，她便扔下玩偶哭着跑了。不一会儿母亲来兴师问罪了。妹妹似乎很内疚，她下午放学专门去给我买了酸奶放在我的房间，还贴了张小纸条，上面写着"姐姐，对不起"。我晚上看见的时候，有点小感动。后面相处得十分融洽，打雷下雨她会抱着我睡，有心事会告诉我，学校发生的事她也会主动和我分享。

从小学到初中，我住校五年，到高中终于可以换一种生活方式了。高一班主任（姓周）教语文，很年轻，教学能力很强，班级管理也是张弛有度。我曾被他骂过一次，但是我没有哭，反而是有一次我自己跑到他办公室哭了半个小时。记不清是高一上学期的第几次月考，我语文只考了 87 分，全班倒数第二，选择题只对三个。他把我和另一个没及格的同学一起喊到讲台旁边站着，然后他骂了我们将近十分钟。高一下学期分班考试前那次月考，我一下子班级排名掉了五名，物理 28 分，那是我有史以来物理最低分。大课间下着小雨，我脑子一蒙自个儿跑到班主任办公室去，一边哭着一边对这次考试做着深刻检讨。他后来安慰我些什么我完全没有听见，只是记得有好几个老师在旁边跟着安慰我。因为这事，我还在语文组办公室出了名。至今我仍不清楚当时自己这么做是出于什么目的，可能是想寻求安慰，也可能是想逃避老师的责骂，或许是巨大的心理落差感让我感到羞愧，但也正是这次经历让我坚定地选择了理科。

不出意外，分班考试我又掉了几名，我进入实验班的梦再次破碎。物理考过 28 分的我选择了理科，很多朋友劝过我，可我还是听了谯老师（初三班主任）的建议。班主任也是语文老师（姓杨），四十来岁的样子，看起来很和蔼，果然上课也很"和蔼"。我不怎么喜欢他的上课方式，永远都是照本宣科，但是我喜欢他的班级管理方式，给了我们很大的自主性。我后来因为语文成绩还不错便做了他的课代表。很多时候他做决定都会考虑我们学生的建议，赏罚分明。班上小团体现象特别明显，总是会因为各种各样的小事情闹矛盾。我和分班后的第一个同桌发生过一些小女生之间的矛盾，闹得还挺僵的。我们是同一个排球班的，还是搭档，因为都学得还不错，就被选去参加班级排球赛了。作为主力选手的我在第一场排球赛胜利后生病住院了，后面的比赛也就没有参加了。后来我们班没有夺冠，只是拿了女排组第三名。最后一天比赛结束庆祝的时候，队长叫我一起去，我拒绝了。后来有人告诉我，说我同桌说我不想比赛装病什么的，我原本也没有那么在意的，后来我听到她和她闺蜜在我俩的座位上讨论，我一时没忍住，冲上去和她们吵了起来。后来她谈恋爱被班主任知道，她就自然怀疑是我告密了。友谊的小船算是彻底翻了，从那之后，我俩就算面对面碰见也不会搭话，现在想起来其实挺遗憾的。

高一那次物理考试狠狠地给了我当头一棒，我在没有和家人商量的前提下，和同学联系了校内一位知名老教师给我们补课，那时是一周三节课，一个月800元钱，临正式上课要交学费那天，我才忐忑地告诉母亲，意想不到的是母亲毫不犹豫地给了我学费。后来的高中生活无非就是平时在上课，周末的时候和朋友散散步，去广场遛遛狗。到了高三，真的就是"三点一线"了，家—学校—补课地点。从高三下学期开始，我课间十分钟都在刷题，晚上十一点半补完课回家后，做会儿作业，刷会儿题，然后再自己归纳一下知识点。那段时间最放松的时候就是周六下午放学后和朋友一起逛书店，买上两杯奶茶，在书店挑些适合自己的题，其实并不懂什么适合不适合，就是翻看一下大部分会做就买了。几乎会两周去一次的样子，有时候会顺带逛逛超市。后来便于记忆，我把生物知识点写在便利贴上，贴在房间便于观看的地方。早操的时候放两张在口袋里，中午吃饭的时候就贴在餐桌旁，午休前也会站着看会儿。后来为了节约时间，下午我要么在学校食堂吃饭，要么从家里自己带饭去学校。高三那几个月，真的是我最充实的几个月了，到现在也只是遗憾，自己当初没有早点开始努力。毕业后有学妹问我，我也会自豪地告诉她们，我高三真的是努力过来的，踏实努力了就会有回报，结果就是检验过程的最好证明。

出高考成绩的那天晚上，我激动得一晚没睡。凌晨四点左右，我查到分数第一时间打电话给父亲，只"嘀"了一声他就接了电话，可能他比我还紧张吧。填志愿的时候虽说有些许波折，但还是上了我理想中的大学。

就这样，经过层层筛选，村里同龄人里的高中毕业生仅有 13 人，他们有的成家、有的立业（进厂），而选择上大学的只剩 4 人。"读那么多书最后还不是要结婚生子、打工赚钱"，这是我听得最多的一句话，以至于我每年假期回村，村里人都来八卦我的情感状况。谁的青春会没有遗憾呢？我也曾想如果当时的自己再努力一点，或许会有不一样的现在！高考成绩是我分班以后第一次上 500 分，但是细看各科成绩才发现语文 99 分。或许人就是这样，很难满足，眼光总会看向更高的地方。而这份不满足于当下究竟是好是坏，也未曾得知。

五、迷茫坚守的大学

母亲第一次送我上学，大包小包的东西，娘俩更是被贵阳的天气弄得糟心。我其实挺兴奋的，向往的大学生活会不会是电视上那样的，自由、充实、精彩。学姐帮我安顿好后，母亲就要坐车回去了，母亲给了我 1000 元现金，叮嘱我仔细放着，常给家里打电话，照顾好自己。这些都没什么，后面发车前她朝我喊道："父母永远是你的依靠。"我的眼泪顿时开始在眼眶里打转，有种说不上来的难受。那是我第一次对母亲产生这种情感。大学真的很新奇，一年级很充实，除了不多的课，我做过兼职，上过舞台，参加过比赛，也曾在操场上痛哭流涕。但同时也由于迷茫，大一是学也没学好、玩也没玩好。

可能是真的社会化了吧，我开始懂得了许多人情世故，朋友圈扩大了不少，思想也开始变得世故。大二之后和父母交流更像是他们在顺从我，从电话里能感受到他们说话开始变得小心翼翼，父亲开始给我说他工作上的事和家庭压力，母亲开始和我交流妹妹的教育问题，每次给奶奶打电话总感觉她的声音在颤抖……当父母开始告诉我一些他们生活和工作上的事之后，我觉得自己似乎该承担起什么了，特别是他们用"低三下四"的语气和我交流的时候，突然就发现，我们之间的关系好像不再只是父母养育我那么简单了。

大一下学期，我和一群志同道合的朋友奔赴兴仁短暂地实现了我的教师梦想。说来也不巧，我们刚到教学点，招生工作还没完成，就被突如其来的疫情打断工作，只得被迫收拾行李回家。好在负责人提出了线上教学，不然我的教师生涯还没开始就结束了。疫情期间，白天我上课时，母亲会时不时给我端来一盘水果，父亲则常常给我的水杯续水，妹妹会好奇地来看我的教学内容；晚上一家人安安静静地待着，我一边备课，一边和家人谈谈教育、谈谈就业、谈谈理想……真的是一代人有一代人的理想：父母希望我们一家人健健康康、团团圆圆的就好，妹妹只想赶紧中考完释放压力，而我有点犹豫，是毕业后找一份不错的工作，还是继续考研深造。毕业即失业是当代大学生最大的压力。考研确实是一个不错的选择，不用和大家一样挤破头去争抢就业机会，还可以有个更好的学历，但是考研也绝非易事。"从前总想着觉不够睡，而现在一心只想着赚钱。"话糙理不糙，迫于无奈，人也不得不变得物质。每一代人也有每一代人的期望：奶奶想的是能吃饱穿暖就心满意足；父母希望我们过上好一点的生活，至少衣食无忧；而在我们这一代，其实渴望有自己的追求。所以啊，要趁着年轻，去努力奋斗。

村里的第一个研究生是村里的"富二代"。小时候她从来不和我们一起玩，甚至偶尔遇见时，她眼神中还略带瞧不起我们的样子。我四年级时，她家便举家搬迁到市里，后来再听说她时，她的头衔已经是"村里第一个研究生"而不是"富二代"了。当时的我还不知道"研究生"是什么，只觉得听起来很厉害的样子。我终于迎来了人生的第二次转折：考研。确定了考研后，对于专业和院校的选择更令人头大。一方面纠结于自己是否有足够的实力和毅力能够考上更好的学校，另一方面更害怕失败，可能每个人都有那么一瞬间想过放弃吧。暑假三个月的留校学习，时刻提醒着我：如果现在放弃，自己所付出的努力就会付诸东流，至少去试一试吧，也算是对自己这段时间学习的一个交代。经过两百多天紧张的准备，当这一天真正来临时，我好像没有那么紧张。只记得考试那天，大雪纷飞，不知道有多少考生梦碎考场，我只记得我在考场奋笔疾书，外面的漫天飞雪似乎在应和着我写字的速度。我写得越快，雪也下得越大，此时此刻，格外应景。而当我停笔的那一刻，雪花也似乎飘到了别处。我想，雪花应该也在为我加油吧。虽然自己并没有做好充足的准备应考，但是至少努力过，不论结果如何，大抵是不会后悔了。静待花开。

考研成功上岸算是意外之喜。我从未幻想过在我的学历一栏填上"硕士研究生"，也从未想过这个学历能带给我什么。班上几乎所有的同学都有考研的打算，加上自己不想过早地进入社会，便"随波逐流"地作出了"考研"这个决定。我不知道接下来的学习会带给我什么，但我很乐意接受这份答卷，也很感激自己当时的选择。

出身农村，我并不自卑，相反，我很自豪自己现在成为全村的骄傲，也成了他们口中的"别人家的孩子"。很庆幸，在大学能遇到一起努力、一起叛逆、一起奔跑的朋友。我们当时彼此坚定选择，很遗憾，毕业后的我们交集甚少，连简单的寒暄也不曾有过，但是也很开心，我们都在各自努力，在自己选择的道路上奋发笃行！一路走来，有喜有悲，有聚有散，但我相信，所有的经历都是为了遇见更美好的自己而做的铺垫。

第二节　我和我的倔强在学海翱翔

人是社会的产物，从个人身上可以映射出塑造个人的环境，包括家庭环境、工作环境和教育环境等。家庭教育是人生的第一粒扣子，学校教育是人生的第二粒扣子。我的学业成长轨迹交织在家庭教育和学校教育之中。

一、凭社会经验做家庭教育

我是家里的第一个孩子，出生于一个普通的农村家庭，父母都只有小学文化水平。因此，父母没有意识到家庭教育的重要性，他们眼中的教育就是让孩子自然长大。这种"自然"是从其他人或者前辈们那里习来的经验。3岁那年，我开始有了自己的记忆，那是去外婆家，我已经到了可以和小朋友打架的年龄。现在的我无法理解当时的行为，更无法探知当时的心理，但是开始形成了自己的一些内在性格。3岁时，父母突然离开我的世界，到外面务工，我被迫和爷爷奶奶一起生活，这也给我造成了难以弥补的影响。缺乏父母的爱让我缺乏了主动表达爱的机会，更缺少了爱的感知能力。我和爷爷奶奶之间隔代的交流远比父母和孩子之间贫乏，也因此让我在情感表达上存在欠缺。3岁后到上学前，我仅有爷爷奶奶描述的回忆，从他们的叙述中，我那时候挺懂事的，挺招人疼的。我会站在别人的角度考虑问题，比如怕爷爷奶奶抱我辛苦，我会选择自己走路。这份懂事来得太早了，以至于我根本无从寻找蛛丝马迹。

二、被留守的乡村小学时光

我不知道怎么就被送进了当地的小学，那时候大概没有任何反抗，不然也不至于没有一点印象。印象最深刻的事是父母的离开，我在回忆这件事的时候没有任何感情可言，仅是回忆而已。当时我哭得撕心裂肺，不让他们离开。我傻傻地以为大人说的话是可信的，小孩子的世界即使是谎言她也会当成美好的希望，可是最后他们没有来，我成了一个留守儿童。

　　这个时候的家庭对我的影响远远大于学校。在我的求学记忆中，并没有出现关键事件或者关键人物对我产生深刻的影响。在小学阶段只有几个同学让我印象深刻，令我印象深刻的不是与他们发生的事情，而是和他们在一起时的感受。因为一年级划伤了同桌，害怕被老师罚，这是害怕的感觉；为了喜欢的男同学中午不吃饭，这是喜欢的感觉；我被欺负了，不敢反击回去，这是懦弱的感觉；没有人可以保护我，我更不敢让爷爷奶奶担心，这是孤单的感觉。我已经学会了偷偷隐藏自己的想法，不敢表达自己的心意，但唯一不变的是我这一时期喜欢受人关注，喜欢被他人夸赞，喜欢玩，玩到开心时即使天黑也不回家。

　　与其他留守儿童相比，我没有走入"歧途"，反而一帆风顺，甚至童年的快乐大于一般孩子。我没有学习上的烦恼，因为学习成绩一直是班上的前三名，一年级到六年级班上的学习委员都是由我担任，也拿到了满墙的奖状。爷爷奶奶从来没有辅导过我，我的成绩他们也不怎么关注，那么我坚持学习的动力到底是从哪里来的呢？如果是老师，为什么我对老师一点深刻的印象都没有？两个字总结我的小学，可以说是"玩"和"学"。玩得很快乐，学得也很快乐。那时候的快乐不像现在，就像是"自然"的孩子，在自然中长大，因为只要不偷不抢，爷爷奶奶是不会管我的。

　　今天，就我在小学实习的经历来看，我发现许多孩子的童年玩乐时间除了在学校的休息，出了学校就是玩手机。孩子有自己的想法，甚至思想要成熟许多。有的同学非常善于表达，把自己的小学生活过得多姿多彩；有的同学性格外向，会积极与老师维持良好的关系；但也有的同学少言少语，不愿意说话和表现自己。看到这些学生，我最大的感慨是庆幸童年拥有快乐自由的玩乐时光、庆幸自己学习并没有那么痛苦、庆幸自己没有养成抑郁内向的性格，但我也感慨自己缺乏自我意识，不知道如何合理地表达自我感受和需求，通过压抑自己的需求去满足别人。我想这也是我所接受小学教育最失败的地方。如何让学生去自我思考，并充分表达自己的想法或者情感？这是我接受到的小学教育没有教会我的。

三、自卑与自豪相伴的初中

初中是我英语学习高学业成就巅峰期。我在第一次和第二次考试中取得了出人意料的名次，这给了我学习英语的动力。相比其他人的刻苦学习，我轻轻松松就获得了年级英语竞赛的一等奖，班级成绩排名第二。我内心膨胀了，但是我还要假装谦虚。意想不到的是在八年级英语竞赛颁奖讲台上，那个我心心念念的童年伙伴获得了七年级英语竞赛的一等奖。我当时心情极其复杂，竟不知道说什么好，最后来了一句：你怎么会在这里？就没有了下文。其实这种和同龄人的相处障碍在我初中时期就开始暴露了。我自卑得不敢站在国旗下演讲，不敢竞争班上的各种节目人选，有时候甚至不知道该如何与这一群同龄人聊天。当他们沉迷于谈恋爱、收拾打扮的时候，我在烈日下打着乒乓球、在雨天打着水仗。我追求着运动带给我的快乐甚至高于学习，我连跟自己喜欢的男孩子说话都会脸红。这种单纯的喜欢到今天早已"死去"，我丢失了最初纯粹的快乐。

初中老师对我的影响似乎不大，因为我连学到的知识都已经忘掉了，不过有三位老师让我印象很深刻。第一位是英语老师，我从她那里获得了学习英语的兴趣和成就感。第二位是八年级新转来的英语老师。他年轻、鲜活、帅气、性格开朗。他的出现就像是一束光，带给了我许多学习的快乐。他的课堂氛围和谐并富有生机。他对专业知识的讲解让我很佩服。我还喜欢叫他"大哥"，这听起来十分亲切。第三位是我们班主任。她知道我的家庭情况，平常特别照顾我，买作业本还主动帮我付费。有一次同学之间打水仗，我也被叫到办公室，等来的是老师的关怀而不是责罚。这三位老师从教学、专业知识、情感上给了我很大的帮助。八年级下学期我们面临着被动分班，我进入了一个全新的班级，新的班级里没有我熟悉和喜欢的老师，我心里满是失望。于是我常常逃课到其他班，去我熟悉的老师那里上课。有一次，我逃了本班的数学课去听"大哥"的英语课，被数学老师知道后，他生气地数落了我。在那以后，我逃课的勇气就没有那么大了。虽然这个班的英语老师也是班主任，也非常欣赏和喜欢我，奈何我"身在曹营心在汉"。

在我的初中生涯即将结束，即初三下学期的时候，我与爷爷奶奶这种稳定的生活突然被打乱了。那天我正好待在家里，突然一群人朝着我家的方向走来，拎着大包小包的行李，还带着几个孩子。他们慢慢地走近我，直到不知是谁给我介绍"这是你爸爸妈妈呀!"出于礼貌，我客气地喊了声爸、妈。我和爸爸妈妈开始一起生活，形成了一个圈子，却不知为何和爷爷奶奶的关系逐渐微妙起来。这种不自然的感觉真糟糕，我又不知道自己应该如何解决，动荡的关系、尴尬的处境让我多次想要逃离从小生活的地方……

这个时期，学业带给了我满满的成就感。可以说在学习上，我游刃有余，当同学们用两倍的时间学习时，我轻松就能赶超他们；当他们为感情所困、为学习所困时，我沉醉在学习和玩耍的快乐中。但我知道，我的性格要做出很大的改变。我害怕别人说我矮而不敢站上讲台去积极争取，也不敢对喜欢的人表露心意，甚至故意用不在乎来掩饰内心的自卑。我不知道怎么和那些擅长表达、一眼看上去就能吸引人的同学相处。那个时候看见别人在台上闪闪发光，我有多想参加，就有多不自信。

四、经历学校与社会的高中

初中带给我的除了知识上的积累，在性格方面并没有多少影响和改变。让我印象深刻的三位老师，也都在学习上帮助了我，让我学业不断进步，成功跨进高中的门槛。中考填报志愿的时候，我把世杰中学作为我的心仪高中，因为考虑到它可以减免我的部分学费。我很讨厌在父母手下"讨饭"吃，就贸然填了这所中学。开学后，我被完全置于陌生环境，这让我开始感到局促不安，好在宿舍的室友很好相处，尤其是睡在我下铺的女孩子，我们连上课都坐在一起。她是那种肤白貌美身材好的女孩，家境好心地还善良，比我会考虑照顾人。住在我斜对面的那个室友，个子不高，为人直爽。我喜欢和这样的人交往，没有什么压力。我难以融入私立学校的氛围，学业无法占据我生活的主体地位。无形之中，一颗自卑的种子在心里悄悄发芽了。面对同龄人能够享受丰富的物质生活和精神生活，而我连几块钱都不敢，也不想跟父母要，况且爷爷奶奶更没有什么钱。在日复一日的折磨中，我的内心产生了对钱的向往，也萌发了赚钱的想法。我开始觉得高中读书没有用，也因此上课注意力无法集中。我开始从一个认真学习的学生变成了悄悄看恐怖漫画的学生。

第一学期结束后，我退学了，离开了这所在我心中种下"魔鬼"的学校。所有人都问我：成绩这么好为什么不读书？我只说读书无用。读书非常有用，只是我连基本生存都满足不了，又怎么去丰富精神世界呢？或许是十几年学生身份的固化让我在适应校外环境时产生了矛盾，我储存的语言交流能力不够我应付外界多变的环境。我的第一份工作是经舅妈介绍去酒楼里当服务员。我和里面的人格格不入。我无法适应那里的生活，无法和周围的人沟通，才第三天我就被老板娘辞退了。舅妈只好给我又找了份新工作，在一个小餐馆里当服务员。在小餐馆里情况好了许多，但是没过多久老板娘就预付了我的工资，因为餐馆生意不好而辞退了我，这意味着我又失业了。我成了烫手的山芋，最后只能被送回老家。我已经记不清回家时发生了什么，以及我的心情和感受是什么样的。我在爸爸的安排下和表哥一起去了浙江，被安排到了叔叔家里，由叔叔帮我找工作，那些看起来很不错的工作却因为我的年龄太小成了不可跨越的障碍。我也是那时候才知道原来未满 16 岁竟然能给我带来这么多阻碍，我就像那些失业在家的寄居者，没有了生活来源，也没有了尊严。在叔叔家里耽误了一个月，辍学几个月的我，终于从自己身上发现了许多问题，最核心的是缺乏人际交往能力，集中表现在我无法和他人正常交流。最后爸爸从家里匆匆赶了过来，在他的安排下我去到了一个陌生的工厂，在那里表哥表嫂给我找了一份包装工作。我喜欢这个厂里的环境，其实很多年后我才明白喜欢一个地方可能仅仅因为喜欢这里的少部分人。我很喜欢和这个厂里的东北朋友在一起，老板娘没有架子，偶尔和我们开各种玩笑，这让我每天上班都感到快乐。但是好景不长，5 月 24 日早晨，我刚工作半个小时不到，我的手被刀片割伤了，要不是我对面的同事提醒，我都没有发现。就在那一刻，我嫂嫂突然进来告诉我爷爷去世了。我不敢相信，以为这是开玩笑，又不明白爷爷身体这么好，为什么会突然离开？为什么我刚从家里出来爷爷就出事了？为什么我没有陪在爷爷身边？为什么我这么不孝，连爷爷最后一眼都没有见着？比起难我更恨我自己，连这个从我两岁就开始养育我的爷爷的最后一眼都没见着。我就像被抽离了情感的木偶，大脑一片空白，连悲伤的反射弧都拉长了。想起每次他打我骂我，我都会在心里骂他早点死。我讨厌他的地方很多：他爱吹嘘当兵时的骄傲，没钱还死要面子，还仗势欺负我，等等。可是作为与他最亲近的孩子，我都没有看到他最后一眼。这种遗憾是无论如何也弥补不了的。

在爸爸的劝说下，我重新回到了学校。爸爸让我去读职校，我去职校里走了一圈，看到职校的环境，我的第一反应就是打死也不要去这个学校，于是我主动提出复读。返校后刚好遇见了我的班主任，在她的帮助下，开始了两个月的复读生涯。我的复读很顺利，靠以前的知识积累我成功进入了高中。一个决定会影响一个人的一生，就是这一次的决定让我走到了现在。没有见过光的人不会知道光的美妙，格局决定方向。我高中就读于黔西二中，460多分的我只能进入普通班。人生总有不期而遇的惊喜，如我在第一次月考中考了700多分，成绩超过了实验班的同学。我的学习信心一下子被激发出来，逐渐转变心态，把学业纳入了生活重心。虽然高一时的成绩起伏不定，但基本保持在前五名。唯一打击我的是曾经让我引以为傲的英语在进入高中后就失去了优势，从以前的第一名掉到了班上第三、第四名。高中生活的记忆并不多，越长大能记起的东西就越少，大脑里储存的记忆就越单调。这也恰巧说明了自己高中生活圈子的简单。我在高中阶段对社交比较淡漠，对与自身无关事物直接忽略。这也说明我在成长过程中主动性和目的性增强了。就这样时间一晃到了高二，要进行文理分科了，我选择了文科。我不偏科的优势在分了文理科后反而成了劣势，成绩忽上忽下地在十名左右波动，还被班主任训了好几次。高三的生活基本是各种各样的试卷，勉强做得完，只是日复一日的考试和分数让我感觉到疲倦，失去了耐心，更多时候觉得做与不做都是一样，便干脆不做了。学校为了振奋我们高考的信心，针对高三学生有一个特别的"以资鼓励"激励政策。年级前三名和年级单科第一名都能够得到300元左右的奖励，班级前三名和进步奖也可以得到50元不等的奖励。手里的50元和年级第一的那个女孩相比简直是"关公面前舞大刀"。我也曾被激励过，最后发现差距太大。曾经我庆幸自己没有在攻关班，还取笑过那个年级第一的人是"书呆子"，现在我才发现当时的想法有多么荒谬，明明是自己平庸却还安慰自己平凡可贵。今天我所遇见的一切无非是我曾经的无数个选择促成的。我曾选择了安逸，任由安逸抹杀我闯荡江湖的激情。我大脑中仅有的一点危机意识保住了我，高考最后一战时，侥幸成了班里唯一一本上线的学生，这是值得我吹嘘的资本。12 年的时间我交上了自认为还不错的答卷，可是在我回忆和记录这些事时，才发现这份试卷结果只是我散漫懒惰加上偶尔学习和运气得到的。但是置于那样的环境中，取得这个结果我已经很幸运了。我一直有向上爬的天赋和努力，我曾想过，我能够在自己的班级名列前茅，可为什么没有成为年级第一，究竟是学习习惯还是学习环境的影响呢？

从重要事件的影响来看，高二我正式成为一名文科生，开启了新的学习。但是我发现，文科班的同学数学都很差，整个高中的数学测试中，我们班数学及格过的人就四个，我恰巧及格过两次，但这绝不是数学老师的问题。数学老师知道我们基础差，他会认认真真地讲细节，把每一个步骤都工工整整地写在黑板上面。他抗干扰力极强，课堂上只要我们不扰乱课堂秩序，即使没一个人听他依然能够继续完成教学。他认真的态度让所有人都敬佩他，但我们和他没有太多交流，或许是代沟太深。这个数学老师在我们组织活动去玩的时候，表现出了比我们还要活泼的一面，丝毫不像当初那个因为我从后门进入教室，被罚站了一节课，还义正词严地借此重点引申到那些贪小便宜走近路的人。从那以后，我进门只从正门进，偶尔图方便走后门时，都会想到他。

还有一个是我们的历史老师，她处事有原则有方法，学生对她又爱又怕，连班上特别调皮的学生都会主动帮她做事。在她那里不仅能学到渊博的历史知识，更多的是为人处世的方法和对待生活的态度。还有一个是我们的校长，高中三年我们很少见到他，能够近距离接触到也就一次。他给我们上了一堂很有趣的课，既有汉字渊源的解释，也有生活经验的传授。他让我第一次感觉到校长原来是那么亲近。他平常穿着比老师还要普通的衣服，就是这样一个普通人，却拉到了国外学习资源，创办了"种子"计划，二中在他的治理下学风日渐向好。

从日常生活的影响来看，我进入二中读书的第一天，爸爸给我租了一个小房子，又黑又潮。我吃喝拉撒都在这里。我喜欢上了一个人的生活，什么都靠自己，情绪自己扛、委屈自己忍、日子自己过、没有钱继续忍着。我亲情的存在也只是为了奶奶的存在而存在，我每一次回家都只是想看一眼这个满头白发的老人。这一时期，我也交到了几个知心好友，还和其中一个一起去了浙江打工。我和她第一次到浙江杭州站，面对杭州这个发达的城市不禁感叹：哇，好大呀！当时就受到旁边人的嘲讽，说我们是乡下来的，没见过世面。这些至今让我印象深刻。

五、未知中追寻自我的大学

高三填志愿我选择了法学方面和经济方面的专业，后来遭到大人们的反对，一个个劝我填报师范类或者医学类大学。最后我顺利成为贵州师范大学教育学院教育学班的一名学生，从此开启了未知的人生。

大一入校，新生的心是彩色的，眼中的一切也都是彩色的，校园、社团、活动……丰富多彩。怀着理想，把大学当成自己一展抱负的舞台，我自信且热情，期待四年重塑自我。我在军训期间积极表现，获得了"优秀军训生"的称号，那是我第一次尝到大学的"甜头"。可惜竞选班干的时候，因为不敢上台展现自己，担心能力有限，就没有谋得"一官半职"。要是当时有一个人能够鼓励我，告诉我"你可以"，或许我就冲了。教育学这个专业本来课就少，时间多，空出的时间不断被我挥霍，游玩、聚餐、泡 KTV，生活自由且惬意。我对于未来根本没有概念，对比 2021 级的同学们和我妹妹，她们大一就清晰地知道自己要干嘛，努力朝着自己的目标前进，而我却还在享受被安排的感觉。

时间流逝，大一的课我学得还算及格，至少没有挂科，学习方法和习惯也还是老样子。因为对知识没有自己的理解和输出，仅仅只是记住了几个专业名词而已，就像罗老师辛苦筹办的读书会，最后我也只能记住几本书名和几个作者名。除了学习，我也去校外兼职，发过传单、做过服务员，挣钱的同时我陷入沉思，我现在做的事情有利于提升自己吗？大一有三个人令我印象深刻。一个是唐学姐，她大二就买了车，挣得多的时候月收入上万元。不仅如此，她成绩还名列前茅，在各种社团组织担任重要职务。一个是欧阳学姐，她肤白貌美，漂亮与实力兼有，是某个幼儿园的园长。她们是我的崇拜对象，我渴望有一天能够像她们一样。还有一个校辩论队队长。我对他印象深刻，他说话头头是道，逻辑紧密，有威严和信服力，明明是被面试的，最后反而像一个面试者。我很庆幸在大学里能遇见这么厉害的人，也很不幸没有成为这样的人。似乎每一次都是这样，当我勇敢迈出第一步的时候，接下来就有无数个声音告诉自己：我不行。最后所有的抱负只能付诸东流。这时就会发现比你优秀的人多如天上的星星，根本数不过来。这类人的存在就是一道亮丽的风景线，不自觉地吸引我向他们靠近。眼高手低的我常常被现实打压，我自以为能够比他们做得更好，行动起来才发现我都站不到人家腰杆上。

从大一到大二，我经历了从迷茫到抵触的阶段。大二，我胆子开始大了，只要是能逃的课，除了感兴趣点的，我一定不会去上。这些课在我眼中，被我归于"无用"一类，即使听了也根本不进脑子。记得有一堂书法课，老师给了我很大的信心。我一直记得，我们书法课的作业是要交自己写的楷体字帖，自己的字一直都不入眼，但那次我一笔一画地写出来，老师看了直夸我认真，给了我很高的分数。也是从那时起我慢慢喜欢上了练字，我意识到好看的字是如此重要，直到今天我都坚持练着字帖，尤其心烦意乱的时候，最能静心养神。一个好的学校培养的学生应该是往上走，而不仅仅是为了就业。其实，选择就业也并非学生的意愿，可能只是反映了大多数学生的家庭经济情况，或是他们找到了目前适合自己的道路。要是教育学这个专业容易就业，我们班还会有那么多的学生选择考研吗？但大二下学期我的想法改变了，我偶尔也会觉得，除了不好找工作，这个专业还是不错的。这还得来自学习的成就感，我从中收获了许多知识和方法。老师要求我们自己去做访谈，我会一次次把访谈作业做得更好。我们曾了解到的各种教育学专著，在大二进入了我们的学习视野。我参与了高校创新创业的志愿者活动，这场含金量高的活动让我见识到了大学生的风采。我还参与了学校教学技能大赛，而那时我也第一次对教育学专业产生了认同感。我还见识到一年后本班同学知识与技能方面的崛起，让我又喜又惊。另外，我们组队参加创新创业大赛，大家一起熬夜探讨项目，写策划，写文稿，在学姐的帮助下，我们脱颖而出，成功地荣获第一名，赢得了大学的第一桶金（2500元）。这里短短几行字根本无法描述我们背后的付出，只能说没有什么一夜成名，都不过是百炼成钢。从这些经历中，我获得了许多经验。首先，团队合作的重要性。苹果的互相交换只能是数量不变的苹果，思维的互相交换就不仅仅是一个人的思维了。其次，学会借助外界资源。我们从开始的混乱模式到一个具体可行的绿色实践教育基地，再到获奖都离不开同学的支持、组员的坚持和朋友的帮助。最后，学姐助人为乐的专业态度和不求回报的精神非常值得我学习。另外，课程与资源开发的课程汇报和老师独特的教学方式让这一学期收获满满。这门课给我的启示：第一，说话要有可信度，有理有据，上到国家文件，下到出处来源。第二，对于上位概念的讲解，让我明白了概念间的联系和级别，对于构建自己的知识体系起到重要作用。第三，通过对各种国家文件的阅读，提高了自己的文件阅读能力，还提升了文献阅读的速度。第四,掌握了阅读文献的部分方法,开始关注国家时事热点。第五,了解了课程资源开发的基本概念,关键是自己也能够将理论知识运用到实践中开发一门新课程了。第六,拓宽了我的视野,尤其是小组合作中的不断讨论,主题的更换和确定更加让我意识到自己知识和思维的局限以及交流的有趣性。谈到这里,不得不提张老师。她一米五的小个子,气场却有一米八。她的课我从不缺席,从来没有哪一位老师能够让我如此感受到知识的魅力,知识的广度是会忘记的,可是知识的深度和张老师启发我们思考的过程根本忘不了。我虽然对这个专业了解甚少,但是这个专业带给我的思考总是在无形之中影响着我,甚至让我怀疑,我和这个专业也许可以是天生一对。另外发生的一件事也令我感触颇深。班长他们自选题目参加了某一项研究,只要出成果便能够获得 3000 元的经费资助。怎么说感触颇深呢?因为我对班委文件的不重视错失了一个良好的机会。这次教训告诉我一定要重视每一个文件,要具有前瞻性思维。

大二这一学期我学到了许多东西,最大的收获就是学会独立思考。大学的作用是什么?教育学是什么?教育学能做什么?为什么要学教育学?要怎么学?从《学记》到《教育论》再到《校长办公室的那个人》,从《普通教育学概论》到《发展心理学》再到《教育研究方法》。大学教你如何主动学习,让你去构建属于自己的知识体系。大一了解的那些莫名其妙的教育学专著似乎在无形中帮助我建构了答案和意义。

度过了八个月的疫情,回到学校已经大三了。这一年的大学生活是紧张的红色和压抑的灰色。课很多,需要考的证也很多,大学英语考了三次总算过了四级和六级,同时也拿到了初中英语教师资格证。本想着以后至少可以去培训机构,可谁能料到,不久后培训机构被全部取消了,这下就业形式更严峻了。大三的课很多,各种各样的作业排满日程。每个人既要忙作业,还要准备考证,还要做出自己人生的重要选择：考研还是工作？这个选择对我来说太难了。我想考研，摆脱学历的束缚，选择一份好工作。可是家里支持不了我，我自己也没有挣钱的能力，而且家里六个孩子，我是最大的姐姐，一直以来，不敢大手大脚花钱，看见想吃的、想玩的我也只能默默告诉自己：算了。在这个艰难的十字路口，我做出了人生第一个选择：就业。这是非常值得我骄傲的事情。这一年我过得很压抑，同学之间的差距越来越大，看见他们站在讲台上大方自然地表现，看见他们拿到自己心仪的证书，看见他们已经锻炼出了自己的一技之长……曾经的骄傲自大被击得粉碎，曾经对同学的不屑一顾今天已经难以望其项背。穷人家的孩子应该早点奔跑。

灰色的大四匆匆来到，我走到了人生低谷。高中英语教师资格证面试没有过，语文报名错过了时间。上半学期去小学实习倒是学到了不少东西，我却发现了一个最大的问题，我不知道该如何和自己的指导老师沟通，甚至不知道如何同身边人相处，整个人陷入了人际关系的怀疑中。我越来越发现自己的思想和行为出现了严重的错误，尤其体现在完成工作时。我的第一次试讲就是典型的例子，对课文内容不熟悉、脉络不清晰、语言表达杂糅，等等。这些现象的背后是自己不思进取导致的。这还体现在我的教资面试中，出于一种懒惰的心理，最后教师资格证面试"人财两空"，更是丢失了机会。省考和选调生考试也是一样。选调生机会十分宝贵，自从时间推迟后我便开始一蹶不振，甚至考试的前十天我还无动于衷。我厌恶这样的状态，可又改变不了。我曾把"狭路相逢勇者胜"这句话作为我的人生格言，还设置成自己的解锁密码，可是如今怎么就变成这样了？那个意气风发的少年啊，快点回来吧！

回顾四年，我不知该如何去总结我的大学生活。四年的时间足以改变一个人，可是到底改变了我什么呢？我承认大学给了我一个很好的社会平台，让我增长了见识，开阔了眼界，我有幸认识了许多优秀的同学、学长学姐和几位老师。但是我对自己的成长满意吗？不，一点也不，我没有达到自己的目标，也没有克服自己一直以来的胆怯、不善表达和自卑的问题。我还是一直关注自己的缺点，甚至因为知道得越多，越是怀疑自己的能力，最后事情还没有开始做，自己就失去了动力和信心，陷入自我否定的怪圈。大学四年下来，身边的朋友寥寥无几，话越来越少，人也越来越内敛，不喜欢表达，不想努力，不想交友，想挣钱又苦于没有实干能力，没有学会一技之长，没有提高自己的沟通表达能力，没有获得自己满意的结果，四年好像就这么结束了。

第三节 从村小到大学的学业之路

我出生在农村，小时候有过几年的留守经历。从幼儿园到大学，我觉得自己算是一个学业成就比较高的学生。从老师的角度看，我应该算好学生；从父母和身边的人的角度看，我应该算好孩子。那么，是什么原因让我成为一个好学生和好孩子的呢？

一、我的乡村学前班经历

在农村，经济发展比较落后，教育设备和师资力量都无法和城市相比。我读书的时候，没有幼儿园，只有一个学前班。我比较幸运还读了学前班，我有很多同学都没有读过，直接就读了一年级。因此，相比他们来说，我在前期占了一点点优势。很多同学的家都离学校很远，那个时候还没有营养餐，他们每天都需要走很远的路回家吃饭，在路上就花费了很多时间。很多父母都会选择让孩子在村子里上小学，那时候很多村里都有小学，采用"复式教学"。所谓的"复式教学"就是每个年级人都很少，加上学校教师也少，就把高低年级安排在一个教室里上课，老师分批次进行教学。这种学校一般都只设置到四年级，再高一点的年级就得去乡镇上的小学上了。乡镇上的小学虽然教学条件好了一点点，但是相对于城里，还是有很大的差距。我小学的时候有一个同学，他之前都是在他们村子里上学，五年级才到我们学校来读书。但是他来了之后成绩赶不上，在班级总是排在后面。我和他相比，成绩就好很多，而且我们学校当时开设有兴趣班，而他们之前的学校就没有。很多像他们一样的同学来了乡镇学校都是寄宿，只能每周五回家，周日返校。义务教育阶段学生，尤其是小学低年级学生，他们自理能力差，又不在父母等亲人身边，这在很大程度上影响了他们的身心健康和学业成绩。

二、幸运的乡村留守儿童

我是留守儿童，从小和弟弟同爷爷奶奶一起生活。那段时间，虽然我都去学校上学，但是在学习上花费的心思并不多。爷爷奶奶没接受过教育，他们的目标就是不让我们饿着或冻着，至于学习完全看我们自己。我觉得自己是幸运的，虽然是留守儿童，但是在学校得到了老师的教导。第一位是数学老师。他并不和蔼，对学生很凶，而且喜欢体罚学生，每次叫人起来答题，答不上就要"挨打"，要不然就是蹲马步。也许就是在他这种"暴力教学"下，我才逼不得已学了一点，所以那个时候的数学成绩还算不错，在班级也算是中上等水平，但是也挨了不少打。第二位是语文老师。他给我留下最深的印象就是喜欢用麻布口袋编成鞭子打人。记得有一次，应该是背古诗词，他抽人上黑板默写，也有很多人举手。我发现老师好像都不太点举手的同学，我没有背下来，但是也举了手。没想到当时他就抽我了。可是我吞吞吐吐的什么也没背出来，最后就被他的鞭子教训了。从那以后，老师上课时我再也没做过投机取巧的事情。第三位是五年级分班后的班主任。他是我奶奶的干儿子，于是我享受到了很多便利，其他的同学都需要去学校上自习，我却可以不用去。那时候我的语文成绩虽然不怎么样，但相比起之前还是有了显著提升。

虽然是留守儿童，但因为这些老师，我的学业发展还算顺利。在五年级的时候，爸爸考虑了很多因素，让妈妈回家来照顾我们，监督我们学习。他也明白小学生的心智发展不成熟，很容易染上一些不好的习气。我当时在五六年级的时候，班上就有很多混日子的。他们大部分都是在学校住校。我那时候还小，不懂什么，但现在看来，他们那时候的厌学心态就已经很严重了。他们很多都在初中毕业后就出去打工了。多年后我碰到了我的一位小学同学，他初中毕业后去贵阳读了职校，但是才半年就没有读了，选择外出打工，而且去年已经结婚了，还有了小孩。我这样的同学还有很多，有一些初中都没有毕业就辍学结婚了，并且类似情况的大多数是女生。我对这些女生进行了了解，她们大都从小就是留守儿童，很大部分初中的时候都是住在学校或者在校外租房子住，没有家长在身边管教，很多时候她们有没有上学，或者接触了什么人，家长都不知道。

三、同辈群体的积极影响

我觉得我的学业成长之所以能有今天的成就，和我以前的同学有很大的关系。我在初二的时候经历了一次班级流动，当时和我一起从一班出来的还有一个女生，后来我和她成了很好的朋友。在二班，我也遇到了一些很好的朋友，但是她们的学习成绩并不是很好。二班的同学成绩整体来说比不上一班，虽然我在一班是垫底，但是基础也还算不错，加上英语成绩提升明显，在二班也算是成绩拔尖的那种，但是二班的同学让我的性格有了很大的变化。以前我除了上课时间，几乎不怎么待在学校，和班上的人也都不是很熟，所以我在班上也不怎么喜欢讲话。换了一个新环境，同学们都比较开朗，我也渐渐恢复了以前开朗的性格。在二班我成绩比较好，很受老师关注。我觉得老师的关注对我的成绩提升也有很大的帮助。同时，我在班上成绩也算稳定，而且也担任了班干部。因此，对我来说，好像二班是比一班更好的选择。

初中的时候，也有好几个同学对我影响很大，其中一个是我前桌，我们平时的交流也比较多。我总觉得他和我们不一样，我周围的人思想都还比较幼稚，但是他要比别人好很多，可能是因为他看书比较多。我以前的阅读量很少，也就看过几本小说，那些人生哲理的书都是到高中之后才看过一些。他成绩很好，但他给我的更多是思想上的转变。我觉得我对很多事情的看法都受他价值观的影响。虽然我和他高中没在一个学校，也很少联系，但是只要联系，每次打电话至少都是一个小时。在初三最后阶段，我又有了一个非常好的朋友，她是一班的。那个时候还是比较看重学习的，我和她制订了一个学习计划，每天早上六点钟起床就到学校学习。我们虽然不是一个班的，但是还有一个小阳台供我们一起学习。那时候有一个这样的朋友，我们的零花钱都一起分享。我们的朋友圈性质很相似，家庭对我们的期望也差不多。

当时我们学校会把学生按照成绩分层。因为我小学时候成绩还可以，到初中的班级也是当时最好的班，班上的同学也比较喜欢学习。我在他们的影响下，也会积极主动地学习。我们班当时是最好的班级，其下还有两个层次的班级，成绩最差的班级有 4 个，其余的班 1 个层次 1 个。低层次班级的学生占了学校学生人数的最大比例。这对学校的学风影响非常大，他们很少有人学习，每天都混在一起，最后考上高中的人也没几个。他们有些还是我小学时关系比较好的同学，因为没有进入好的班级，学习风气不好，所以他们很少学习。初一我们还可以一起玩，但是到初二，我明显感觉玩不到一起去了。以前只觉得想不通，但现在想想，应该是教育制度把我们分流了。我们成绩悬殊，所在班级也不同，他们也有了他们的朋友，我也有了我的朋友，在学校里形成的圈子也没有了交集，渐渐地就成了点头之交。他们有很多人在小学的时候非常乖，几乎不做不好的事情，但是为什么到了初中之后会发生那么大的变化呢？我想应该是同辈群体作为青少年道德认知和情感体验的重要他人对他们的影响。青少年时期是生理和心理发展极其重要的时期，他们那个时候的心理不够成熟，易受不良因素的影响。他们接触群体的好坏，对他们的道德品质产生了重大影响。同时，他们缺乏理性思考，喜欢意气用事，接触不良同辈群体也会影响他们的发展。

四、教师一言一行兼教育

在我学业发展的关键期有幸遇到了几个好老师，让我在学业成长的路上少走了许多弯路。那时候，物理老师的一个行为让我很感动。他上课的时候让我们自己讨论问题，然后走到我的旁边问我有没有买什么练习题来做。我说我觉得自己物理成绩还可以，就没有买物理练习资料。那天下课后，我收拾好东西准备回家，刚出教室就被老师给叫住了。他让我跟他去他家里拿一本练习题来做，我便跟着去拿了一本非常厚的练习册。我虽然嘴上在抱怨，但是心里真的挺感激老师的，我以前还觉得他很凶。经历了这件事，我很喜欢这个老师，现在都还和他保持着联系。初三下学期我的学习就松懈了许多，物理老师给我的这本练习题却全部做完了。我在上面也花费了很多心思，那也是我初中阶段唯一完全由自己做完的练习题。

我初中的班主任也是一位很好的老师。记得那个时候学生很喜欢过节，买水果，送糖，送花，连表白的都有，反正形式很多。初三的时候，学生们都表现得特别疯狂，就算是上晚自习，整个学校都很吵，我们班也很疯狂。那天晚上上自习，因为老师不在，我们班便有人把灯关了，在墙上、桌子上洒了很多荧光液，然后全班都在唱歌。可能整个学校就我们班的气氛最到位了，但是我们也因为这个行为受到了最严厉的惩罚。因为尖子班就在我们班隔壁，我们班的同学都说，可能是我们唱歌太嗨了，影响了他们班学习，所以他们班主任告状了，害得我们班主任被校长批评。第二天班主任来上课，班上的同学都显得特别心虚，原本以为老师会狠狠地批评我们，再把带头的人打一顿。我当时特别害怕，因为我就是带头者之一，老师却没有说我们，他当时进教室打开多媒体，并打开了酷狗音乐。我都以为他被校长批评傻了，他给我们放了首《我的中国心》，还放了好几遍，然后只说了一句：我希望你们以后要时刻记得自己是中国人，然后就开始上课了。我心里觉得特别愧疚，从那以后我就没有过什么外国节日了，甚至有的时候看到我周围的人过外国节都会有那么几丝愤怒。由此可见，老师的人格魅力会感染学生，促进学生的学习，并起到事半功倍的效果。

老师和学生既是师生关系，又是朋友关系，理解和尊重是最起码的要求。教师在施教过程中要做到面向全体学生，尊重学生，一视同仁，不可偏颇。教师对学生的影响是巨大的，作为教师要从各个方面严格要求自己，成为学生的榜样，教会学生创造，教会学生学习。教师要教会学生生存，一切为了学生，热爱学生，相信学生，还要尊重学生，以自己的人格和学识潜移默化地影响学生。教师更要引导他们树立正确的世界观、人生观和价值观，从而提高学校教书育人的整体效果。教师是特殊的职业，对于学生的成长来说，是否遇到一个好的老师是非常重要的，但是他们平行班的同学就很少得到老师的认可。这可能和他们的学习成绩有关系。他们许多人和老师都好像是敌对关系，没有太多的师生情，不管老师对他们怎么样，他们好像都是一副无所谓的样子。

五、家庭期望与个人发展

在接受教育的最初阶段，家长对孩子进行是否为"读书的料"的判断后，到初高中阶段孩子的学业成就家长就已经基本有所了解和预期了。虽然这个时候家长已经发挥不了多大作用了，但是家长对孩子的期望还是在一定程度上能够督促孩子努力学习。我想家长给孩子一定的学习压力有助于他们的学业成长。虽然不是每一个子女都会有卓越成就，但做父母的仍对其报以无限的期望。在生活中以口头或其他方式教导与督促他们朝某个方向发展，他们也会取得较好的学业成就。相对来说，我父母对我的期望比较高。我是家里的老大，上了初中后成绩一直不错，当时我爸爸就说，我必须考上县里最好的高中，不然就不送我读书了。虽然他这句话是假的，但当时还是给了我很大的动力，后来我也成功地考入县一中。在高中，我不太喜欢学习，很多时候都是爸爸打电话给我，还对我说了很多话，每次我都是抱着不想让爸妈失望的想法作为动力在学习。当然我自己也想考上一个好大学，以后找一份好工作，让自己的人生过得轻松一点。我爸妈就是吃了没文化的亏，必须很辛苦才能赚到钱来支撑我们这个家。他们一直都很希望我认真学习，将来找一个脑力活，不用像他们一样，每天在外奔波。因此，爸妈对我的期望一直是我学习的动力。

我初中同校的那些同学，小学时候他们成绩就不是很好，早就被父母认定为"不是读书的料"。父母对他们的期望就是不要惹事情，好好地读完初中，如果他们还想读中职或者去高中学习，就继续送他们去读书，但若是不想读书学习了，也不会强求他们，将发展的主动权留给他们自己。这就使得他们在学业上没有压力，加上自己本身就厌学，很多人初中毕业后就选择外出打工了。这种现象在农村非常普遍，很多人都因为在义务教育阶段没有取得较好的学业成就，便放弃了继续接受教育的机会。我所接受的高等教育在我初中的同学中，算是在金字塔的中上层了。虽然我就读的大学并不是"211""985"乃至今天的"双一流"高校，但是我的同学更多就读的是地方院校和高职院校。

六、不问结果的考研旅程

回首一望，考研好像是很久很久以前的事情了。想到我刚考完研的那十几天，除了偶尔背一背单词，其他关于学习的事情都没做。每天浑浑噩噩，过着我考研结束前非常向往的生活，但是好像并不怎么开心，考研那段时间总是睡不着觉，之后也还是有点睡不着，可能是考研后遗症吧。还记得考研前几天，大家铆足了劲儿背书，每个人手里都有一本"肖四"。因为大家不同专业，每个人复习的资料也不同，也不知道对方想考什么，并没有很强的压迫感，但是当我看到大家手里都拿着"肖四""肖八"的时候，心里还是有些慌张。时间过得很快，我"肖四"都没怎么背下来考试就来临了。考试前一天晚上，图书馆的人少了很多，但是我看到仍有不少人还在继续背书，心里很受触动，但是我自己还是早早地"下班"了。

期待已久的考研，并没有我想的那么可怕，好几天前就一直关注着天气预报。说来也巧，考研那两天是贵阳冬天最冷的时候，对此我很不开心，就像给那两天贴上了不一样的标签。考试时间过得飞快，早上我六点半起床，走路到贵州财经大学，进考场时已经快开始考试了。一晃第一天的考试结束了，那天地下通道的人很挤，都是考完试要回学校的人，外面下着雨，有一个人在发传单，我觉得她挺辛苦的，于是想着去接一张，结果瞟了一眼，调剂几个大字在那张传单上尤为醒目。我不由得骂了一句，真晦气。12 月 26 日，和第一天一样的时间起床，一样的早餐，一样的四个人去贵州财经大学。唯一不同的是那天，在我们进入考场前下雪了，看见雪真的很让人开心啊！最后一场考试考了一半的时候，抬头就看见窗外雨雪霏霏。

考试结束后，我坐在奶茶店等室友一起吃大餐，庆祝考研顺利结束，同时也是为了好好放松一下。没有想到的是，我并没有想象中那么轻松与开心，甚至还有点难受，就那么结束了。从暑假开始，每天过着重复单调的日子，头痛、腰酸、眼睛痛、失眠轮流陪伴着我。坐在店里面，我顿时不知道该做点什么，好像从那时候，脑子里绷着的那根弦就断了，我与学习的桥梁也断了。

都说考研是一个人的孤军奋战，一路走来也证实了这句话是正确的。周围的同学都是不同学校不同专业的，每个人都必须制订属于自己的计划，然后自己去执行。一开始的时候为了提高学习效率，我看了很多学长学姐的经验分享，以期望自己能找到一条"捷径"，但后来才发现根本没用，别人的终究不适合自己，于是一直尝试，一直改变，每一次尝试都会有很大的收获。考研这个过程当然也不只有辛酸，还有很多快乐的时光。在图书馆八楼我也看见了很多次很好看的落日，还认识了一些很有趣的人。每次坐电梯，里面八成都是熟悉的面孔，路过的一句"加油""怎么样""都还不错"，都是对我们这些考研党最大的鼓励。我很庆幸能有几个很好的室友，每天一起起床，一起睡觉，然后各自去往自己的战场学习，我的学习能顺利进行和她们也有很大的关系。2022 年，考研人数突破 457 万❶，再想想，我们2018 年录取的本科生大约 420 万人❷，这就注定了有很多人无法继续

---

❶　人民日报. 2022 年全国硕士研究生招生考试举行［EB/OL］.（2021 - 12 - 28）［2023 - 02 - 11］. https：//yz. chsi. com. cn/kyzx/kydt/202112/20211228/2153600439. html.

❷　中商情报网. 我国高等教育发展数据统计，2018 年普通本专科共招生 790. 99 万人［EB/OL］.（2019 - 02 - 26）［2023 - 02 - 11］. https：//baijiahao. baidu. com/s？ id = 1626517899852429528&wfr = spider&for = pc.

攻读硕士学位。当时想的是无论什么结果，我都能接受，起码我走完了全程。

七、忙碌中作别大学生涯

我们是考研结束才实习的，这是我们辅导员兼班主任罗老师给我们积极争取到的机会。我不知道他为什么那么执着地让我们班同学考研，时至今日，我好像理解了，又好像没有理解。或许是因为我们班绝大多数同学的出生背景跟他差不多吧。大四下学期我如愿在师大附小实习，感觉收获颇多。我的指导老师是一个道法老师，所以我接触的也是相关方面的课程且都是小学高年级。不管是我，还是老师上课，在课堂纪律这一块真的很困扰。学校将课程分为正课和副课，两者完全是区别对待。好几个班我刚一进去，就有学生提醒我，说他们班上副课的时候很吵，让我做好心理准备。事情发展果然和预想的一样，因为在课堂纪律上花费的时间较多，课程推进很慢，和自己预设的进度相比，基本慢半拍。但是如果不管课堂纪律，全班可能五分之四的同学都会去做其他的事情，仅有少部分同学会跟着我的节奏走。在课间我也与其他同学交流，他们说：上副课的时候都很吵，只有上数学老师的课和班主任的课他们不敢说话。他们好像也很清楚，我不会把他们怎么样，顶多就是叫他们站起来，但是也有些站起来后，还是嬉皮笑脸的。

作为老师，在讲台上看到这一幕，我真的很生气。专业素养告诉我，不要随便体罚孩子，也不要放弃任何一个孩子。以前没有上课之前我也一直坚信着这个理念，但是经历很多次真正的课堂以后，我才发现要坚持这个理念有多难，尤其是这种不被学生重视的学科。我上了五年级 5 个班还有六年级 2 个班，五年级的管理难度比六年级大，而且班上调皮捣蛋的学生更多。所以前面上课的一个星期，每天都被气得要死，开开心心地去上课，一肚子气回到休息室。我真的很不能理解他们为什么要与教师作对，明明教师也是为了他们好。很多时候我都想：算了，他们想怎么样就怎么样吧，只要不出事情就好了。当我再一次走进教室的时候，有人不听课捣乱，我还是想去制止他们，结果一节课又在不太愉快的氛围中度过。虽然有很多不愉快的事情，但是在这个过程中也还是有很多可爱的人和开心的事。比如我人生的第一节课，六（2）班的同学们非常配合，而且之后的相处也很愉快；在六（5）班，课上我是老师，课下我们是朋友，我们还能一起打乒乓球。

　　我的实习生活就在生气与开心不断交替的过程中结束了。当然这段时间也不只是有实习，还写完了毕业论文，参加了论文答辩。就像老师说的，论文答辩结束那一天，大学生活也基本结束了。事实也确实如此，答辩结束的时候，我就已经在计划离校了。我坐在离开贵阳的高铁上，有点不敢相信我的大学四年已经结束了，感觉自己还没有变成我所期望的样子，四年前怀着加入教育行业的心态来到师大，四年后潦草离场。考研失败也让我对自己有了一个更加清晰的认识，知道了自己的不足。五月份离校，本来准备自己去拿毕业证和学位证，但因为一些事情，最终还是没能回学校，心里还是有些遗憾，很多想见一面的人也没有再见到，很多想吃的东西也只能以外校人的身份回去吃了。

八、残酷择业期路在何方

　　伴随着二次考研的失败，我也无法再像第一次考研失败那样心安理得地接受，待在家里脱产准备其他考试。受专业的影响，我自己的就业方向就是做一名教师，在求职过程中，我也体验到了这个社会就业的残酷，就业压力很大。2023 年 2 月，我开启了人生第一份打工之旅。大学所学的教育学并没有在求职上发挥什么作用，作用最大的还是"贵州师范大学"这个名号。顶着这个头衔，在某些对专业要求不是很高的职位还是比较吃香的。我所就业的公司主要业务是研学旅行和夏令营，工作所接触到的对象是中小学生，也算半个老师了。在这个行业里，接触各种各样的学生，大学里学的理论虽然在我工作上指导作用不是很大，但经常在我的课堂实践中得到验证，想来还是有趣。

这份工作虽有趣，却没有得到家人的认可。我的父母执着于"铁饭碗"，每次打电话总是在念叨着，劝我三战考研或者去考公、考事业单位。次数多了，我也变得有些麻木了，考研于我而言已经没有多大的吸引力了。一开始父母和我说三战的事情，我是很抗拒的，自己也没想好以后做什么，也清楚这份工作不是长久之计，所以我一边上班一边备考其他工作的考试。和以前一些同学联系，他们很多人状态和我一样，当然也有好些同学"修成正果"，找到了福利待遇各方面都还不错的并且父母也很满意的工作。

以后我可能还是会再考一次研究生吧，今年的结果属实是有点遗憾。原本以为过了线总能调剂上一个学校去攻读硕士学位，但是真正到了调剂的时候才体会到有多难。对于"选择大于努力"这句话我也有了更深的体会，为此也白白浪费了一年，下一个迎接我的也不知是什么样的结局。

小　　结

这些曾是留守儿童的大学生在各自的学业道路上都遇到过各种困境，但他们经过自己的努力最终成功考入大学。在他们的学业成长中自我效能感、家庭教育期待和学校文化氛围等因素发挥了重要的影响。

第一，自我效能感。本章中的 3 个案例，她们从小在班上的成绩都很优秀，都是班上的前几名。这样优异的成绩不仅让她们受到老师的关注、同学的羡慕，同时，也使得她们认为自己有能力做好学习这件事，也有足够的信心学得更好。一份优异的学习成绩能够激发学生的学习动机，正如文中所说："我在第一次月考中考了七百多分，成绩超过了实验班的同学。我的学习信心一下子被激发出来，逐渐转变心态，把学业纳入了生活的重心。"当学生认为自己有能力做好某件事时，他的自我效能感会很高，也相信自己不仅能够做到，而且还能做得更好。

第二，家庭教育期待。学生在小学和初中阶段取得较高学业成就时，家长往往会认为他们是"读书的料"。这部分学业成就高的学生也能更容易地升入高中阶段继续学习，并在高中阶段取得较高的学业成就。作为乡村留守儿童，他们小学阶段除了父母，还有一些重要他人的影响，比如爷爷奶奶。在他们的家庭中，虽然他们的父母或者爷爷奶奶没有接受过很好的教育，在他们的学习中也不能提供更多的辅导，但是这些重要他人对他们的学业都抱以很高的期待。因此，他们在生活中会以口头或其他方式教导与督促他们努力学习，希望他们能够认真地学习并在以后找到一份好工作。正是在家庭高教育期望下，这部分学生进入高中后会不断鞭策自己努力学习，到大学阶段也会积极地找寻自己奋斗的方向。而在小学或初中阶段没有取得高学业成就的学生，家长往往认为他们能够读完初中就很不错了，如果不能顺利升入高中，大部分家长就会让孩子读完初中就去打工，而有些孩子初中没有读完就直接辍学去打工了，甚至有的学生早早结婚生子，延续着父辈的生活。

第三，学校文化氛围。在校园文化中，教师身上体现出来的隐性文化对学生的影响最大。好的老师可以改变学生的一生。教师对学生的态度、情感和行为在一定程度上能够让学生自觉投入学习活动中。诚如文中学生所说：她初中印象最深的是一位英语老师，因为从他那里获得了学习英语的兴趣和成就感。这位老师年轻、鲜活、帅气、性格开朗，他的出现带来了许多学习的快乐，他的课堂氛围和谐而认真，专业知识的讲解更是让人佩服。还有一位是她的班主任，班主任知道她的家庭情况，平常特别照顾她，买作业本还主动给付作业本费等。可见如果老师关心学生思想、情感、家庭状况等方面的话，学生更愿意和老师沟通，也愿意和老师做朋友，进而形成良好的师生关系，学生为了不辜负老师的希望，也会努力学习，最后可以取得较高的学业成就。同时，一个老师在教学方面有其独特的教学风格或教学特点，也会吸引学生喜欢这门课，学生更加愿意花时间、花精力学习这门学科，即使遇到再大的阻力也会克服。对于学生来说，需要教师的约束和管制，教师积极的调控则能够让学生对自我学习和行为进行管理和强化，从而帮助学生不断维持学习的动力。此外，良好的班级学习氛围也能够带动学生学习，一个在普通班的学生，如果身边的同学整天想的都是与学习无关的事，那么在这个班待久了，自己的心思可能也会被带偏。而在一个学习成绩和学习氛围好的班级，对学生的学习就比较有利，即使不爱学习的学生进入这样的班级，最后也会被同化。他看着自己身边的人都在努力学习，且越来越优秀，就会想像他们一样主动地去学习。

　　总之，作为有着留守儿童经历的个案，本章中 3 个学生的学业成就从小学到大学都是比较高的。通过上述的归因分析可知，自我效能感、家庭教育期待和学校文化氛围在他们的学业成长过程中发挥了积极的作用。留守经历让他们对照管自己的爷爷奶奶增添了更多的情感，这种情感同时也转换成学业的动力。这种动力归结起来就是不让他们失望。从留守儿童到大学本科生的涅槃，实现了跨越"农门"的世代教育梦想，他们是幸运的。

第三章　从异乡到家乡的教育体验差异

随迁子女教育问题是伴随经济发展而出现的教育现象。同时，随着升学政策的影响，很多学生又从随迁转变成了留守，或者是转入户籍地入学。在这个过程中，他们经历了哪些我们所不知道的心路历程呢？本章呈现的3个案例中，有一直在异乡求学直至考上大学的，也有在经济发达省份（浙江、广东）入学，然后转回家乡就读的。他们不同的经历能给我们反思教育提供哪些启示呢？

第一节　在广西和贵州的求学历程

作为二代移民，我跟农民工到异地打工把子女带进城上学基本上是一样的境遇，所以我说说异地打工农民工子女的学业成长。影响农民工随迁子女学业成就的因素，一般概括来说有内因和外因。内因主要包括随迁子女的求学动机、心理状况等。外因主要包括父母的学历、对子女教育的关注度、学校文化环境、迁移带来的文化适应过程以及政策保障等。

一、有远见的父亲和母亲

1999 年夏季，我出生在广西一个普通的工人家庭。从 1999 年到 2020 年，我一直以一个异乡人的身份在他乡生活。我的学业也在此开始、扎根和成长。爸爸本来从事教师职业，妈妈是一个家庭主妇，但是后来因为家里超生了，父亲就开始有了包工头这个身份，做着帮忙揽活、画画建筑图纸之类的工作。"异乡人"这个身份是我们所有人都具有的身份。它好像有一些特别，但是也有些残酷，就像"北漂"的人，向往着闯出自己的一片天，给自己一个安稳的家。但是原生的身份符号，让你在融入另一方水土时，需要一个长期的过程。我们也是。

在我出生之前，爸妈就在广西定居了。听家里的长辈们说，是我爸爸率先提出离开家乡到外地生活的。而后，家里的其他亲戚以及周围的一些朋友也就一同来到广西发展，后来就一直在这里生活。小时候的我活得没心没肺，烦恼也都是纯粹的，没有想过为什么父亲会选择从贵州来到广西发展，有时候好奇会问，但是父亲总是沉默不语，或者一笑而过。后来长大了，我回了一趟老家，一下子对这个问题释怀了许多。第一次回老家的时候，路上的风景一点点地震碎了我对家乡的认知。云贵高原，山体比比皆是，没有护栏的泥泞小路通往山下的一个个散落的房屋，其中一个就是我的家。在城里住惯了的我，已然被这一路上的场景吓坏了。那个时候我就开始思考，为什么父亲要远离家乡，让我们到省外读书呢？

这个问题，得从我的父母说起。父亲和母亲都是高中学历，但不同的是，父亲因为家庭困难被迫辍学，母亲是不想继续念书而主动放弃学业。因为自己的经历，父亲不想让我们在老家那种文化相对匮乏的环境中成长，所以选择到一个文化相对充裕的环境里，让我们接受更高质量的教育，给我们创造更雄厚的文化资本。我的家乡位于贵州遵义地区的一个贫困县，那里的人重男轻女的思想极其严重，当时家里还没有弟弟，所以我们家在家族中和当地的社会地位很低。父母不想让我们生活在这个文化病态的环境里，所以他们萌生了离开这里的想法。同时，爸爸分析认为贵州总体上要落后于广西，广西也离得比较近，所以我们一家就来到了广西。从概念上看，我的身份算是二代移民。我们的迁徙也是基于失望理论、目标收入理论、个体成就理论而决定的。因此，父亲对文化环境的选择对我的学习之路可以说产生了基础性的影响，如果没有他的选择和教育，我可能是个半路出学途的社会"早产儿"。

后来有了弟弟，我小时候还觉得母亲有"重男轻女"的思想，好多记忆存在脑海里，越长大才越理解：哦，不是那样的。父母亲一直很爱我们。只是在那个年代，生男孩子的背后不是他们本身的"重男"，而是当时传导的一种禁锢思想，但更重要的是，男生是一个时代里一个家庭的依靠之一。有的时候，你只要在社会中，就脱离不了大环境的影响。而且弟弟本来就比我小，所以在一些问题上妈妈偏袒他，也是能够理解的。就像我和姐姐闹矛盾，妈妈也会偏向我一些。遗憾的是，我对爸妈的艰辛理解得太慢了，他们真的很辛苦。

二、第一次的困惑与突围

2006 年，我上了市里的一所私立小学。在这之前，我没有读过幼儿园。那个时候，我什么也不懂，只记得学前班就是一个玩的地方，现在留下的浅显的课堂记忆大多都停留到了音乐课、美术课、舞蹈课上，而对于语文、数学课堂的记忆所剩无几。"玩"对于我来说是那个时候生活的绝大部分，所以那个时候我的成绩特别差，尤其是数学，写作业也都是火急火燎的，态度极其敷衍。回家后作业摊在桌子上，看着数学题发蒙，毫无思绪。一般都是姐姐教我写，她刚开始对我很有耐心，会问我会了没有。我总说："会了！会了！"其实并不会，但她也没有考验我是真会还是假会，所以总就这么糊弄过去了，最后我就和院里等我的小伙伴一起玩各种游戏。再后来，姐姐再也不教我了，我只能把数学作业留到第二天，让好朋友教我写。她教我，我其实听得不是很懂，时间又很紧急，所以我完全没心思注重过程。当时我的玩心太大了，也没有反思过自己的行为是对是错，也使得我的数学成绩在班里垫底。课后的作业总是应付了事，课堂作业永远都让我焦虑。课上第一名的同学会煽动小群体要求其他人不要教我写。因为学习成绩差，所以大家给我贴的标签都是坏学生。学习成绩好的人总是拥有极高的话语权，而"学渣"只是一个小透明罢了。同学们由点到面的拒绝也让我开始反省自己，并暗暗减少了自己玩的时间，开始好好学习数学，但这些努力还是没有让我的数学成绩有很大的提高。

对我数学成绩提升影响比较大的事情是悲惨的。那天数学老师照常上课，她在黑板上写了一道连线题，抽了几个同学上去做，而我就是其中一个。上去之前我问了周围的人怎么做，但是周围的一个"大头目"放话说："谁都不许教她。"大家也就都漠视了我的请求，我只能硬着头皮扭扭捏捏地走了上去，拿起粉笔想把这个跟这个连，又想跟那个连，总之就是一窍不通，我就凭着感觉给数字配对了。我连完之后示意老师我做好了，之后自己默默叹了口气，夹杂着紧张，班里也传来嘲笑的声音。老师的脸也阴沉了，结果就是老师带着怒气给了我"一巴掌"，连打带骂地说了我一句："你怎么这么笨！"当时仿佛上千双眼睛就在我的身旁围绕着我转。我感觉很丢人，也很怨恨自己为什么成绩那么差。我难道是真的笨吗？不，我不是。当时数学老师给我留下了阴影，不过后来觉得这件事情都过去了。我想人不能总一脸败相，于是我开始重整旗鼓，认真学习，但数学落下太多，也没补回多少。学前班的考试制度采取的是老师指导制度，所以那个学期我的数学考得也还不错。

上了一年级，我再也不是那么爱玩的孩子了。我知道努力是有用的，于是每一堂课我都听得特别认真，作业也完成得特别认真。我第一次得到老师的表扬也是在这个时候，语文老师总会对我说一些鼓励性的话语。老师会找机会夸奖每一个孩子，好像夸奖是普遍的，但我都往心里去了。除此之外，我对学习的一次次挖掘得到认可之后，对学习产生了极大的兴趣。从一年级开始，我的成绩开始从倒数变成了名列前茅。这些变化一部分是因为我的努力，一部分是因为受到老师体罚的刺激，在此之后产生了努力学习的反应，这就属于华生的"刺激—反应"理论的一种表现。当然离不开那些好老师的教导。一年级对于我来说是学业生涯的重要转折期。之后，我的学习成绩一直保持在班级前五名。可以说，作为二代"移民"，因为文化冲突，一定程度上影响了我的学业成就。但是，后来随着自己渐渐长大，自己越发地努力，这种影响就慢慢变弱了。

三、第二次的困惑与突围

到了二年级上学期，不知道什么原因，我就读的这所私立学校要倒闭了，二年级下学期就要转学了。因为年纪小，父母给我们挑了一个离家近的普通公立小学。刚到那个学校，我生硬地进入了一个陌生环境。之前在学校玩得好的朋友都是来自贵州的，除了课上老师在的时候用普通话，私下大家都用贵州话交流，很亲切。但转学之后我失去了自己熟悉的社会交流符号，也导致了我当时产生了一些迷失、疑惑、排斥甚至恐惧的感觉。这就是文化休克现象。加之大家知道我是外地的，当地地域偏见又特别严重，个别同学老是用一些带有偏见的语言攻击我。这让我整个人的状态很差，从以前嘻嘻哈哈的一个人变成了一个沉默寡言的人。

后来通过和同学们的相处，地域偏见也几乎不存在了，我也慢慢适应了这里的学习环境。后来上初中也经历了地域偏见，有的时候一点儿都不想在外地生活了，但是想着我并没有做错什么，凭什么我要低头？我也不是"软骨头"，谁欺负我，我也反击。高中的时候和朋友聊到地域偏见的问题，我会想为什么周围同学们对外地人的偏见越来越少？对于这个问题我从周边的人给我的反馈得到了答案，一方面是因为个别父母的教育失误，另一方面是因为本地人对外地人带有刻板印象，当然，还有当时大家还小不太懂事。最重要的是因为在这片区域里土生土长的人有一种隐性的主宰感和优越感。他们对于身份认同存在单一归属性的幻想和狂热追求，而我与他们部分人在地域认同上未达成一致，进而产生了文化冲突。

四、自我独立探索的初中

小升初前，因为父亲觉得我的数学成绩不够稳定，所以在征求我的意见之后给我报了课外辅导班。这使得我的数学成绩都保持在优秀行列，后来小升初的三科成绩我都挺满意。初中入学方式又是按地域划分的，以为自己会分配到声誉好、离家近的七中，结果被分配到了五中，加上我错过了七中的二次录取考试，感觉"山重水复疑无路"。但是在七中开学那一天，父亲坚持让我再去尝试一下，看看是否有转机，于是当时我们带上了一些基本的资料，在校长办公室徘徊等待。副校长过来询问了父亲来这儿的缘由。在了解了我的基本情况后，他帮助我打通了和校长交流的渠道。因为我成绩很好，于是校长就给了我入学资格。我认为这也算是我人生的一大转折点。从学校的文化环境来说，七中确实要比五中好很多。同时，从这一次的经历中，我明白了一个道理：所有看似是终点的地方，也许它并不是，路径是需要你去开拓的。就像鲁迅先生说的那样："这世界上本没有路，走的人多了，那便成了路。"

初中第一个学期，我是一名走读生，每天不用上晚自习，就趴在床上看书，总是看着看着就睡过去了，每天都是父母亲给我关灯。有一天，我睡着了照常没有关灯，父亲看到了笔记本上校内住宿同学关于早恋的聊天记录。我就这么稀里糊涂被父亲误会了，恰好赶上我那几天回家晚，错上加错，每天回去都被父亲质疑。从那个时候起，我跟父亲也开始有了隔阂。那是一个叛逆的时期，也是一个停滞的时期，我跟父亲的交流也变少了。初中第一次考试成绩出来之后，我排在年级第 100 多名。我被"人外有人，山外有山"这句话抽醒了。我好像还是"复古"的人，用着老套的方法去学习，也不知道掌握时间的用度。原来学习的时间也不仅限于上课时间和用来写作业的时间，还有很多可利用的碎片化时间。校内住宿后，我有了更多时间学习，也慢慢学会了把控时间。

初中学业压力逐年繁重，尤其是对于我这个理科"二愣子"来说，物理、化学、数学是压得我喘不过气的三座大山。逻辑思维的空缺让我一度陷入自我怀疑：我是不是生来就是如此？那些理科学霸是怎么做到的？他们又有着怎样的学习方法？他们到底是天赋异禀还是刻苦钻研而成就自己的呢？那段时间，我一直在观察学霸，但最终也没能得出什么对我学业有帮助的结论。他们给我的感觉是学霸们的脑子转得飞快，对我没有多大的用处，于是我自己开始探寻适合自己的独特的学习方法。比如数学，看题目不能只想着最终答案，而是要从题目中分析每一句话隐藏的每一个知识点及每一道题的逻辑，从而提取出有效信息，并联结成整体。这些总结对我的学习有一定成效，但有时候我脑子太死板，现有水平没能挖掘出更深层次的东西也会让我倍感沮丧。后来我好像也慢慢接受了自己的不足，但不是放弃自己，而是顺其自然地突破，加之初二时学校一直开设培优班，所以我的年级排名提升较大。

进初三后我的成绩开始大滑坡，因为一些原因我没有再跟那个互相激励学习的朋友一路同行。我换了一波朋友，但感觉四个人的关系总是很复杂、微妙。因为我们之间的一些误会和矛盾，使我无法控制好自己的情绪，所以上课时总是处于迷离状态，于是乎，学业上大退步。纵使后来受邀去参观了全市最好的高中，这预示着我还有很大的机会在那里与那时一起的几位同学再见，但是，非常遗憾，这些我所期待的事并没有实现。初中以后，我就不再相信"勤能补拙"了。或许这只是我为自己开脱的理由。但是不得不承认的是，勤奋很重要，但大家都能做到。还有一点，学会控制自己的情绪很重要。朋友之间的矛盾，要么直接明了地摊开来说，要么不适合就各走大路，体面"分手"。有的时候，你纠结的矛盾其实在对方看来不见得是矛盾，所以遇事心态要开阔。

五、令我难忘的高中时光

不知不觉，我成了一名高中生。我没能去市里最好的高中，考入了一所自己和家人都不愿接受的学校。朋友问起我在哪个学校时，我依然会感觉到内心的隐隐刺痛，难以释怀。成绩出来的那段时间，我很焦虑、懊恼，没有人能够理解我的痛苦，家人那时对我的失望也刺痛了我的心。平时我在家倒头就睡，但是那段时间我怎么也睡不着。

2015 年 9 月，我上了市里的四中（高中）。犹记得报名那天，我看着一眼就能见到底的学校，心酸和嫌弃充斥着整个身体。高一的班主任是年级带头人，每天早晚勤勤恳恳地来教室监督我们学习，所以我们班的纪律挺好。九门课程，我的文科成绩在班里排名都比较靠前，理科依旧让我很头疼。我的很多时间都花在了理科上，尤其是化学。高中第一次考化学，我考了 28 分。这是我永生难忘的数字。不管我怎么努力学习化学，都逃脱不了不及格的命。真应了那句"我待化学如初恋，化学虐我千百遍"。于是，高一下学期文理分科的时候，我毅然决然地选择了文科，或者说我压根没考虑过选理科，也许我就是个感性到了极致的人。

文理分科后，虽然依旧挂着要学一学期的理科，但是课程设置上都是偏文且成绩排名不算理科。因此，我的成绩在班里还不错。高一的时候，我对自己排名的认知还停留在一个班、一个学校这样狭窄的范围之内。直到高二后期，我才越来越认识到市区排名的重要性，所以我会在每次市里统考的时候向其他学校的好朋友询问他们的成绩和在班里的排名，做一个对比，从而对自己的水平有更清晰的认识。我的成绩在高二下学期一直保持得比较稳定，后来一些同学开始崛起，我就稍显逊色，主要是数学和地理跟别人拉分比较多，两门学科前期基础都没打好。父亲知道我排名下降后，也帮我分析了一下。他觉得地理我自学就好，数学可以去把基础打牢。于是高二下学期放假后，趁着十几天的假期我去补习了数学。通过补习我发现，之前数学成绩差，不是脑子笨，而是基础没打牢。自从上了这次补习班之后，我就开始打基础，把练习册总结的每一个公式和理论都找到对应的习题练习，去领会每一个公式的内涵和用法。除此之外，我还会把一些数学错题做一个总结，把相似的题型放在一起，当作一个游戏去找茬、找相似点。经过自己的努力，我的数学也开始走上了及格的道路。

高三，我的成绩渐渐开始进步，主要是因为地理和数学成绩的提升。数学的进步得益于那次补习的经历，而地理一方面依靠多做练习题，另一方面得益于我同桌的帮助。我同桌大概是我学业生涯中遇见的最好的人。在我高中生涯中，无论是精神层面还是学习上，他都给予了我很多帮助，其他朋友也是如此。所以朋友对于我来说，是极其重要的他人。我在高三有一段时间压力特别大，因为严重焦虑，早上四五点才能睡着。我也搞不懂我的压力是从何而来的，但我就是很难受，可能是当时忙着办理异地高考的一些证明资料，过于麻烦，且还要看人脸色，所以觉得当时心情差到极致。后来办完了，我姐姐也跟我聊天，说这件事情当时也影响到了她的情绪。好在当时我同桌给我提建议，让我放松放松，学习别绷那么紧，同宿舍的好友还提出陪我跑步，那段时间的焦虑在她们的陪伴下慢慢得以化解，让我顺利地参加高考。我现在想起来那段时光，真是美好。

高考那天，一个班的人挤在公交车里，大家都像捉迷藏似的，只露出那一抹羞涩的笑容，又藏着躲着，和身边的好友嘻嘻哈哈，青春真好。高考那两天，除了语文和文综地理部分考试的状态有些差，其余心情都很愉悦。考完后，等成绩，忙着填志愿，考试分数跟自己理想的学校所需分数存在一定差距，考虑到父母的原因，就在姐姐的辅导下选择了贵州师范大学教育学专业。随后我奔向来宾北站，坐上了通往深圳打工的列车，接受了社会两个月的"毒打"。

现在想想，经过三年的成长，对于四中，我是没有了嫌弃和心酸，取而代之的是充满了深厚的感情。这里紧挨着居民楼，对面是一所小学，旁边不远处是菜市场，每天回荡着吆喝声，讨价还价是常见的画面。校门口的街巷有着各种各样的小吃、艺术手工店以及那下课后小学生和高中生交叉的人流，画面生机勃勃。这里或许也是我这辈子忙碌却内心最有光亮的地方。在这里我有过为自己的人生而产生的全身心的冲劲，认识了如同亲人的挚友，还有一身正气、严肃又温柔的老师们。这些人和事都令我终生难忘。

六、大学成长中选择考研

2018年9月，我进入了贵州师范大学，想着这也许是我最后的学生生涯，内心有着些许难过，但又是满怀期待。贵州师范大学是我的第一志愿，教育学也是我的第一专业志愿。在没来之前，我对教育学的认识是，它是一个涵盖了语、数、英、政、史、地等学科的大专业，但其实我错了，大错特错。教育学其实是一门研究人类教育活动及其规律的社会科学。它广泛存在于人类生活中，通过对教育现象、教育问题的研究来揭示教育的一般规律。知道后，我很失望，那我心心念念的历史怎么办？但是后来因为辅导员给我们放映了纪录片——《拉祜女童的教育选择》，心里才觉得："哦，原来教育学是这样的，是和我们的生活紧密联系的……原来教育学对于教育大业来说很重要，是我对它的理解过于浅薄了。"随着对它有了新的认识，我开始慢慢喜欢上了它。

大一的我，有些迷迷糊糊，新颖的社团吸引着我们这些"初生牛犊"的兴趣，但是我也只加入了一个，说来奇葩，还是作为会员加入的。大学的课程设置上，感觉大一上学期的课量太少了，到大一下学期就开始越来越多，个人感觉这样设置有些不太合理，还是均衡一些好。这样可以为后期繁重的学业任务提早分担重任，也有利于学生的身心健康。大学让我觉得最独特的一点是：它是一个思想开放的场所，交流氛围、深度等是不同于往日学段，同时我们是自由的。大一刚上课的时候，看着同学们因为一个问题而博弈，提出各种各样的问题，以及有着各不相同的答案，那时候，觉得自己傻愣傻愣的，没有问题意识、没有批判意识，跟其他同学相比，我实在是太弱了。老师提的问题也让我有些难以招架，我好像沉浸在以前的课堂模式里走不出来，迷失了方向。那个时候，我意识到了，自己得去适应大学，社会需要的不是这样古板的人，自己得做个有魄力的人，所以我会下意识地去思考老师说的一些话和问题。大学的老师也不像以前的老师，他们上课的目标是让学生打开视野，让我们了解更多与现实的关联，让我们在学习中学会思考和运用所学知识。他们的教学也没有边界，他们强调的是过程，以及过程中实实在在的结果，而不像以前的老师强调的结果只有分数。

大一上学期我们班里还开设了一项特别的活动——读书会。辅导员希望我们能通过读书，去开阔自己的教育学视野。在每周日，都会有不同的寝室分享一本书。大家聚在一起，沉浸在读书会里，看着同学们分享着一本又一本的书。那时候，时间过得可真快。扪心自问，对于读书会，只有大一上学期的时候，我是真心实意在听的，后来总是把它当成一项任务去完成。因为疫情原因，读书会也没能继续，我也后悔了，为什么没能好好抓住以前的时机去了解同学们分享的书。为了弥补读书会的空缺，疫情期间我会花一些时间看书，但是不局限于教育学专属书目。渐渐地，我对读书不再那么功利化，随心所读。而每一本书都会带给我教育学的思考。一本好书，读着开心，过程中获取的复杂的情感和思考，便都是收获。

大一上学期，我对教育学是满怀期待和好奇的，但我总觉得那段时间空白太多，我的好多时间都花在了睡觉、玩手机上，也没能好好把控住那一大把的闲暇时间，满怀遗憾。人总是在失去一段光阴之后，才发觉当时做得不够好，但这也是一个人成长的过程，不断精进，但也别太晚。大一第一次期末考试，我也是自乱阵脚，急急忙忙地背书，再也不像以前那样慢慢积累每一个知识，我的考试好像只是为了应付差事。吸取了大一上学期的教训，我开始提前复习了，也会尽量及时对笔记查缺补漏，加之遇到了一些自己很欣赏的老师，觉得学习也挺有趣的。大一上学期的时候，我报考了大学英语四级考试，但是我没有做什么准备，裸考的，所以没过。大一下学期，我意识到了问题的严重性，开始为四级做准备，平时会做做四级练习题，锻炼听力，经过努力，我通过了四级。其实，刚进大学大家基本是一个水平线的人，但大学期间学业成就的高低取决于学生的自律性。这是一个"适者生存，劣者淘汰"的竞技场。自律是影响大学生学业成就高低的关键因素之一。同时，这也让我明白，勤奋与天赋之间，天赋是基础，但是没有勤奋，永远也不可能成功。

大二上学期，忙忙碌碌，我们开始忙活着写各种专题的论文。我对写论文处于一个完全不入门的状态，一方面缺乏这方面的课程培训，另一方面自己没有去钻研过论文撰写的相关知识。我写的论文连摘要、关键词、前言、参考文献都没有，参考文献如何引用更是一窍不通，后来在选修课上认识了一个女生，在她的指导下，我才对论文了解了些皮毛，所以写论文也是在慢慢地摸索中打磨出来的。

大二下学期，疫情把我们困在家里，我们只能通过线上的方式和老师们交流。一些老师也选择了论文的方式作为课程成绩的评定，也是在此基础上，我开始钻研论文的格式，我会通过互联网去提升自己的论文水平。例如去 B 站搜索教学视频，去知网下载文章，去研究别人是如何写论文的，这也算是慢慢进步了。这时期，我写了自己人生中的第一篇文献综述，刚开始有些不知如何下笔，于是在网站上找了一些例文，有了些许眉目，原来文献综述就是站在巨人的肩膀上行进的，而关键点在于自己的创新。除了文献综述，还有许多论文，有的时候会遇到一些问题，比如在论文里如何合适地加入访谈内容，格式如何调整等问题，我都会有些发蒙，也许这就是大学所需要的成长吧！

记得大一刚开学，辅导员就给了我们一个暴击：教育学专业最好的出路是考研。我上大学了，也必须为自己的人生做出重大选择了，我到底要选择什么职业？毫无疑问，当老师是我的首选，但是教育学在小学、初高中并没有其对口的专业。这意味着我的选择处于一个劣势的境地。我转专业又失败了，所以当时想着不如先好好学习教育学，为以后我的教育事业打好素质基础。除此之外，从大一到大二，我对考研一直处于一种迷离状态，不了解它到底是怎么样的，而我会时常问自己到底是不是真的想考研，我是真的喜欢考研的专业，还是只想得到一个研究生的学历罢了。大二下学期，辅导员组织考研成功的学长学姐给我们分享了一些考研相关的经验，并解答了我们的一些疑惑。这些让我对考研有了一个相对清晰的认识。我之前一直只是说我想考哪个学校，哪个专业。比如说我本来是想考专硕历史，但是我想考的学校可能并没有开设专硕学科历史这个专业，所以我连自己的定位都没有搞清楚。而老师组织的这些考研经验分享会让我逐步明确自己的目标，所以这些事情对我而言，很有意义。

到了大三真正步入了考研的路途，开始选择考研专业、考研院校……在大三忙碌的学业中交织着考研学习。对于考研尚处于懵懂的我，没有计划地学习，只感觉一团糟，背英语单词也是三天打鱼两天晒网。那个时候我一度在考研和不考研之间徘徊，时而觉得我能行，时而觉得我不行，这种感觉让我很痛苦。有一天我偶然得到了一位学长的考研指导，忽然对考研这条路有了"柳暗花明又一村"的感觉，更进一步地懂得了如何去准备考研，也更加笃定了我考研的决心。这可以算是我考研路途的真正开始。经历了考研之后，我可以坚定地说我不后悔选择考研，因为在这个过程中，我认为考研确实不仅仅是带给我学习上的提升，也丰富了我的人生体验。它就像高考那样，让我的内心充满了光亮。在整个备考的过程中，从一开始的懵懵懂懂，到后来逐渐掌握学习方法，越来越投入，一天天地进步。就拿专业课来说，刚开始我背第一遍的时候时常觉得很痛苦，因为背了又忘了，于是内心杂乱，总觉得相较于自己付出的努力，回报过于少了。当我去背第二遍的时候，再一次读过那些文字时，我很确信我见过它们，背诵过它们，于是一种欣慰的感觉又油然而生。在背诵第二遍、第三遍的时候，我已经不再只是重复书上的内容，而是更多带着一种思考的态度去背书，寻找每一个知识点之间的内在联系，将知识点融会贯通，形成一个自己认为最佳的背诵笔记。到了第四遍、第五遍，背诵知识点时也就更加自如了。借用书中的话来说，每一次的重复，都不是机械式的重复，而是螺旋式的上升，能够发现知识间的内在逻辑，融会贯通。这个汲取知识的过程，让我感觉很快乐，而且很有成就感！

　　回顾整个考研历程，我觉得它所带来的快乐是远远多于痛苦的，而静下心来思考自己考研过程中的痛苦经历时，很多都是自己无意给自己带来的心理痛苦，即自己就是自己最大的敌人。细想这些心理痛苦，主要有三：一是在"我能行"与"我不能行"之间徘徊的痛苦。这也是身边很多一起备考的同学所共同经历的痛苦。我们总是刚刚开始斗志昂扬，一旦遇到困难，又觉得我不行，在自我否定的死循环中不断内耗，到了考研临近时，更是看到周围的许多人表现消极，认为我不行，我要二战了。二是与他人对比的痛苦。在备考期间，不免会与同学们交流备考心得。在这个过程中，也不免会了解到对方的学习进度，而我准备得晚，且方向明确得晚，于是每每知晓别人的进度比我快了许多时，我总是会陷入一种焦虑的状态，从而影响了自己的备考进度。三是想太远的痛苦。因为那时我们已经大四了，面临着升学和就业的两重选择，所以总会想着我考不上研怎么办，我找不到工作怎么办？可见，考研也是一场心理战。在这个过程中，我们就是自己最大的敌人，放平心态才能取得更好的成效。

第二节　在浙江和贵州的求学经历

　　在我的学业成长过程中，我随父母到过浙江求学，后来又回到家乡的学校上学，大学我选择了留在省内的大学就读。回顾这些年的受教育经历，我想不仅仅是拿到了从小学到大学不同学段的文凭，更重要的是在这段旅途中自己心智的成长。现在想想，我只是众多随迁子女中的一员，也是众多乡村学子中的一员，更是众多农村大学生中的一员，我的学业成长故事或许能为感兴趣的人提供些许启发。

一、学龄前家庭教育的缺失

伴随着"哐当……哐当……"声，我随着爸爸来到了浙江，尽管儿时的记忆早已模糊，但火车站拥挤的场景以及火车的行驶声一直存留在我的脑海中。从我记事起，家里爸爸就不管事，总是爱去打牌，所以生活的重担都落到了妈妈的肩上。妈妈在羊毛衫厂里打工，由于是按件来计算工资，所以为了多赚点钱，妈妈总是会加班到很晚。父母因为没时间照顾我，所以我早早就被父母送到了幼儿园。我在幼儿园待了有三四年，具体是几年的时间现在已经记不清了，但我依旧记得六一儿童节文艺会演、做健康操、玩游戏等活动。这些都是我童年美好的记忆。此外，我记忆最深刻的是一个漆黑的夜晚，有昏黄的灯光，有妈妈的身影。记得那天我感觉特别的慌张，内心极度不安。我看着身边的同伴们一个接着一个地被父母接回了家。我则是一会儿坐在教室里耐心等待，一会儿站在学校门口看来往的人，试图去寻找来接我的爸爸妈妈。老师们都下班回家了，我的父母却一直没有来接我。那一刻我感觉似乎被父母遗弃了。天渐渐地暗了下来，抬头望着漆黑的天空，它仿佛暗藏着无限的黝黑、落寞、冰冷。那天我在园长家吃的晚饭，我至今仍然记得我吃的是鸡蛋羹，就在我即将吃完的时候，看到了妈妈的身影。刹那间，心中的委屈马上就涌了上来，有一丝责怪，妈妈为什么那么晚才来接我，她知不知道我等了好久？但是那一刻更多的是看到妈妈后的开心和喜悦。我知道在妈妈的心中还是惦记着我的。在回去的路上，妈妈告诉我，本来是叫爸爸来接我的，但是爸爸去打牌了，就把我给忘了，而加班到很晚的妈妈却拖着疲惫的身体来接我，同时还要兼顾着家务。那个时候的我，眼里只有看到妈妈的开心，对于家里的基本情况全然不知，这大概就是年少不知愁滋味吧。现在想来，在后来的日子里，无论爸爸对我有多好，但最亲近的还是妈妈，因为我永远记得那个夜晚。很多事情在小时候就已经注定了，童年所经历的事会影响我们未来的发展。我也一直坚信：幸福的人一生都在被童年治愈，不幸的人一生都在治愈童年。

在我六岁的时候，妈妈一大早就送我去幼儿园，有一天妈妈在我的恳求下买了两包榨菜，但要求我自己过马路。那是我第一次独自一人过马路，也是这一次，让我与死神擦肩而过。"砰"的一声，我被一辆飞速行驶的摩托车撞飞了。我已经记不起当时的感觉，等我醒来的时候我已经在家了。妈妈说已经带我去医院看过了，医生说没有什么大问题。因为家里人都没有什么文化，所以对医生所说的话深信不疑，拿了点药就带我回了家，他们不知我的生命正处于危险之中。第二天，父母去上班，哥哥上学去了，只留下我一个人在家，我从一开始的清醒状态，逐渐到意识开始变得模糊，还呕吐不止，到最后整个人就昏了过去。当我醒来时已经躺在县医院的病床上了，妈妈告诉我，如果再晚几分钟我估计就要没救了。妈妈在说这句话的时候，我能感受到她心里的那种庆幸，但又完全不能描述。最后我做了开颅手术，在那个年龄阶段，让我难受的不是身体上的疼痛，而是齐腰的头发被剃成了光头。这大概就是小孩子的关注点吧。给我误诊的那个医生最后也被医院开除了。现在想想，那时为什么会出现误诊，其原因是多方面的。一方面是小地方处理车祸这类事故的经验不足，地方医生的技术也不行。另一方面是父母的文化水平低，对于小孩身体的情况不能做出合适的预估。在发生车祸后，父亲只送我去了镇上的医院，对于医生的说法也没有任何质疑。这次经历给我留下了两个后遗症：一个是我头上留了一道疤痕，另一个是我从此对过马路有所畏惧。在我初中之前就不敢一个人过马路，初中以后情况慢慢好转了。现在我过马路都会选择走斑马线，并时刻保持着高度的注意力，有时看到车来了就会愣住那么一两秒。

我认为，在幼儿园阶段我的家庭教育是很欠缺的。这对我整个人生的影响也是巨大的。一个家庭里面如果只有一个人付出，那么这个家庭可以说是不完整的。我认为爸爸在这个家庭中没有发挥他应有的作用，太多的重担都落在妈妈一个人的身上，导致他们都无暇顾及我的感受。用我们传统的说法，男主外，女主内。其实两者是可以调换的，但是必须以家庭为中心，这样家庭才能和谐，孩子的教育才不会被忽略。在忙碌的生活中，妈妈已经将她的全部身心投到了工作、家务中，已没有多余的时间关注我的学业。同时，她的文化水平也注定了她不理解什么是家庭教育，更不懂得家庭教育对子女的重要性。

从我所列举的事件中可以看出，那天我等了很久都没有人来接我，这件事直接导致了某些东西已从我的内心消失——安全感与幸福感。这是我内心发生变化的过程，也没有人会去关注我内心的变化。发生车祸，他们太过于专注当前所发生的，而忽视了车祸所产生的后遗症。这也是家庭教育的缺失点。这些缺失在一定程度上都对我的性格产生了影响，并影响着我的后续生活。

二、小学阶段教师影响凸显

告别了什么也不懂的学前期，我进入了镇上唯一的小学开始了小学阶段的学习。可能是因为家庭因素的影响，在某种程度上，我有点早熟，很容易察觉到一些东西。刚进入小学，我们一开始还没有摆脱幼儿园的习惯，喜欢动来动去，所以刚入校老师就训练我们坐姿，要遵守课堂秩序，不能像以前一样，因为我们长大了。和幼儿园相比虽然生理上长大了，但是在我们的内心，我们想要被老师鼓励，想要付出了就能得到相应的回报，也想要被公平对待。那时候的我对于很多事物都感到新奇，接受新事物的能力也特别强，所以成绩在班上相对来说比较优秀，但是一学期下来，在评奖的时候，却没有我，而成绩比我差的却榜上有名。那时候的我很不解，因为我自认为成绩好，也积极参与班级活动，为什么就没有我呢？我们那时候会评十多个奖，里面应该会有我啊？这让我觉得自己没有得到公平的对待。这是我小学六年中什么奖都没有获得的阶段，在此之后，我每学期都拿到了奖状。后来在我的不解中，我有了一点头绪，其实有没有奖状，全凭班主任给不给。一年级的这件事让我在小学阶段耿耿于怀，因为我不甘心，我认为这对我不公平。这也成了我难以忘怀的事。或许这就是小孩子的需求没有得到满足的结果吧。

我接触时间最长、对我影响最大的老师是俞老师，她伴随我学业长达五年的时间。她让我对教师这个职业充满了敬意。俞老师是我二年级的语文老师，那时候她大概已经有 40 来岁了。其实对于小孩子来说，更喜欢看见美好的事物，所以会存在一点"外貌协会"的感觉，俞老师长得并不是很漂亮，她给我的印象是一位温和、有责任心、和蔼可亲的老师。令我记忆犹新的是她的嗓子说话发出来的声音是沙哑的，一开始我听她上课会不太习惯。她的嗓子不能发出太大的声音，我们坐在后面的同学可能会听不见，老师知道了以后，就试图加大声音，但小孩子嘛，难免会吵闹，所以老师有了第一个"小蜜蜂"扩音器。其实老师的嗓子之所以这么沙哑，并不是天生的，而是喉咙做过手术后的结果，老师上课需要很大声地说话，尤其是小学老师，还要维护课堂秩序，同时一个老师需要带好几个班，所以用嗓子的时间会特别地多，俞老师也因此弄坏了嗓子。

我问过俞老师有没有后悔从事教师这份职业，如果她没有从事教师这个行业，或者不那么爱岗敬业，也许嗓子就不会坏。她给我的回答是：不后悔。作为一名老师，她最爱的就是和学生在一起，这样她会有种一直年轻的感觉。她还说在她选择从事教师这个行业前，就已经知道教师的不容易了。教师的职业病是蛮严重的，一个是嗓子，一个是鼻子。作为老师，要不断地用嗓子，同时还得用粉笔写字，说话、呼吸的时候，粉尘很容易就被吸进去，容易得呼吸道疾病，然而她从未后悔成为老师。因为老师的工作是教书育人，培养的都是祖国的花朵，不光是教授课堂知识，同时还得教授做人的道理。

俞老师二年级教我们语文，二年级以后就成为我们班的班主任，教授我们数学，一直将我们送入初中。每天俞老师来学校特别早，据她自己讲，她年纪大了，瞌睡少。她早早地来学校监督我们上早自习，我是班上的数学课代表，所以和俞老师的接触特别多。我得收作业、发作业，所以我经常往办公室跑。每次去交作业俞老师都是在埋头写着东西、改卷子、批改作业等。每次交的作业，俞老师都会很认真地改完，不论多少，她都会在第二天发给我们，而且会在作业本上对作业的质量写上一定的批注。几年下来，从未改变。而俞老师对于评奖评优，都是有着规划的，我们值日获得加分的次数最多的会得到劳动之星，学习态度最好、最努力的会得到学习积极分子……我认为俞老师的评奖评优是最公正的，我们班每个人都很信服。

寒来暑往，俞老师的辛苦付出，让我明白了当教师的不容易，或许当时的我还没有这么深的感慨，但是我想成为一名人民教师的愿望，源于俞老师的影响。俞老师对我、对同学们都特别好。我一直都记得她，或许我就是想成为像她一样的教师，受到学生的喜爱，同时也能公正地对待学生。我不能具体地描述我在俞老师的教导下学到了什么知识，但在做人、做事的态度上，俞老师深深地影响了我。

除了老师对我的影响，同辈群体带给我的影响也很大。我在浙江有一个玩得好的闺蜜。我们小学是同学，我和她从三年级成为同桌，并且之后一直是同桌，除了四年级有一段时间我们俩之间差点成了"死敌"，友谊差点崩塌外。因为某种原因，我和她闹翻了，同学们都知道我们一直是玩得最好的，但是因为一些不能说出口的事争吵了起来，老师劝解都没有用，我们一致不想做同桌了，最后我们还是分开了。分开的那天晚上，出乎所有人意料的是我和她在操场打起来了。我们两人谁也没讨到好处。这次打架我的内心是不平静的，我们都哭了。我以为我们的友谊真的要就此了断了，但是没有。我们对于彼此都很了解，我们慢慢地转入冷战期，后来感觉到这种氛围不舒服，加上内心对对方都很关心，我们就互相道歉了。经历过这次事件后，我们其实真的放得更开了，玩得也更好，我想着架都打过了还有什么呢，我们都能对彼此更坦诚。这件事让我明白了，朋友之间不要过于针锋相对，还是要有所让步才可以。友谊是一件奇怪的事，或许就像别人说的"打是亲骂是爱"吧，朋友之间亦是如此。很多时候，我们要选择去让步，这样事情才不会走向极端，给别人也给自己一个台阶下，让尴尬、冷战自然而然地过去。

从我小学阶段的求学经历来看，老师对学生的影响占很大比重，老师影响着学生对世界的看法以及学生的价值观。我的记忆里会留下如此清晰的痕迹，是因为这件事对我影响太大。这是一个小学生对公平、对荣誉的渴望。如果仅仅是因为自己的原因无法获得荣誉或许很容易就遗忘，但在那个时间段我所遭受的不公平（这是我的主观判断而已）对我的性格养成和价值观建构产生了一定的影响。老师的爱岗敬业，对教师这份职业的付出，在学生的心里播撒了种子，教会了学生责任感与付出。朋友之间的争吵、闹翻和好，也直接教会了个体在与人相处中应该怎么做。由此可见，家庭、学校、社会对个体的性格塑造、学业成就、行为习惯等都有不同程度的影响。

三、谁的青春不叛逆不迷茫

中学时代的学生处于青春期、叛逆期，这时候最难管束。该阶段生理知识处在一个似懂非懂的状态，而"性"知识则成了所谓的禁忌。家庭、学校、社会都采取相同的态度来杜绝初中生早恋。而这时期的初中生处于心理不成熟、情绪不稳定，同时也是一个爱攀比的年龄段，越是反对他们越是要这么做。我们有一个玩得好的小团体，其中有一个女生和大一届的学长谈起了恋爱。我们这群人格外爱开玩笑，又比较八卦，所以会经常和她聊天，拿她的恋爱来开玩笑。这些都是我们聊天的话题，在聊天中，我不免生出了某种向往之情，但还没来得及去探究就被一件事给震撼到了。我们学校有一个女学生，竟然翻墙出学校和社会上的男生开房，后来她怀孕被劝退学了。这个女生是我不久前才认识的，也是外地的。这件事我妈妈也知道了，时不时地都会跟我说女孩子要自尊自爱的话。这件事让我彻底地打消了谈恋爱的念头。我当时觉得谈恋爱好可怕。这件事其实只是个案，但是对我来说，离我太近了，所以不免在我的内心起了阴霾。

初中有一位新来的女老师对我的影响很大。这位老师教我们英语，她是外地人，好像是从河南那边嫁到这里的，因此，才会到这里来教书。她其实也还好，但不是很合我的眼缘。我们班是全年级最调皮的班，班上有许多人经常打架，有很多的"中二"少年。英语老师说话有口音，读英语单词或者句子的时候也有口音，让人听起来不是很习惯。她特别爱让我们听写、抄单词。这是我最不能忍受的，她还管得特别严，这就导致我特别不喜欢她。她的课我经常走神，她布置的任务我也是敷衍了事。那个时候我极度厌恶英语课和英语老师。因此，我不喜欢英语了。其实，现在想想我所谓的对英语的敷衍，实际上是对自己的敷衍和不负责任，读书不是为英语老师读的。老师可能也感受到我的这种放任自己的态度，所以她也找我谈过话，但是没有什么效果。当时我们整个班对英语老师都不配合，老师对我们班也很无奈。我们之间发生过争吵，后来班主任还在后面监督我们上英语课。这位老师让我对学习产生了消极的体验，从而厌恶英语。现在想想，自己当时的想法多么的可笑和可悲，但可能那就是青春吧。

　　初中给我印象深刻的还有校园打架斗殴的事件。之前在浙江的时候，从来没有真实地看到过打架斗殴。回到家乡，我真正地见识到了打架斗殴。我曾目睹了两起校园暴力事件，这两起校园暴力事件让我有了想远离这所学校的冲动。在这样的校园里，我能学到什么？这些事件对我来说是一种震撼，也是一种警醒：教育程度的高低，会影响着一个人的脾性。他们之所以打架可能是源于教育没有根植于他们的内心世界，在我接受的教育程度越来越高，我就会越来越想去远离打架这类事件。教育可以使个体将道德内化，从而形成一种自我约束力，相比较外部的强制力，这种自我约束力在解决打架斗殴问题上更具有效率。

　　同时，我们也要意识到校园暴力的产生在很大程度上是家庭教育、学校教育、社会教育的缺失。家庭中学生没有得到足够的幸福感或者是遭受了暴力，那么学生可能会把这种暴力行为带入校园。学校没有充分发挥自己的育人功能，弥补家庭教育的缺失，产生校园暴力。受社会上的无业青年或是暴力影视作品的影响，使得学生模仿从而产生校园暴力。总之，这些都是教育缺失而产生的行为后果。

四、考研提升自我认知水平

　　当前社会的竞争压力越来越大，内卷成为社会发展的一种趋势。体现在考研上则是每年考研的人数增长。我参加了 2022 年的研究生入学考试。经历了这次考试，我有了许多体会。在做任何事情之前都要对其有一个基本的了解。这会让我们在执行时减少一些不必要的消耗，提高做事的质量。在还没有确认要考研之前就已经对考研有初步的了解。例如，考研的必要性、考研的目标、考研过程中要怎么做等一系列的了解是必不可少的，并且这些了解体现了一个备考生的执行力。我想做一名教师，所以选择了陕西师范大学作为我的考研目标院校。看往年的录取分数线，B 类考生预计当年会要求到 340 分左右，虽说现在国家提供了更多的机会给学生考研，但是社会上的考研人数也在增长，并且增长的人数多出招生人数。因此，那年的形势比任何一年都严峻。陕西师范大学的教育学原理是国家统考，不属于自命题，所以备考时可以根据考纲整理复习资料，或者是报班学习，提高复习效率。

考研心态是最重要的。我的心态一直波动比较大。成绩还没有出来之前，我就预料到了自己应该上不了岸。最初，我决定考研属于从众心理，从大一开始，许多老师、学长学姐们都说我们专业的就业前景不太好，就业形势比较差，我们班的培养目标是研究型人才，简而言之就是培养研究生。因为每年都会来一波考研宣传，结果是全班仅有几个人不考研。因此，我也这样踏上了考研的征程。这也决定了我并没有很强烈的考研动机，我在备考中的心态简直犹如坐过山车一般。

因为没有特别强烈的考研欲望，所以我的备考时间是较为短的，不像别的备考生准备了一年左右，我是从放暑假开始准备考研。备考最先开始看中国教育史，仔细看了一遍也记了一遍，然后开始看外国教育史。等看了三分之二时，我发现效率真的不是很高，就开始跟着凯程的课程备考。7 月我一直在图书馆备考，心态比较安稳，能够踏踏实实地学习。这个状态持续到 9 月开学。新生入学后感觉时间愈加紧迫，而自己的进度却一直无法加快，内心的压力也在愈加增大。或许是由于压力过大，我的身体也变得吃不消了，经常头痛，从而导致学习的进度停滞，踏踏实实学习的状态也被打断。

同时，9 月开学后，图书馆恢复了取座制度。由于疫情图书馆的座位大幅减少，取座变得比较耗时，我最长的时候大概花费一个小时来取座。虽然在排队的时候可以背书，但还是影响了我的学习状态，我变得不太爱去图书馆，于是选择在寝室复习。这使得我的状态变得更糟。寝室是睡觉的地方，而且没有学习的氛围，很多时候我都不能专心地去学习。虽然我已经两轮复习完，但是感觉自己的复习质量并不高。

在断断续续的学习中，我的复习效果并不是很好。到了11月中旬，我感觉自己和其他备考生的差距越来越大，内心也越来越焦虑，心有余而力不足的感觉在不断地增强。从那时开始，我感觉每天都处于焦虑状态。看到别人每天早出晚归地去图书馆学习，自己就只能陷入困境，晚上越来越晚才能入睡，甚至失眠。12月临近考试，我只能草草地将笔记中的重要知识点背诵一遍，感觉什么都没有准备好，心里空荡荡的，同时，那段时间我的性格还比较烦躁。考试那几天，跟同住的人相比，我反而没有那么焦虑了，睡眠质量也好了很多，所以进考场后心里比较踏实。

考研过程中从备考到考试阶段的心态调整，我经历了许多。我认为考研是一件比较辛苦的事，一定要对考研有一个清楚的认知，不然有很大的可能性会半途而废，以往的努力也将付诸东流。同时对自己也要有一个清晰的认识，这样才能根据自己的水平安排好考研进度。不然临到考试的重要关头，带来的不是安心，而是焦虑，整个人也会变得很憔悴，考研成了费力不讨好的事。

虽然考研已经成了过去的事，但考研这件事让我明白了，当前，社会竞争越来越大，考研成了增加竞争力的一条途径，越来越多的人加入考研的队伍。这种情况更多是"从众"而非自己的意愿行为。因此，我们每个毕业生应该考虑自己的未来该何去何从，不能盲目从众，要对未来有一个清晰的规划。考研可以纳入自己的计划，但是也要适当结合自己的实际。虽然考研的过程比较难，结果可能并不是很好，但我尝试了，也努力了。这是对自己的一次磨炼，在这次经历中，我对自己有了更清晰的认知。

五、实习让我真正得到蜕变

实习是每个大学生在接受三到四年的教育后都要经历的阶段，主要是为了检验学生在校期间的学习成果，也是对学生的一种锻炼，是为了帮助学生快速适应社会生活，是学生离开校园、步入社会的过渡期。我实习的学校是一所才建成 2 年左右的学校。这所学校的教师也是一群刚刚毕业几年的大学生，所以在刚分配好指导教师后，我的指导教师说我们是在互相学习，可能她给不了我太多的教学经验，但是她现在的状态正是我们即将面临的状态，会给予我相关的经验分享。新的教师意味着未知，未知让人惧怕，但同时也充满了无限的可能。这所学校也充满了生机，我在这所学校里看到了未来的自己。

我的指导老师王老师是一名小学四年级的数学任课老师，具有一年半的教学经验，本着为我们负责的态度，也了解我们这些实习生的具体情况，她带着我们听课、评课。每次她都会为我们分析这节课的成功与失败的地方，对于一些在我看来微不足道的问题她也会去很认真地琢磨，不懂就问。在她身上我看到了作为一名教师的严谨，我感受到了她对教师这个职业的热爱。我要上一堂属于自己的教研课，在这个过程中，王老师会认真地看我备课，等上完课后，帮我指出了不足之处，我能够感受到她对我不藏私，她希望我能进步。在日常生活中，了解到我们毕业生就业难的情况，有什么招聘通知也会与我们分享，也分享了她之前找工作的经验，避免我们掉坑。我觉得王老师不只是传授我们教学经验，同时也关心我们的生活和未来。这已经不是她职责范围内的事了，但她还是乐于帮助我们，给了我们很多中肯的建议，让我少做了许多无用功。

我实习的年级是四年级，这个阶段的学生很有个性。有活泼开朗的，也有文静内向，从他们的身上我看到了未来的希望，我也被他们身上的童真所感染。在和他们相处的日子里，我学会了如何与学生相处，将大学课堂中老师教授的知识应用到实践中，使我的教育教学能力得到了增长。从一开始的胆怯到最后的自信，是学生们的热情给予了我勇气。在我的教研课上，每个学生都很配合我，他们给予了我最大的支持。

实习是一件很有意义的事情，我收获的不仅仅是知识，更多的是一种对教师职业向往的情感。生活是产出信仰的土壤，教师职业的信仰源于教师与学生之间的爱。在实习期间，我认为我整个人都得到了锻炼，由内而外地产生了一种蜕变。

六、最美季节作别最美华年

大学生涯以开学典礼为始，以毕业典礼为终。毕业典礼是大学生活的句号，也是我们四年青春的句号。由于新冠疫情的持续影响，我对于毕业典礼早已不抱希望，以为只能静悄悄地离开校园，但是令我惊喜的是，学院为我们 2022 届毕业生准备了一场属于我们的送别仪式。这场毕业典礼或许不是那么精彩，但是在我看来，我的青春是被师大记得的，我来过师大，存在于师大，也带着师大的祝福离开。这个仪式感满满的典礼充满了欢乐，我的大学生涯也正式落幕。

从我的受教育经历来看，在家庭、学校、社会的三重教育下，我完成了自己从小学到大学的学业。在这个过程中，我从最开始的生物人蜕变成一个独立的社会人。在这个过程中，我认为家庭教育处于主导地位，只是在不同时期主导的方面、侧重点、程度不同。从整体来看，人的成长是由家庭、学校、社会共同塑造的。教育是我们每个人都需要的，我们无时无刻不在接触着，只是学生接受得更多的是系统化、科学化的学校教育。从我的亲身经历来看，学校教育只是教育中很小的一部分，我们所要接受的教育是一个复合体，这样才能让我们在教育中找到自我的价值和方向。

第三节 在广东和贵州的求学经历

现代社会对学生的要求越来越高，每个家长都希望自己的孩子能取得高学业成就，考上一个好大学。因为学校教育是学生改变命运、实现社会流动的重要途径之一。然而这条路令很多大学生深感困惑，他们在学业成长过程中受到了很多因素的影响。在我的学业成长过程中，父母教育观念、家庭教养方式、教师支持、同辈学业成就、学校氛围及榜样作用等都对我的学业产生了影响。

一、家庭教育中的成长与感悟

家庭这个微小的社会细胞，虽比学校和其他团体微小得多，但它对学生学业成就的影响是不容忽视的。人从出生就生活在家庭里，父母、亲人的一言一行都会影响学生性格的形成以及处理事情的方式，同样也会对学生学习和发展产生深远且持久的影响。尤其是家庭中，家长的教育观念更是决定了学生学习的发展方向，其教育方式也对学生有着重要的影响。

（一）第一次责罚

小时候，我是农村众多留守儿童中的一员，也是众多随迁子女中的一员。因此，我在农村、在县城、在广东省都读过小学。开始在农村的时候，父母很少陪在我们身边，只有农忙时节才在老家。我第一次被责罚是在初夏，那年我在家乡的村子里上小学一年级。那时候正是农忙的日子，我爸妈在外地也没有找到什么工作，便选择在农村务农，照顾我们。前两年，父母在外打工赚的钱一直用来修房子，他们把原来的老木房拆了用来堆柴薪，在老房子的下方修了一个水泥平房。为了修这个房子还在外面借了很多钱，我那时候小，并不知道家里经济困难，只顾自己开心去了。

第一次被责罚是因为我向妈妈要钱买东西，她说她身上没有钱。我问了她好多次，快到上课的时间了，其他小朋友都在上学的路上了，我还在她面前要钱。妈妈生气了，狠狠地说了我，结果我委屈地哭了。我还威胁她说，如果不给钱，我就不去学校。妈妈当时被我气得火冒三丈，找了个衣架就往我身上打。我哭了很久，她也打了很久。除了身上火辣辣的痛，我的手臂上全是红色条纹的痕迹，还有满肚子的委屈。我当时还是没有从妈妈那里要到钱，就威胁她说不给钱我就不上学，最终变成被她一路打着到学校。

从那时候起，我便对妈妈起了敬畏之心，平时都比较怕妈妈。别人都说严父慈母，但我觉得在我家里恰恰相反。之后我就很少犯错。我记得爸爸也打过我，记不起原因，但记得他打我的方式。在我印象中我只记得他把我从院子里拖进堂屋，他用一只手提起我，另一只手重重地打在我屁股上的场景。爸爸从来不打其他地方，犯错了就用手打屁股，那样只是打的时候很痛，过后很快就会好了。因此，小时候我一直很喜欢爸爸，之后要生活费也不敢和妈妈要，只敢跟爸爸要。

（二）第一次表扬

第一次被表扬是我在村里上二年级的时候，那时候我们差不多要学乘法了。那天我花了两三个小时背了乘法口诀，我一直在房间里念着乘法表，一遍又一遍，最终我成功地把它背完了。当我把乘法口诀背完的那一刻，妈妈刚好进来，我高兴地向她陈述着我的新成就。我看得出妈妈的兴奋，她也夸我学习很棒，还跑到爸爸面前表扬我。

我记得爸妈在身边的时候，也会关注我们的学习，会监督我们写作业。我还记得小时候冬季寒冷坐在火炉旁边写作业的样子，爸妈在旁边看着我们，教我们算数。我对于数学方面的学习记忆比较多一些，可能也正是因为刚开始学时基础打得比较好吧，也有可能是留级的缘故，还有我个人对数学的喜爱，所以后来我的数学成绩一直都很好。其实家里姐姐、弟弟、妹妹他们的数学也一直都很好。我觉得这是因为后天受到我爸妈的影响吧，当然我也认为可能是先天遗传的因素。爸爸上学的时候成绩不错，妈妈从小就精通算数，口算能力也很强，算账时可以算到角、分。

（三）父母的先见之明

刚转去县城上学时我已经八岁多了，本应读三年级，但父母选择让我从一年级读起，他们认为我的成绩太差了。我那时候太小，也只能顺从他们的安排，但现在想起来真的是很遗憾。父母让我们去县城读书主要是受到我爸两个哥哥的影响。当时我大伯和二伯都把他们的两个孩子弄到县城里上学，他们成绩都还不错。我大伯的儿子那年考上了市里的民族中学，这个学校也算是我们市里很好的高中；他女儿考上了五年制大专的英语专业。我二伯家的儿子在县城里最好的中学上学；他的女儿在县城里的三中读初中，后因她贪玩，没人管，成绩下降，不得以选择放弃学业，后来又去打工，但她觉得很辛苦，所以又去读了一个职业学校。

因为我两个伯伯的子女在县城学习取得不错的学业成就，所以我爸妈也受到影响决定把我送到县城去上学。他们并不像我家乡的大多数父母一样，认为孩子不是"读书的料"就不送孩子上学，更不会关注环境、学校对孩子学业的影响，只是根据孩子学习成绩的好坏来判断应不应该送他们去上学。我们那里的小学生并不自由，他们经常都会被大人派去干活，而且大多数孩子都是留守儿童，由自己的爷爷奶奶看管。就如我家周围的好几户人家，父母外出打工，把子女交给爷爷奶奶看管，我二爷爷家就是典型的例子。我二爷爷有四个儿子，一个女儿。他三个儿子的孩子，全都是由他抚养长大的。他们家里目前还在上学的只有他三儿子家的三个孩子，女孩成绩很不错，另外两个成绩都不好，其他的都已成家或外出打工。他们也算是我的堂兄弟姐妹，他们当时受教育的情况也是我亲眼所见，当时我还在老家，我其中一个堂兄在村里上小学时，每天回家都要去割猪草，上山赶牛，周末也都要干农活。当然他们也会有空闲时间，但都是在玩耍中度过的，而他们的爷爷和奶奶也没有督促他们学习，也就没有良好的学习氛围。

综观当时的教育形势，选择留在乡镇上学的孩子后来绝大多数都放弃了学业，而外出打工或者到县城里上学的学生发展相对乐观。虽然现在看来，以前我在县城里的小学同学也有很多已经外出打工或者早早成家的，但当时班上和我玩得比较好的几个同学，他们成绩一直不错，最终也考取了好大学。

我认为，走出乡镇，是走向更好的教育的一种途径，也是改变农村孩子命运的一种方式。父母不能依据孩子小时候的成绩来判断他是否适合读书，不能让孩子失去完善自己的机会。如果我爸妈和村里其他人一样，让我一直在农村读书，成绩不好就让我外出打工。我想，我会是这成千上万成员中的一员，我的兄弟姐妹自然也不例外。我想，我爸妈也正是看到了教育环境、资源对学业的重要影响，同时更不希望将来我们和他们一样辛苦受累，所以即便当时负债累累，他们仍然鼓足勇气，不计后果地把我们送到县城上学。记得在老家时，我爷爷对我们很和蔼，在我心里他是一个慈祥的"老头"，确实也有点娇惯我们。我要什么东西，只要有理由，他都会满足。这才形成了我倔强的脾气。和妈妈发生争执，第一次被妈妈打，让我对妈妈产生了敬畏之心，可以说这种敬畏更多的是害怕。但我认为父母对我影响最大的仍是他们的教育观念。他们一直都很重视我们的学习，希望我们以后可以改变自己的命运，这才成就了现在的我。

（四）为儿为女的父母

我在广东读小学的那两年，有父母的陪伴。我们亲眼看到他们回家后有多疲惫。"好好学习"是他们经常在我们面前提起的话语，还经常说他们这样拼命地工作都是为了我们将来不要像他们一样。他们在广东打工时，多数时候的工作是"绑果"（把橘子树绑成各种形状的装饰品）。其余的时候，一般是有什么工作就做什么，要么去花地除草、装袋，要么就去给一些公司种树，还有就是给一些花地老板装卸盆栽（把盆栽放到车上或者从车上搬下来）。这些工作都是我们亲眼看到的。爸妈会带我们去他们的工地看他们是怎么工作的。

"绑果"是一个技术活，我们帮不了忙。他们绑果的时候都会很忙，中午饭都不能回来吃，周末的时候都是我们给他们送饭。夏天的时候，妈妈经常会去花地装袋（把泥土装进种花的袋子里或盆里）。放假的时候，爸妈也会把我和弟弟妹妹带上，让我们和他们一起做。装袋首先就是要把地弄平，然后就是刮土，把土挖碎，再倒入肥料混合起来，然后把袋子一个一个装满排好。夏天，那里的气温都是 40 摄氏度左右，并且只有两把大伞在遮太阳。这些单调的工作内容从天亮一直干到黄昏。一整天爸爸、妈妈身上都是大汗淋漓，真的是道不尽的艰辛。每当我们说累的时候，爸妈总是说"知道累，就好好学习"。爸妈的这些工作经历和辛苦，通过让我们看，让我们做，深深地印刻在我们心中，是我学习的动力。当我自己开始颓废时，每次想到他们为我们的付出，我就觉得自己是多么对不起他们。

二、学校教育中的成长与感悟

教师对学生的积极态度有利于学生学业成绩的提高，其中最重要的是教师对学生的支持。教师支持是社会支持系统中的重要组成部分，就像我小学语文老师一样相信我，鼓励我，赞扬我，让我能够勇敢地克服心理的紧张状态。

（一）我的小学老师

转学后，我遇到了我最喜欢的一个老师。他是我们班的班主任，教我们语文。他和蔼可亲，对学生奖罚分明。他教育学生的方法主要有奖励、鼓励、惩罚，并且运用得很恰当。

记得我刚转学不久，班主任就布置了一篇作文，我认真地写完了交上去。当发作业念到我的名字时，他对着全班同学表扬了我，说我的作文写得很好，很真实，但就是有些错别字。其实我的作文写得并不怎么样，很多同学都比我写得好，但我还是很高兴。我的语文真的不好，这也是我转学后才发现的。我总是写错别字，最简单的字都容易写错，但是老师经常表扬我，支持我，让我一天天地进步。每当我考试有进步时，老师都会在班上夸我。

班主任上课比较幽默，经常和我们分享他生活中的趣事。但他平时对我们很严格，每一堂课上完后都要听写，听写不过关的就留堂听写，每天还要在课前默写三首古诗，写错三个字以上的同学下午放学留堂默写全对才能回家。另外我们每天还得写一篇读书笔记和一篇阅读。他惩罚人的方式也很特别，记得夏天的时候，我们校园里硕果累累，芒果的味道弥漫整个校园。有一天老师带着几个男同学去摘了一筐芒果带到班上分给同学。有一次，有几个同学古诗默写没过关，于是老师就摘了好几筐芒果，让他们放学后吃，直到吃得想吐为止。其他的惩罚方式也有很多，但让我记忆深刻的就是吃芒果这件事。

在此后的学习中，班主任经常表扬我、鼓励我，而我的语文基础知识越来越牢固，成绩也越来越好，原本成绩垫底的我竟然能考到全年级前十，最好的时候能到第三名。我当时成绩飞跃式地进步，也算是一个奇迹。小学毕业后，我们班主任去接了我妹妹的班，他总是把我妹妹的名字叫成我的名字，还经常会在她们班上提到我，表扬我。他没有忘记我，而我也不曾忘记他。

（二）我的大学老师

在大学要说哪位老师对我影响比较大，那就是我们的班导——罗老师。罗老师对学生很严厉。对于我来说，我正需要一个严厉的老师，这样才会逼迫自己学习。罗老师是我在大学中遇到的最负责任的老师，刚入学就要求我们上晚自习（其实，学院对一年级的新生都有这个不成文的规定），要求我们每个星期看一本专业书并以寝室为单位进行读书分享。但对于我来说这种安排不怎么合理，因为我们每天要上课，有课程作业，并且有的同学有社团活动，剩下花在看书的时间并不多，更为关键的是专业书理论性都很强，比较高深，很难读懂。在这两年的时间里，我很多时候都是在敷衍，认真看完的很少。有的时候我觉得我们的读书分享会就是一种形式，大部分情况都是人在心不在，因为很多人根本没看书。但不可否认的是，罗老师组织的读书分享会确实对我们产生了积极的影响。

读书分享会已经成为我们教育学班的文化符号，是我们的班级文化，每当走进我们班，都能感受到浓厚的文化氛围。我们班的学风也不错，在班导的带领下，我们班变得很优秀，很多老师都表扬我们班。可能整个学院甚至整个学校里，阅读量最多的就是我们班了。尽管很多时候存在敷衍的现象，但我们还是学到了很多的知识，不仅仅局限于书本知识，班导还做了很多对我们有益的事情，比如说让每个学生介绍高校考教育学的相关信息，让我们更加重视考研，以及对考研有一个目标，同时组织考研、就业分享会，让学长学姐分享经验。这些都给我们的人生上了很好的一课。

（三）我的同辈玩伴

从小到大我的朋友挺多的，但大多数朋友都只是在一起玩，能够共同学习进步的却很少。我庆幸自己能够早早地遇到几个能够共同学习的同学。在我处于成绩低谷的时候，是他们促进了我的学业成绩。刚转学去广东时，老师给我安排了一个成绩好的同桌，但我们相处得并不愉快，甚至还发生了矛盾。我们两人因为铅笔的事情在课堂上发生了争执，被老师叫出去罚站了一节课。那一刻，我感到十分的孤立无助。放学后，天空灰蒙蒙的，刚走出校门就下起了雨，我的心里更加难过和委屈。这时候，我们班和我走一个方向的女同学出现在我面前，她叫出了我的名字，关切地问我没事吧。我一脸委屈地看着她，眼睛变得模糊。她一边拍着我的背，一边安慰我，我顿时就忍不住哭出声来，又是感动又是委屈。这是我们第一次一起回家，之后我们便成了好朋友。后来老师分配座位，要求成绩差的和成绩好的同学坐一起互补。当时我除了数学成绩很好，语文和英语都很糟糕。而我的那位朋友语文和英语成绩很好，就数学很差。于是，我们主动向班主任提出要做同桌，老师同意了，从那以后，我们一直都是同桌。我们每天一起放学，一起散步，一起学习，一起写作业，最后，我的英语一直在进步，直到小学毕业，我的英语可以考到接近90分，总排名可以进年级前十名。

另一个好朋友是我们家搬家后才慢慢接触的。我们住在同一个方向，但她家很远。她一般是骑自行车回家，偶尔也会走路，在放学回家的路上我们相熟，渐渐成为好朋友。后来，每次回家她都会推着自行车陪我走路，等我到家了之后再骑自行车回家。她喜欢看书，也是一个学霸，每到周末的时候，她都会邀请我去一个大型广场的书店里看书。每次去，坐公交车都要花一个多小时，但她也不会觉得麻烦。渐渐地，我也被她感染喜欢上了看书。

这两位朋友都很善良，学习很认真，而她们给我创造了一种学习的氛围，并且让我主动开心地学习。由此可见，朋友良好的学习方式及态度，会成为你学习上的带动者，并且你可以和朋友通过相互帮助一起进步。

三、省外省内不同的学习氛围

无论是家庭氛围，还是学校氛围，都会影响学生的学业成就。我刚转学到广东读小学时，对那里的人和事都不熟悉，常常会感觉自己与那里格格不入，甚至产生了退学的想法，在班主任的关心和鼓励下，我最终融入了集体，并对其产生了积极的认同。

我在广东省读了五年书，其中上了两年的初中。这所中学对我影响最大的是学校的管理。正因为这所学校的管理制度，让我养成了良好的学习习惯，也让我的生活变得更加规律。在这个学校中，我除了学习成绩变得优秀，自我管理能力也得到了很大的提升。在学校里，你会觉得一切都是那么有规律，不需要做什么时间安排，因为一切都已经被安排好了。每天早上七点早读，六点十分，宿舍铃声准时响起，所有学生都必须起床，十分钟洗漱，十分钟打扫寝室卫生，剩下时间去食堂吃早餐，吃完早餐后去教室上早读。中午十二点下课，下课后全班同学排队去食堂吃饭，十二点半，宿舍铃声又会响起，这意味着午觉时间到了。下午五点多放学，七点到九点上晚自习，十点十分打铃睡觉，那时候学校一片漆黑，所有的灯都被关掉了。我就是这样在学校度过了两年，确实会觉得每天的时间很赶，每天都是"两点一线"，没有什么多余的时间，每一天都过得很忙碌。学校做什么都很讲究纪律。每天早上都有一个大课间操，学校组织全校学生跑八百米，所有的班级都排好队伍，按照固定的路线以及固定的场地进行跑步。每次放学，也需要排队下楼梯或者直接到食堂门口解散。在食堂，有专门的学生会成员站岗值班，管理食堂纪律，进食堂必须自带饭盒主动排队打饭，不能把饭带到寝室，不能用一次性饭盒，在食堂不能大声喧哗打闹。如果被发现，将会登记姓名班级，扣班级的德育分以及个人德育分。学校规定，如果个人德育分达不到要求，将会影响个人毕业。

　　初三我被迫转学了。这一次转学是因为外省人在广东省读初中，必须回去参加中考，迫不得已我转回了老家的学校就读。爸妈为了让我们接受到更好的教育，把我们转到市里，并且我堂哥刚好在那里工作。记得是我嫂子带我去的四中，那时候黄老师正好在办公室，黄老师看到我之后问了我的基本情况，我把我的成绩单给老师看了，除了英语七十多分，其他都是八九十分，于是老师就直接打电话给三班的班主任问是否愿意收我？老师同意了。我也因此没有参与他们学校为转学生安排的考试就直接进了尖子班。黄老师教语文，班主任教数学。这个学校的老师并不严格，无论你在上课的时候做什么老师都不会管你，除非你的成绩很好。这个学校也不会像之前的学校一样什么都安排得很好。这个学校除了前三个班，其他班学生的成绩都很糟糕，很多学生最终都只能去差的高中读书。那时候，我们班是按照成绩排名来选座位，成绩差的同学没有选择权，所有的好座位都被成绩好的学生挑走了，有些成绩中下的但自己想学习的就会选择最前面的座位或者边上两组靠前的座位。

　　两所学校在教学方面也存在差异。比如在广东，英语老师都特别注重听、说、读、写，早读的时候都会给学生放录音，学生跟着读，每天给学生听写单词，单词必须过关，还会教学生音标，让学生学会自己认识新单词。但是在这个学校，老师不会给你听写单词，背不背单词完全在于自己，也没有几个学生会英语音标，甚至发音也不准确，老师从未教我们读文章。我感觉我在这里把英语荒废了一年，完全没有学到什么东西。转学后，我考试成绩最好的两次就是刚转学后的第一次考试和中考。第一次考得好是实力，第二次考得好是因为中考题目很简单，没有什么难度，特别是英语真的很简单，我这种没怎么学的都能考那么多分，根本拉不开差距。

从我初中的成长经历来看，家庭教育很重要，家长重视教育，营造良好的学习氛围，树立正确的教育观念，用正确有效的方法来教育孩子，才有利于学生获得高学业成就。学校教育更是学生学业成就高低的关键所在。其中，校园的文化氛围、管理方式、师生关系，都会对学生的学业造成深刻的影响。同时，同辈关系对学生的学业成就也有极大影响。因此，要帮助学生树立正确的交友观，让其能够正确地选择朋友，一个在学习上态度端正、成绩优秀的朋友，一定程度上会影响学生的学习成绩。总之，影响学生学业成就的因素很多，只有同时关注到这些因素，才更有利于学生学习的进步，从而取得更高的学业成就。

四、当代大学生的迷茫与感悟

开始，我们满怀信心，以为只要考上了大学，人生就会发生改变，前途将一片光明。在家里，父母、家人也包括自己，都认为人生的出路就在于读书；在小学、中学，老师都这样对我们说：只要考上了大学，你的未来就不是梦。然而，现实真的是这样吗？越来越多的大学生心中都产生了这样的困惑。现实告诉我们，并不是这样的。无数大学生面临着就业问题，面临着激烈的竞争。如今，我深有感触，即将毕业的我们正在为就业发愁。临近毕业，学校有很多招聘会，但是我们的机会少之又少。更可笑的是，我投了那么多份简历，竟然没有接到一个面试电话。唯一的机会，还是因为民转公，一所小学急需大量教师去教新学生。这回他们没有限制专业，只是粗略地看了简历，就直接决定是否录用。我成功地通过了他们的用人筛选，但因为薪资原因并没有签订合同。之后我也投了不少简历，都石沉海底。最后我选择了西部计划。

　　大学本科毕业生的工资待遇还不如"打工人"，也不如一些拥有一技之长的专科生和职校生。这样的社会现实不得不让我想起背后的原因——教育内卷。当前教育内卷越来越严重，家长为了让孩子不要输在"起跑线"上，让孩子上最好的学校，占据最好的资源。为了提高孩子的成绩，请家教，将孩子送入补习班，让孩子学习各种才艺等，给孩子带来了很大的身心压力。每个家长都希望自己的孩子可以上一个好大学，认为大学毕业以后前途将一片光明。到现在，大部分人都可以上大学了，街上一批又一批的大学本科生，但上了大学又能怎么样呢？以前，大学本科生是人才，但现在大学本科生只是教育当中的过剩产品。本科生的绝望在于：投入了许多时间和经济成本，最终却成为社会的"底层人"。为什么这么说呢？因为大学本科生之上是研究生。与他们相比，本科生的理论基础与研究水平低了一大截，文凭上也差一个档次，更确切地说是低一个档次。另外，与专科生和职校毕业生相比，大学本科生缺乏一技之长，因为本科生更注重学理论。因此，很多大学生毕业后的工作待遇还不如一些有一技之长的专科生、职校毕业生好。在这种情况下，大学本科生比不过研究生，也比不过专科生、职校毕业生。这也导致了大学生的就业困难和待遇低下，总的来说就是大学本科生不值钱。正因如此，当代大学生不断被卷入教育内卷之中，考研成了大部分本科毕业生的首选。大量的学生都想着考编难，就业压力大，所以选择了考研，以此来回避就业问题。

　　如此种种，让我很怀疑自己的人生。当代大学生该怎么办？将何去何从？就这样在残酷的现实之中渐渐地迷失自我吗？这肯定是不行的。我认为我们首先要有一个明确的定位和人生目标，并做好规划。其次要有一个积极乐观的人生态度，要敢于奋斗，努力学习。最后要提高自己的情商。情商对于学生来说真的很重要。此外，最为重要的是要学会终身学习，以提升自己不断适应社会的变化。

五、学业成长的自我归因分析

从我的学习成长历程来看，我认为影响我学业成就的因素主要有父母的教育观念、教师的支持、同伴的影响和学校的氛围等。

（一）父母观念

农村关于教育的日常隐喻——"读书的料"和"榆木脑袋"，我相信这是很多人都知道的。"从空间上看，农家子弟求学历程是以家庭为中心。从村庄，县城，小城到大城市一圈圈向外扩展的波纹形变动，从时间上看，他们的求学历程也是一次次从家返校，从校返家的候鸟式流动。农家子弟必须精准进入相应等级的学校，才有可能越过一个个学业阶段，进入精英大学，最终获得一份中产阶级工作。"❶ 我从小就感觉我是父母眼中那个"读书的料"，所以父母都很重视我的学业成长。

（二）教师支持

教师支持是社会支持系统中的重要组成部分。萨拉森（Sarason）认为社会支持是指人从周围环境中感知的存在感和支持。❷ 库伦（Cullen）认为社会支持是个体从社会网络和周围合作者获得的精神上和物质上的援助。❸ "支持"是个体对周围社会情境给予各种帮助的

❶ 程猛，陈娴 . "读书的料"及其文化意蕴［J］. 基础教育，2018，15（4）：22 – 28.

❷ SARASON I G，LEVINE H M，Basham R . B. Assessing social support：The social support questionnaire［J］. Journal of Personality，1983（44）：127 – 139.

❸ FRANCIS T. CULLEN. Social support as an organizing concept for criminology：Presidential address to the academy of criminal justice sciences［J］. Justice Quarterly，1994（4）：527 – 559.

内心感受。学校是学生学习和生活联系最为紧密的社会环境，尤其是在大学校园，当学生脱离父母独自学习和生活时，教师支持将成为学生获取社会支持的首要途径。❶ 迪茨（Deci）等认为，教师的自主支持包括采纳学生的观点，充分地尊重学生，允许学生表达个人意见，体验学生感受并给学生提供更多的选择机会。❷ 勒曼（Lehman）认为，教师与学生的良好关系能够增强学生学业兴趣，帮助学生克服紧张的情绪，促进学生更多地参与学习过程。❸ 我的学业成长中得到了很多负责任的老师的支持，使得我的学业成就一直都保持在比较高的水平。

（三）同伴影响

张云运等人的研究指出，随着时间推移，青少年在学业动机、学业投入和学业成就上的相似性提高主要表现为：与动机高、投入多、成绩好的朋友经常相处，青少年的动机、投入和成绩也趋于升高；反之，和缺乏动机、不投入学习、低学业成就的朋友相处，个体动机、投入和成绩也会随着时间而降低。因而，同伴的学业指标也可以作为青少年学业成就的重要预测指标。❹ 同时，王萍等人的研究指出，作为规范的建构者和资源的提供者，朋友通过信息交换、榜样示范、支持、强化等方式，不仅塑造着个体的行为，而且也能改变个体的动

❶　肖楠. 医学院大学生感知到的教师支持、自我决定动机与学校适应间的关系［D］. 开封：河南大学，2016.

❷　DECI E L, RYAN R M. The support of autonomy and the control of behavior［J］. Journal of Personality，1987（53）：1024－1037.

❸　LEHMAN R. The Relationship of Elementary School Principals' Perceptions of Self－Efficacy and Student Achievement［D］. Milwaukee：Department of Education，University of Wisconsin－Milwaukee，2007.

❹　张云运，黄美薇，任萍，等. 朋友的学业成就会影响我的学业成就吗？——成对友谊关系中成就目标取向的中介作用［J］. 心理发展与教会，2020（1）：54－66.

机、信念和价值观，包括学业动机。❶ 在我的学业成长过程中，我的同伴给我的基本上都是正向的刺激，从而使我的学业成就基本保持在较高的水平。

（四）学校氛围

良好的学校氛围对学生的学业成就也有重要的影响。海恩斯（Haynes）认为，校园氛围包括教师之间、学生之间、家长的互动以及学生之间的关系。❷ 斯密特（Schmitt）等人认为，校园氛围包括安全与维护、管理水平、师生关系、同学关系、学生行为价值观、学生学业定向、学生校园活动、父母和社区参与程度等方面。❸ 一般认为，校园氛围与学业成就表现之间呈现出明显的强相关性。具体而言，良好的组织纪律性、积极的人际关系等都与高学业成就有关。当学生在校园中体验到安全感、受到他人关怀以及适当的支持时，会"推动"其去学习，学业成就因而提高。❹ 同时，校园氛围对学业成就的影响还具有跨文化的一致性。❺ 从我在省外和省内的求学过程来看，很明显省外的学校氛围更有利于学习。我想这也是我转到省内之后，学业成就一直保持较高水平的一个原因。

❶ 王萍，钟半. 学前教育专业学业成就评价：理论模型与实践路径——基于智慧型教师养成的 [J]. 德州学院学报，2020（1）：100－104.

❷ NORRIS M, JAMES P, COMER, et al. A development and Systems approach to tomental in schools [J]. Educational Horizons, 1993（4）：181－186.

❸ SCHMITT N, SACCO J M, RAMEY S R, et al. Parental employment, school climate, and children's academic and social development [J]. Journal of Applied Psychology, 1999（5）：737－753.

❹ COHEN J, MC CABE E M, PICKERAL T. School climate：Research, policy, practice, and Teacher Education [J]. Teachers College Record：The Voice of Scholarship in Education, 2009, 111（1）：180－213.

❺ 张平平，李凌艳，辛涛. 学校氛围对学生数学成绩影响的跨文化比较：基于多水平分析的结果 [J]. 心理发展与教育，2011（6）：35－40.

总之，一个人教育成长过程中会受到多种因素的影响。我也不知道我的学业成就算不算高，但我认为，应该还算可以。在我的学业成长过程中，家长教育观念及家庭教育方式、教师支持、同伴的学业成就、学校氛围、家庭氛围及榜样作用等都对我的学业成就产生了积极的影响。

小   结

影响个体身心发展的因素分为遗传、环境、教育和主观能动性四种。通过对本章的3个案例进行分析，笔者认为观念差异、文化差异及个体主观能动性都会影响学生的学业成就。

第一，观念上的差异主要体现在家庭资本、学校教学理念和社会对教育的重视程度上。首先，家庭资本可分为家庭的文化资本、经济资本和社会资本。家庭文化资本一方面通过人力资本的直接传递影响子代教育，另一方面通过与父母受教育水平相关的家庭教育观念等教育支持间接影响子代的教育期望和努力程度。家庭经济资本直接体现在家庭的教育投入水平上。社会资本可以分为家庭内社会资本和家庭外社会资本。在本章中3个案例的父母都不希望子女走自己的老路，尽自己所能为子女提供良好的学习条件。其次，学校教学理念包括教师的教育初心、教学水平和教学策略等。如果试图从教师身份中谋取个人利益，这就偏离了教书育人的教育初心。之所以将教师比作"蜡烛""春蚕"，在于为师者，传道授业解惑也，而非牟取私利。教师的教学水平和教学策略是学校教学质量好坏的决定性因素，但学校管理制度的影响也不可忽视。最后，社会对教育的重视程度也是影响学生学业成就的重要因素之一。从前因为家庭困难而被迫辍学、因为重男轻女思想女孩便失去受教育机会、因为不想读书便不接受义务教育、因为不是"读书的料"便被剥夺受教育资格等现象并不少见。这都源于社会对教育的不重视，导致农村根深蒂固的传统观念久久得不到转变。如今，农村的教育观念得到了极大的改变，大量的女童得到受教育的机会，并取得较高的学业成就。本章3个案例成长起来的这一代可以说是现代教育制度的最大受益者，教育帮扶、营养午餐、精准扶贫、国家励志奖学金、国家助学贷款等机制让他们可以更好地接受教育。

第二，学校文化差异和学生的文化适应对学业成就的影响。在人类社会化的过程中，外在的社会行为规范、准则逐渐内化为自己的行为标准，而教育在这个社会化过程中起着重要作用。教育是文化传递的活动和过程。❶ 在文化传递过程中无时无刻不在发生着教育。无论是从农村到县城、从低学段到高学段，还是从广西、浙江、广东到贵州，校园文化都存在一定的差异。在文化差异中就会出现文化适应，一般认为文化适应会经历四个阶段：欣快阶段、文化休克阶段、反常期和同化或适应阶段。❷ 初期，进入新环境后，作为亚文化个体常常以一种新鲜好奇的眼光看待异文化。当觉察到失去了自己所熟悉的社会交流的符号和手段后，便会出现文化休克现象。这种焦虑既表现为生理上的疲劳感和不适感，又表现为心理上的不安感和无能感。这不仅发生在"异乡人"的求学历程中，还出现在学校中的少数群体身上。他们在认识到自己与他人在思维方式和情感表达上的差异后，便陷入文化压力，一方面感觉自己与母体文化（这里指产生文化差异前的文化）之间没有太深的联系，另一方面又游离在异文化之外，这时他们成为"文化边缘人"。随着个体对异文化越来越熟悉，他们开始在新环境中塑造和发展新的自我，完成文化的"涵化"和"濡化"。

---

❶ 滕星. 教育人类学通论［M］. 北京：商务印书馆，2017：226
❷ 滕星. 教育人类学通论［M］. 北京：商务印书馆，2017：254-255

　　在文化交往与融合中，不相容的因素往往会引起不同文化之间的冲突，而教育帮助解决了这种文化冲突，并形成文化认同。文化认同包括内部认同和外部认同。内部认同指在异文化环境中对母体文化的认同；外部认同来源于主流文化群体对亚文化群体的语言、习俗、观念等差异的认同。本章的第 1 个案例在离开熟悉的贵州进入新环境后受到的语言攻击和地域偏见让她出现了短暂的文化休克现象，教育改变了当地人对外地人的刻板印象，也磨灭了他们那种隐性的主宰感和优越感。本章第 3 个案例在转学到广东读小学时，感觉自己格格不入甚至想退学，再次转学回贵州时，仍然感觉格格不入。在这两次学校文化适应过程中，他们的学业成就都受到了相应的影响。

　　第三，个体主观能动性对学业成就的影响。个体主观能动性包括学生自身的性格、自我认知、自我意识、学习动机、学习策略等。心理学上把性格分为"外向型"（extrovert）和"内向型"（introvert），既我们现在常说的"E 人"和"I 人"。人们曾经一度认为外向型的学习者学习成绩要优于内向型的学习者。外向型学习者的注意力和兴趣倾向于外部世界，他们开朗活泼、善于交际、思维敏捷，这有利于他们获得更多的输入和实践的机会；内向型学习者的注意力和兴趣集中于内部世界，他们沉着冷静、富于想象、敏感细腻，能对有限的输入进行深入细致的分析。本章第 3 个案例属于典型的"I 人"，遇事沉着冷静且目标坚定，善于总结反思，能准确地进行自我剖析。本章第 2 个案例属于"E 人"，做事有规划但易受外界影响，在意别人对她的评价，"冲动的感性"让她能在事后很快发现问题并及时补救。本章第 1 个案例介于两者之间，自我定位明确，既善于自我分析，又善于感知周围事物的变化。不同的性格让他们在学习时选择不同的策略，达成不同的成就。

第四章 从文化冲突到文化适应之旅

学生在校生活存在不同的文化适应问题，他们通过自己的努力能否顺利适应，一定程度上决定了他们取得的学业成就。本章的 3 个案例为我们展现了他们在不同的文化情境中如何通过自己的努力实现文化适应，并取得高学业成就的过程。他们中有乡村寒门女童，有城市家庭文化资本雄厚的学子，更有苗乡贫瘠文化资本中的放牛娃，虽然他们出身不一，但是在学业成长中都经历了不同程度的文化适应。

第一节 寒门学子求学路上的文化冲突与调试

法国社会学家布迪厄指出：家庭资本包括经济资本和文化资本。家庭经济资本是指所有收入，以及财产的制度化形式。家庭文化资本是指家庭文化资源的占有，包括客观文化资本、具体文化资本、体制文化资本三种形态。❶ 显而易见，农村贫寒学子在经济资本上是处于绝对弱势地位的，而在文化资本上虽然也是缺乏的，但相对于经济资本而言，可能仍占据一定优势。比如具体文化资本中的技能、情趣

---

❶ 李毅，谭婷. 家庭经济资本和中小学生阅读兴趣的关系：家庭文化资本的中介作用 [J]. 心理与行为研究，2019（4）：520

等，家庭中若存在良好的内化于人精神和身体中的性情则有利于弥补其他方面的不足，易使农村贫寒学子掌握劳动技能，形成吃苦耐劳的品质等。总体而言，农村贫寒学子的家庭资本会使他们在一定程度上与学校文化产生冲突，这就需要学生进行文化适应。

文化适应是一个适应新文化环境的过程，包括一个人在新环境中态度、行为和认知的变化。是个体从一种文化转移到另一种文化后，个体基于对两种文化的认知和情感依附而做出的一种有意识、倾向性的行为选择和行为调整。❶ 个体接受学校教育无非幼儿园、小学、初中、高中、大学几个阶段，每一阶段都伴随着文化适应，有不同程度的冲突与适应。除非个体想游离于结构之外，不屑于结构内的发展，不然就要面临文化冲突，要历经冲突与融合之间的文化适应。在此过程中，农村里的贫寒学子不但应具备正确的自我概念、合理的角色身份认识，还应善于寻求外界的帮助，以应对冲突，尽快完成文化适应并积极融入学校文化中。

在相关的研究中，班杜拉的"三元交互决定论"表明：行为、人的因素、环境因素实际上是作为相互连接、相互作用的决定因素产生作用的。❷ 该理论为分析学生学校适应提供了理论基础。个体既不是单向地受内部因素的驱动，也不是简单地受外部环境的影响，而是内外因素间相互连接、影响，围绕行为构建内在认知与外部环境的桥梁。❸ 因此，该案例结合班杜拉的"三元交互决定论"，从家庭资本、学校文化适应、课堂以外的师生互动及个人角色身份认同等方面叙述其学业成长。

---

❶ 滕星. 教育人类学通论［M］. 北京：商务印书馆，2017：273.

❷ BRUCE E C, BARRY M W, SLAVIN L A, et al. A prospective study of life events, social support, and psychological symptomatology during the transition from high school to college ［J］. American Journal of Community Psychology, 1986（3）：241−257.

❸ 班杜拉. 思想和行动的社会基础——社会认知论［M］. 林颖，等译. 上海：华东师范大学出版社，2001：35.

一、在文化非连续性中自我调适圆心中梦想

我的小学生涯是从学前班开始的，半年的学前班生活对我而言简直是"噩梦"。爸爸妈妈无法理解，为什么我上学前班之前那么想去，那么乖巧，而去了学前班之后却变得非常厌学。小学离我家很近，走路都不过十分钟。因为对学前班有着一种恐惧，我死活不肯去上课，都是被爸爸打着去学校的。学校只有一个学前班，人数很多，大概有五六十人，我就认识两个小男孩。第一天去上课就迟到了，一个男老师拿着一根棍子在黑板上指画着他刚写下的字，全班同学跟着老师的节奏放声朗读。我站在教室门口的边上，感觉特别不自在，不敢向老师问好，更不敢进去，然后老师和爸爸说了些什么，他便带我进教室找个空位坐了下来。整个环境是如此的陌生和吵闹，认识的两个小男孩也不怎么和我玩，上课的时候也很无聊，老师讲的东西我听不下去。只要一踏进那个教室，我就觉得浑身不舒服，做什么都不自在，十分想逃离。因此，每天上课，都是爸爸拿棍子打着我去学校，他一边打，我一边哭，每次村里的人看到也都觉得难以理解。不管家人怎么说怎么劝，我就是不愿意去上课。等被爸爸打进学校之后，我经常骗他说我自己进教室，实际上等他转身走远之后，我要么趴在教室外的窗台上悄悄看，要么偷偷跑回家，偷溜回家之后被打断小棍子、关进小黑屋都是常有的事。

令人无比痛苦的一个学期总算过去了，我开始步入正轨的小学生活。六岁开始上一年级，从一年级到四年级，虽然学业成绩只是中上等水平，未能处于拔尖的位置，但总体而言在学习上都是较能获得认可的状态。四年级的班主任在第一个学期结束后给我的评语，对我来说影响深远，尤其记得其中一句话——"老师看到了你渴望知识的眼神"。这让我认可自己，同时也增加了对学习的兴趣。本以为四年级

愉悦的学习状态和融洽的同学关系会一直持续到小学毕业，然而却在五年级快结束时出现了分流。当时我们班一共有 23 个同学，老师挑了成绩比较好的同学，说了关于初中特色班招生的事情。在期末考试前夕安排我们到学校图书室参加了特色班入学考试。这个考试"水分"很多，考语文和数学，试卷的题量与平时相比要少一点，监考老师就是我们的数学老师，他只是时不时进图书室来看我们的卷子做得怎么样，加之在特殊的环境下，显得这并不是一场严格意义上的考试。大部分人都在交头接耳，互抄答案，我坐的那个位置，只在左边有一位同学，看到大家和旁边的同学都在"彼此帮助"，我和我左边的同学也加入其中。让我想不到的是在我给她提供答案之后，她就埋头继续做她的题，不再理我了，当时我就开始慌张了起来，说好的交换答案呢？她怎么会这样？最后结果出来，有十个人的成绩合格，成功上了特色班。这意味着他们即将在六年级之后升入初中备受重视的特色班，而后会直升重点班。我和另外一个男生因成绩没达到，就只能留在小学继续和那些成绩较落后的同学一起读完六年级。要知道我平时的成绩是排在第六、第七名，按理说应该能有实力进入特色班，反而是以往成绩没我好的那几位都考上了，班主任在安慰我的时候对此也感到诧异。

　　没有办法，我只能含泪接受这次暗含"水分"的考试结果，并安慰自己"是金子总会发光"，六年级好好学习，想读重点班的话到了小升初的时候还有机会的。五年级结束后的分流，有 10 个同学进入初中特色班，我们这届六年级就只剩下 13 个人了，开学后不久便转走了两人，于是整个班就只有 7 个男生、4 个女生。我似乎便成了这11 个人里面"分量最重"的那一个，老师让我当了班长，发挥带头作用，好好学习。可就是这么 11 个人也能分成几个帮派，男女生玩不到一块儿，我们 4 个女生还两两对立。越到后期关系就越僵，我和其中一个女生有过好几次过节，拿起粉笔头在教室对峙，狠狠地攻击对方、互扯头发、特地留长手指甲抓伤对方，其他同学只是当吃瓜群众或者助手，既没有劝架也没有告状。然而，我与四年级 1 个女生的打架事件被四年级的班长告到老师办公室去了。我妹妹读一年级，她经常遭到四年级一个女生的欺负，有一次我就爆发了，去和她厮打，结果闹到了老师办公室，我需要改正态度，并且主动认错，不然就要到校长办公室去处理。六年级的糟糕时光很快就过去了，我偏科得很厉害，小升初考试语文 96 分（全镇第二名），数学才考 67 分，然后根据就近分配原则进了对应那个初中的普通班。

在小学学业的成长中，从家庭教育的角度来看，"二胎"对大孩的影响还是很大的，父母对大孩的关注度还有物质条件的支持，都会有一定程度的下降。根据布莱克（Blake）提出的资源稀释理论，在家庭资源有限的条件下，兄弟姐妹之间存在资源竞争的关系，一个家庭中孩子的数量越多，每个孩子能够获得的资源就越少。❶ 由于经济资本、文化资本匮乏，父母不得不让我提前进入小学学前班以减少家庭开支，这种环境与文化的断层，直接导致了我与归属感低的学校新环境的冲突，或者说是这种文化非连续性的出现带来了文化休克。同时，从四年级快乐的学习经历和六年级的打架事件来看，教师对学生的鼓励以及谅解都是教育过程中的一种隐性课程，会对学生产生无形且深远的影响。此外，五年级的时候特色班的组建方式违背了教育公平，为了升学率，就连老师也带领学生走上了形式化的道路。

二、在文化差异中自我调适走出青春期危机

小升初由于数学拖后腿没能进重点班，我很不甘心。于是在暑假期间，我去了补习班。还好那个辅导机构就在我们镇上，价格也不算

---

❶ BLAKE J. Family size and the quality of children [J]. Demography, 1981 (4).

太贵，我说想补习数学，以免上了初中跟不上，爸妈就同意我去了。这是我第一次花钱去补课，事实证明这次暑假班的学习经历不仅帮我复习了小学的一些内容，提前讲解了七年级的一些知识，更重要的是让我的自信心增强了不少。

初中开学那会儿好事坏事都被我们遇上了。进校的第一天晚上，恰逢学校要将旧教学楼的全部桌椅都给换掉，然后由班主任组织全班同学去搬新的桌椅，一人一桌一椅，从一楼一步一步挪到六楼，大汗淋漓地终于到了教室，找了个靠前的位置摆放好桌椅坐下等待第一节班会课，宣告我的初中生活正式开始。没料到第二天晚上开始，这所学校竟然就停电了，然后两个星期都没电，白天还好，晚上每个教室都是靠着一根根蜡烛带来的昏黄光芒来度过漫长的晚自习。或许是因为一起搬桌椅开始接触，晚自习没电大家便开始聊天，我与周围的新同学很快就熟悉起来了，同时也结识了其他班的一些同学，大家也都能很好相处，我们寝室里住满了 24 个人，虽然人很多，室友间的关系却出奇地融洽。

虽然身在普通班，但是我并不觉得自己就比重点班的同学差，上课的时候认真听课，晚自习的时候努力做作业，下课了才会和同学疯玩。因为上补习班提前接触了七年级数学的一些内容，所以老师讲授的知识对我来说算是比较容易的。语文本来就是我非常喜欢的学科，学起来也不难，还有新接触的历史、思想品德、地理和生物让我都很感兴趣。小学三年级到六年级的英语课基本上学的是几个简单的单词和句子，并不受重视，所以上英语课我是最难受的，简直就像听"天书"一样。整个英语课堂基本上没有互动，死气沉沉地，只要不扰乱纪律，睡觉之类的事老师都不会管。因此，除了英语我学得很吃力，实际上也不知道怎么学，其他科目我都认真学习了。一年下来，每次考试都能在年级前十名（五个普通班一起排名）中找到我的名字。而最让我骄傲的事就是数学从来不太好的我竟然在初一的每次考试中都能拿到数学单科第一或第二名的成绩，一百二十分为满分，往往能拿到一百一十多的分数。恰巧班主任就是我们的数学老师，在数学上有突出表现且总体成绩还排在年级前面的我自然受到了他的器重。在一次数学自习课上，老师有事不能上课就让我们自习，便叫我坐上讲台写作业方便管纪律。这件事儿给我印象很深刻，因为在那时来说，三尺讲台在我眼里是一个很威严的存在。六年级当班长没怎么管事，而现在我什么都不是就被任命上讲台坐着管好全班纪律，我有点受宠若惊。我按他的要求到讲台上边写作业边管理班级纪律，偶尔瞄一眼讲台下面的七十几个同学，竟有种说不出来的滋味，似乎平时很吵闹的自习课也没有那么吵了。

第二学期伊始，学校就有了教学方面的改革，采用了"杜郎口教学模式"。全班分成六个大组，十几个书桌拼在一起成为一组，既并排又对桌而坐。在确定位置之前，班主任找我和 L 同学谈话。L 同学小学在广东读书，英语学得很好，但是数学很差，她的情况刚好和我相反，于是班主任强烈建议我们成为搭档互补弱势学科。最后我的座位是这样子的：处在教室中央较为靠近讲台的位置，对桌是一位比较文静的女生，左边是纪律很好的一个男生，右边是可以教我英语的 L 同学，背后是常常和我讨论数学问题互相激励的 H 同学。然而，很多同学觉得班主任对我过于偏爱，背后颇有言辞，我也不想太被"特殊对待"。另外，在这个学校里，一旦是普通班学生，三年都会是普通班学生，即使成绩再好也没有升上重点班的份，心里的那股对重点班执着的劲儿也使我越来越想离开这个学校。

终于，初一学年期末的时候，从我小姨那里获得了一次契机。小姨的人脉圈很广，比较了解我们这个区不同初中的实力如何。Z 镇的第一中学近年来特别受欢迎，它的中考成绩稳坐区里第一名，就连城里的许多中心小学的优秀学生都想办法进这个乡镇学校读初中。小姨知道我特别想去重点班，就给我说可以尝试一下在上初二的时候把我转到第一中学的重点班里去。后来这个方案不太行得通，一来校方那边不是那么容易搞定，二来那个学校太强了，里面重点班的学生比我现在这个学校重点班的学生厉害多了，很害怕自己真转学到那里会变成他们班里垫底的。直到初一学年真正结束了，暑假期间各个学校又开始了新一轮的招生工作，小姨在这时候瞄准了时机，给我出了第二个方案：去Z镇第一中学从七年级读起，就像准备入学的新生一样。这个主意还挺吸引我的，毕竟比我大几个月的表姐比我晚读书一年，如果我留级的话正好与她同级了，而且有这个机会可以到更好的地方读书。于是在Z镇第一中学开放招生期间，小姨带我去参加这所学校的"非Z镇学生招生入学考试"。这次入学考试只考数学，一共才20道选择题、5道填空题，满分100分，虽然内容是小学六年级的，但题目类似于竞赛题，比较新颖，学校的标准是拿到60分以上就可以进重点班。查成绩的时候发现我只得了56分，差一道题的分数再次与重点班失之交臂。小姨安慰道："没关系，要不我再联系一下老师，就让你留在这里先读着普通班吧，到了八年级他们会搞分班，到时候你表现得好是可以去重点班的。"就这样，我在新生军训结束之后、正式上课之前决定进入Z镇第一中学七年级。

同年九月开学季，我和妈妈到原来就读的初中找班主任讲了转学的事情。班主任觉得很突然，一个暑假过去我就要转走了，之前一点迹象都没有。他很想让我留下来，但也觉得我应该有追求更好发展的权利，于是祝福我在新的学校有更大的进步。我很不舍那些关系特别好的同学，以及我很喜欢的语文老师与语文课堂。语文老师也是个男老师，他常常给予我较高的评价，在我们班所有老师中，他是把"杜郎口教学模式"运用得最好的人。在语文课堂上我感受不到老师对普通班学生的偏见。随着转学，我不得不和喜爱的老师、喜爱的课堂说再见了。

由于留级而再次成为一名七年级新生，不管是在学校生活还是学习适应上，与新同学相比我都占据了一定优势。新班主任是杨老师，任教英语，我的英语也在他的教学方式下"重获新生"，由原来的五六十分提高到一百多分。我常常会将这个学校与原来的学校作对比，逐渐发现师资力量真的是新学校要强一些。举个简单的例子，原学校的老师能用方言讲课就不用普通话，而新学校的老师则基本上没人用方言上课，而且新学校的老师对普通班的同学不会有偏见。但是，新班级学习氛围不是那么好，纪律比之前的班级要差得多。在平时的测试中我的成绩很突出，并且在接下来的月考中每次都稳拿普通班年级第一，自然小有名气，得到老师和同学的关注，同班同学更是渐渐把我视为班花，不断贴上诸如"人好看、气质好、会打扮、学霸"之类的标签。也许是"人红是非多"，在众人追捧下慢慢地我也有了许多困扰，特别是在和本班男生的相处中，遭到男生的干扰是常有的事，还时不时被捏造一些男女生之间的流言蜚语，对我的学习产生了一定影响。记得有一次，一个男生对我开玩笑过火了，还一直阻碍我做作业，于是我第一次爆发了，为了打他们，几本书被我扔烂，而那个来打扰我学习的男生也被我用随手卷起来的书打肿了一只眼睛，过后我还有点害怕下手太重把人家打瞎了。经过这一次，男生们收敛了许多，往后对我也没太多干扰了。我一直不忘自己的初心，"出淤泥而不染"成为我写在本子上的励志箴言，不断提醒自己就算班上纪律不好也没关系，不要受他们影响，一定要好好学习，争取上重点班。

周五晚上和周六白天是我最喜欢的日子。周五下午普通班都放假了，但重点班要补课。因为我表姐在重点班，所以我借口留下来陪她，到了周六下午我们再一起回家。室友都回去了，一般来说星期五晚上就只有我一个人静静地待在有着昏黄灯光的寝室里，好些时候我都被这寂静无比的环境吓到。其实我留下来等周六下午再和表姐回家的原因主要有两个，一是想利用这些时间安安静静地学习和看看课外书，二是我喜欢学校胜过喜欢在家，家里没有可以让我写字的桌子，住宿条件比学校差得多，回家能感到舒服、感到开心的事儿就仅仅是能和爸妈聊聊天及一起吃个晚饭。我学习的斗志一直不减，也在尽力为自己创造良好的学习环境。有一段时间，我托在小学读书的妹妹帮我传信给我的六年级班主任，她每次都写信回复我。她听我倾诉学习上的一些迷茫，然后开导我。受她的影响我就给自己埋下了一颗种子——以后我也要像她一样成为一名小学老师。也是在这些信件往来中我得知成为一名小学老师起码得去读大学，起码要有二本院校的学历，从此以后这个目标一直激励着我前进。

　　很幸运在我的生命中遇到了很多恩师。任教我们数学的黄老师很看重我，虽然我不是班干也非科代表，就因为数学成绩突出常常鼓励我。第三次月考，我还是考了普通班年级第一，黄老师评讲完试卷下了课之后，有点神秘地让我留下。原来黄老师知道我是从另一个学校留级过来的，他问了我做这个选择的原因及以后的打算，我如实和老师讲了我内心的想法——好好努力分到重点班去。黄老师笑了，打破了我这个天真的想法，他说分班那是重点班之间的事，只在六个重点班之间流动，重新分出三个重点班，剩下的三个就沦为中介班。这都不关普通班的事，普通班还会是普通班。我当场觉得心里被一块石头砸了一下。那我就只能一直困在普通班了吗？黄老师说他正是为了这事儿才找我聊聊的，在他教的重点班里有些同学还没有我努力，如果我的成绩与他们一起排名的话排在重点班的中游位置不是问题，不想让我继续待在普通班埋没了自己，所以他想给我一个建议，告诉我可以写一封信给年级主任说明自己的学习经历和对进入重点班学习的渴望，得到年级主任的认可后或许就能够在下学期到重点班了。我顿悟，连忙谢过老师，最后黄老师还叮嘱我不要和其他任何老师和同学说这是他给我的建议。

　　临近期末考的时候，年级主任彭老师联系到我，说他看了我的那封信，也分析了我在普通班的成绩和表现，可以先给我一个机会让我和重点班的同学一起考试，这次期末考就和他们一起排名。彭老师将我与重点班同学编排在了一起，期末考的时候我不再奋战在普通班的考场上，而是孤身一人走进了重点班那无硝烟的战场。期末成绩出来后，彭老师打电话给我，说我表现真的不错，从第二学期开始就可以到重点班去学习了，还让我自己选择去哪个班级，然后他和相应的班主任讲一声就行。我当场感动得落泪，终于成功了！于是在一到六这六个重点班当中我选择了听说很优秀但我一个人也不认识的二班。

二班的班主任是个教数学的女老师，在家自己开办了暑假班。我联系她的时候，除了对我即将加入她的班级表示欢迎，还顺便建议我暑假去她那里补补课会更有助于新学期的学习，所以放假没多久，我就加入她的暑假班了。补课的同学一共有 20 来个，分批次进行的，补课期间我的表现也得到了班主任陈老师的肯定，而且同学们的热情感染了我，还结识了一两个相见恨晚的朋友。良好的师生关系和同学关系，使得正式开学之后，作为插班生的我并没有出现人际交往上的压力，而是很快就融入了这个新的集体。等到了开学上第一堂课，陈老师就向全班同学介绍我，并趁此激励同学们说：我们班现在有许多同学还没有人家秦同学（指我）那么努力学习哈！你们应该有点危机感了，我相信来到我们班学习之后，秦同学的成绩一定会突飞猛进。之后第一次月考，我真的做到了她说的"突飞猛进"，六个重点班四百多人，我一个从普通班刚进来的一下子排在了年级第 39 名，虽然不算拔尖，也有些出乎我意料了，然后老师们更看好我了，特别是在班主任的数学课上经常得到表扬。那个学期，我终于有了梦寐以求的重点班的学习生活，以及和谐的人际关系、形影不离的新朋友，让我在那半年的学习生活中感受到了前所未有的温暖。我的成绩有波动，最差的那次是九十多名，有过一次六十多名，两次三十多名，也还是时不时能听到老师的夸奖。

在这一年的时间里，我经历了转学、转班，由于不满自己所处的位置，于是努力向上看齐。在普通班的时候，尽力保持自己良好的学习作风，拒绝同化。而面对重点班，一方面，我不愿意选择名气不大和有直接或间接认识的人的班级，因为我想要一个优渥的、全新的环境；另一方面，如愿进入重点班后，我更加积极融入新班级，几乎不说方言了，张嘴闭嘴都是普通话，行为举止温文尔雅，生怕新同学觉得我这个插班生身上还残留着普通班的烙印。虽然这些想法与行动有利于我的跨文化适应进程，使我较快地融入新的班级文化，但是也埋下了我容易给自己贴标签并让自己的行为固化的"祸根"。

时光如梭，一转眼就读到八年级了，我的七年级下学期和八年级上学期相比简直就是一个天堂和一个地狱。按照惯例，学校会在七年级结束之后将所有重点班重新划分，成绩好的被打乱顺序安排在前面的一、二、三班。这三个班才是往后两个年级里真正的重点班，是学校的重点培养对象。这次分班后我仍然是在二班，但是班主任换成了一个刚带完毕业班的化学老师——聂老师，而且新班级仅有几个是和我在原来二班的同学，至此我的陌生感开始浮现。新的二班是一个"教师子女班级"，十几位教师子女都集中在这里，以前他们是在三班，成绩都是有目共睹的，大多名列前茅。我顿时感到现在这个班压力好大呀！八年级，意味着增加了物理和化学这两门全新的学科，学习负担瞬间增加。在七十多人的大班，我的座位在倒数第二排，最难过的是上物理课，老师声音时大时小，小到听不见，接触的是从未学过的物理知识，特别难理解，因此对我而言上了物理课却不能理解那些知识点，比没上课还难受。化学课虽然不存在老师讲课的问题，但我学起来也感到很吃力。物理、化学的作业都是不及格，甚至物理作业还有过零分。

"祸不单行！"开学不久在学业上出现较大困境后，我的身体也出现问题了。一次回家不舒服，去医院检查才发现病得不轻，需要连续一个星期吃药、打点滴，而且具有传染性，只能被迫请假，先治病再上学。将近两个星期之后回到学校，我遇到的学习问题就更大了，还增加了交际问题。一方面，物理、化学这两门学科就像滚雪球一样，知识盲区越来越大，其他科目我也有努力补上，但总体来说在学习上已经<u>丝毫</u>没有了以前的成就感。另一方面，其他同学都在这段时间熟悉了，成群结队的，我好似一个新加入的同学，只稍微熟悉几个人，在这个班里微不足道，就连室友间的聊天我也插不上什么话，随后变得孤僻和矛盾，既希望融入她们的热闹当中，又感到无能为力。这样的人际交往障碍与痛苦的学习交织在一起，诱发了无尽的失眠。失眠状况越来越严重，一躺下脑子里就满是烦心事，除了吃安眠药，各种方法都试了也没有缓解，经常到凌晨四五点才迷迷糊糊睡着，有时候到了六点多要起床了也还是脑袋都要乱炸了的样子。这种长期失眠之苦又反作用于学习，不仅物理化学，对其他科的学习也变得没了精神，上课愈发不能专注。家人只知道我失眠，不知道我失眠的根源，后来去了药店买了很多安神口服液，药师说我失眠是神经衰弱导致的，两个疗程的口服液喝完后还是没有用，失眠造成的影响反而更大了。

周六在家，到了夜里我依旧彻夜难眠，越来越烦躁，心态绷不住了，想要就此结束生命。一个晚上想了各种轻生的方案，最终没有实现，要是我家住在城市的高楼大厦里的话，一跳下去马上能结束痛苦，那我可能也就此活到尽头了。回到学校不再想轻生的事情，可各种痛苦依然持续着。就这么过了一个多月，我熬不住了，不得不把自己在人际交往和学习上的障碍写在信纸上与班主任聂老师讲，写了一千多字，纸上承载了许多泪水。第二天他就找我谈话了，差不多聊了一个小时。我哭成了泪人，老师的很多话都说到我心坎上了，他让我相信自己并没有"神经衰弱"，我只是想得太多并给自己太大压力了，只是适应新环境的速度比别人慢些而已……聂老师的理解和一番教导，使我能慢慢开始用科学的方式来调整自己的心态，即使还是失眠，我对失眠本身的态度也开始有了转变。在老师的指引下，我制订了符合自己实际情况的学习计划，一点一点地澄清知识盲区；同时也不刻意去想和同学们的相处关系是怎样的，渐渐地能顺其自然、淡然处之。第二次月考的成绩也反映了我心态的转变对学习起到了一定的促进作用，虽然进步不大，但也不像第一次月考那样处于班级后 20 名了。最重要的是，在和班主任谈心之后，我明显感到自己的学习与生活比之前那黑暗的一个多月有了好转。

学习与生活回归正常，再次感受到了在学校特有的快乐。从八年级下学期一直到初中毕业，我的成绩基本上在年级前 80 名之内波动。八年级结束的那个暑假，爸爸斥 1000 元巨资给我买了当时在电视广告里很火爆的一套"四库全书"。我在这套资料里面接触到很多新的学习方法，对自己心态的处理及所学知识的掌握都大有裨益。中考我超常发挥了，除了物理和化学是 A，其他科都是 A＋，学科积分一共 46 分，而在九年级一年的学习中，我的积分一般都在 42 到 45 分之间。我以为自己可以进市里面最好的示范性高中了，没料到自己不是地段生，所以需要积分 47 分才能够进入，班上许多同学属于地段生，是以 46 分进去的。换句话说，就是即便我中考超常发挥，考了初中三年最好的一次，也无缘最好的示范性高中；假如是我考得最差的那一次，也仍然是进排名第二的示范性高中。因此有几分积分确实是浪费掉了，积分制和地段生差异的政策已经规定死了，我虽心有不甘，却又无可奈何。

普通班，其实是处于一个"弱势群体"地位的，虽然在这个"弱势群体"当中，我较幸运地处在"优势地位"，但校园里浓烈的等级氛围与重点班和普通班之间的待遇差异令我不愿意接受，根据"社会阶层理论"也可把普通班视为学校这个小社会当中的最底层，接受着不公平的教育。如果学校对普通班没有偏见，能给他们提供足够的发展认知能力和其他提高学业成就技能的刺激，那么普通班学生与重点班学生的发展差距就不会那么大。另外，老师对学生的器重也应该是要注意方式方法的。特别是在青春期，异性师生之间更要保持一定的身体距离，教师懂得把握分寸才能促进学生的身心健康发展。我们都提倡教师应该平等对待每一位学生，可在实际的教育活动中有许多教师都很难做到。我一直都觉得自己很幸运遇到了黄老师和庞老师，一个敢于为我指明鲜有的向上流动的通道，一个愿意相信我并给我表现的机会。现在我所在的地区已经不再分重点班和普通班了，即便有点趋向于形式上的，也对原来的层级状态有所冲击，而一些优秀教师在这个变化中所彰显的成功案例，更是启示我们，学生本就无所谓"优等生""差等生"之分，特别是在初中，教师的教育理念和班级治理方式对学生的成长至关重要。

对于家庭经济资本、文化资本和社会资本均贫瘠的学子来说，读书是最好的出路。爸妈都是只有初中学历的农民，虽然很难给我提供良好的物质条件和学习生活环境，但他们节俭勤劳和一诺千金的性情与品质对我产生了很大的影响。艰苦的生活和从小开始的艰辛务农体验，也让我坚信读书是改变命运的最佳方式，顺应社会体制、不断抓住机会使自己能够往上流动。另外，阅读是廉价的，可阅读的意义并不廉价。中学时代我对作文书、故事书和杂志等书籍的热衷，也是我向往改变命运、坚定不移使劲前行的一个重要支撑。有些东西家庭与学校都给不了，而书籍可以，问题是如何让学生自动自发地热爱阅读。我想这是发展一个阅读型社会所需要解决的，从国家层面、社会层面来普及，促进国民阅读，充分发挥阅读的作用。

我经历的初中"青春期危机"可以说是由文化差异引起的，在融入新环境的关键时期因故不得不暂离学校，其间几乎是与学校失去联系的，停滞的个体与前进的集体渐行渐远，我和班级主流文化的认知方式和沟通模式逐渐显示出差异，学习能力、人际交往能力等也都出现了断层。而这时候主流文化的理解与包容就是一根救命稻草，课堂以外的师生互动是展示这种理解与包容的有效途径，也是妥善处理学生对学校文化适应问题的关键。

三、在积极认同和消极认同间完成高中学业

2015 年金秋时节，我进入市排名第二的示范性高中（鹏程中学）就读，作为该校入学成绩排在最前面的一批人，我暗暗对自己说，一定要过一个精彩的高中生活，并且成绩要名列前茅。鹏程中学也是按成绩分层的，高一年级一至七班是重点班，八至十二班是中级班，十三至二十九班是普通班。我在一班，班上有 70 多位同学，班主任是任教地理的覃老师。

一开始我表现积极，以非常认真的态度竞选纪律委员，结果落选了，对比鲜明，同学们更加喜欢态度佛系的纪律委员。在选科代表的时候举手自荐就可以了，一方面，我特别希望当语文课代表，另一方面，失败的班干竞选也使我退缩。既然不能够在班级管理上发挥作用，就全身心投入学习中吧！可高中的学习与初中还是有挺大差别，连我最喜欢的语文也变得不那么容易掌握了。其实入学没多久，我就发现了自己很渺小，班上很多同学都来自城市，钢琴十级、轻松玩转英语、户外写生、摄影模特等，有许多令我感到很陌生新奇的事物，同时性格好、家境好、学习好的大有人在。我以往的生活除了学习就是干农活，家里坏了的电视一直没修好，自己也没有手机和其他途径去了解接触其他事物，课堂以外的自己显得与周边同学格格不入。山外有山，人外有人，高中的班级高手如云，一个学期下来我始终没有表现出很优秀，语文和数学不再拔尖，考试成绩也都只是处于班级中等水平。社团招新的时候，我加入了排球社和志愿者协会，因排球社的训练太多，自己吃不消，于是两个星期后退出了。志愿者协会坚持了下来，偶尔在周末去敬老院或福利院做志愿服务活动。

高一上学期结束，面临着文理分班，考虑到物理和化学是我的弱势科目，加之数学成绩不再突出，又想到自己以后想当一名语文老师的目标，于是我选了文科。分班后，我还是在一班，班主任也还是原来的覃老师，而同学的流动性则较大，高一下学期伊始，绝大部分同学都不是我以前的同学了。这是让我兴奋的一个转折点，意味着撕掉自己身上渺小、自卑标签的机会到了，我又可以重塑自己了。从一开始我就加强在新班级里的存在感，尽快适应新的学习生活。我已经能克服之前那种不再敢当男老师的科代表的心理障碍，与一位室友一起成为语文课代表。正是这个语文课代表的身份，让我有了许多机会与全班同学及老师们进一步接触，增强了人际交往能力。同时，有职务就肩负了相应的责任，身为课代表的我要求自己有担当并要发挥榜样的作用，所以学习动力更强了。此外，受到志同道合的同桌影响，我基本上每天都能干劲满满，以及与新班级文化的融合、对自己的学生角色身份和课代表角色身份的强烈认同，使我的学习成绩得到了较大的提高，并且身心愉悦，过着一个简单、充实而快乐的校园生活。

高二与班上同学的关系也越来越好，17岁少女的情愫开始萌动，不管是学习还是生活，都开始一个人操着两个人的心，多了一份牵挂。这种转变是喜忧参半的，既让我变得更加健谈与开朗，又时而会导致莫名的忧伤并影响学习状态。班级人数从高一的70多人减少到现在的65人，覃老师在班级管理的方式上也有了较大的变革，全班分成8个学习小组（8~9个人一组，自由组合），座位以小组为单位轮流划分区域。我高二学得还比较稳，三个文科重点班共190多名同学，我的成绩都在20~80名，大多数时候介于年级40~50名，一直努力都没能挤进年级前20名。我不敢再定太高的目标，把目标放在年级前40名上。覃老师的班主任角色发挥得很好，虽然严格到近乎苛刻，如细致到对桌面上的书本、教室外面架子上的雨伞和饭盒应该怎样摆放等，都作出了明确规定。他的管理模式也渐渐凸显优势，并不断创新教学方式，把这个班打造成了让许多老师都夸赞的优秀班集体。

　　小组学习的方式一直持续到高中毕业，在高三的时候做过一次调整，老师把成绩水平相当的同学放在同一个小组。这种小组学习效率较高，组内交流合作、组间学习竞争，使得班里的学习氛围变得非常浓厚。高三第一学期我给自己列出了想去的大学作为奋斗目标。第一是华东师范大学。这是一个最美好的愿景，大概需要我高考超常发挥才能实现。第二是华中师范大学。只要我再努力一点，成绩再稳稳地推进一点，是踮起脚尖应该能实现的目标。第一轮复习跟着老师的节奏走，然而高三越到后期我出现的问题就越多，关键还觉得自己是对的，很多事情不再听从老师。尤其进入第二轮总复习的时候，对于老师们的题海战术极度反感，有些学习任务如果不检查，我就按自己的学习计划行事。这能减少我的烦躁。而要求检查却和自己的安排冲突的，我往往选择应付了事。还有在课程安排及晚自习的时间管理等方面，我也愈加对老师的做法感到不满，慢慢地变得不听话了，老师说一套，我自己私底下另搞一套。此外，在男女生的情感问题上我越陷越深，严重影响了学习，总是心神不宁，学又学不下去，玩也玩不开心，自己一放松又特别有罪恶感……长时间的琐事烦扰和神经紧绷让我备考的弦绷断了，高考前一个月，我居然放松了下来，学习上大打折扣，用"临近高考要淡定、莫慌了阵脚，要顺其自然，用平常心去看待"之类的话来麻痹自己，以致对高考失去了敬畏感，准备进考场的时候竟提不起丝毫紧张感，反而随便做些试卷就结束了。首战语文就给了我当头一棒，猝不及防的新题型和全新的试卷样式使我越做越慌，后面的考试也受到了影响，甚至遇到不会的题我竟忍不住反思自己是不是备考策略出了问题，没能把全部注意力放在题目本身。

　　高考结束对完答案，我为自己捏了一把汗。如果以高考前几次考试的标准来衡量，我的分数应该在一本分数线上下，顿时有一种不祥的预感。高考成绩出来，我考了 532 分，当年一本分数线是 545 分。我崩溃大哭，文理分班之后都没有掉出过一本线，这次怎么会这样？瞬间感觉天都塌了，那天正下着大雨，只有我一个人在家，不断重复看我手机屏幕上各科的分数，特别希望是自己看错了。平时最擅长的语文却在最关键的时候变成了拖后腿的科目，数学得到的是平时较差的成绩，文科综合前所未有的低，只有英语发挥正常。这时候才真真切切地深刻体会到什么叫做"优势科目没能发挥、弱势科目变本加厉"。没几分钟，妈妈、姑姑接连打来电话询问结果，我趴在床边接电话，伴随着窗外的雨声，泣不成声。两三天之后，心情稍微平复了下来，看到网上流行着一句话"七分靠成绩，三分看志愿"，我觉得说得在理，于是认真准备填志愿的事情。百度、学校发的参考书、学长学姐的经验分享、花钱买的指导讲座……我把一切能想到的对填报志愿有用的资源全都给用上，难以想象在填报志愿上我居然比高考还认真。果然是"凡事最怕认真"，我被第二志愿的学校贵州师范大学录取了，做到了没有浪费分数。尤其后来知道教育学是一本招生、同考一套卷子的贵州同学大多是以超出一本线几十分才录取的时候，我才发现就分数来说是自己赚了，最终的结果似乎是对高考失利的一种补偿。

对比中考和高考，一个超常发挥，一个失常发挥，回想当初的备考和考试心境，感慨万分。我中考是到外校考的，沿途的大雨、陌生的环境、考场上湿漉漉的裤脚和鞋子、失眠……外部环境都是不利的，而能超常发挥，唯一就是赢在了心态上，考前老师嘱咐的该做的都做了，去考场的路上和同学相互打气，然后怀着微微紧张的心情全身心参与考试。反观高考我都做了什么呢？不听老师指挥、考前一个月情绪紊乱、心态过于放松、盲目乐观、在考试中注意力极其分散，最后发挥失常，既在意料之外也在情理之中。

从刚进校的"高分学子"到毕业离校的"普通学子"，从高三总复习的认真备考到考前一个多月的信马由缰，我尝到了与主流文化背道而驰的苦头。尽管任教老师都是经验丰富的毕业班教师，后期对他们的安排和指导却是非自愿地接受甚至排斥，最后也应了那句"自作主张一般没有好结果"。我觉得这段经历有点类似于文化模式理论中奥格布谈及的少数族群不同的历史经历及其对主流社会的态度是影响他们学业成就的重要因素。我的高考失利很大成分输在了态度上。任何想要在自身所处的场域里获得发展、取得进步的人，都不能不接受社会化，即使想保留自身的独特之处，也不得不融入主流文化当中，并尽量减少二者的冲突。

四、在多重角色身份冲突中寻觅到心之所属

即便最后没能去到理想中的大学，我仍然对大学生活充满期待。知道大学要考英语四级，暑假期间我就给自己安排了英语学习任务。在开学之前，我去学校官网找了许多关于新生的文件来看，甚至还把学校的奖助学金政策及要求给写下来，并制定了较为宏大的奋斗目标。比如，拿到国家奖学金或国家励志奖学金、尽快过英语四级和六级、成为优秀学生干部、优秀毕业生、拿到保研资格。然而，理想总被现实冷冷拍落，进校不久，我的注意力就被各种社团活动所吸引，竞选上了班干部，加入了一个校级组织、两个社团、一个英语俱乐部（进而到了校外培训机构）。大一的学习生活我都是怎么过来的呢？虽然还记得自己在开学前立下的宏伟目标，但并未制订详细可行的计划，而是把主要精力都放在了课余生活上。大学上课方式与高中有天壤之别，老师很少提醒我们做笔记，课后也不会布置所学知识的练习题，一开始我真以为大学的学习就这么轻松，渐渐地养成了上课玩手机、不做笔记的习惯，往往是把老师的 PPT 拍下来，告诉自己课后记得整理笔记，结果一直拖到期末考试前。

社团活动、校级组织里的志愿者工作、培训机构里的英语学习、班干事务等充斥着我的生活，有些时候上课玩手机或者干脆请假，实际上也是在做与这些相关的事情，偶尔停下反思，我觉得我的大学生活未免太过于"充实"了，似乎把专业学习当成了"副业"，各种活动才是"主业"。幸好辅导员罗老师引导我们开展每周一次的读书会，最起码第一个学期我还是挤时间好好看书了的。这让我不至于感到在专业学习上一无所获，在后来的学习中也证实了认真看过的书多少都会对自己有影响。另外，在校外培训机构学习英语口语让我有许多收获，除了知识、人际交往方面，还对我的性格产生了很大的影响，在那里上课的喜爱程度远远超过了在学校。培训机构毕竟带有商业性质，它们会提供额外的培训与兼职使其本身能够发展壮大，我想锻炼自己各方面的能力，于是抓住机会加入了它的市场部，开始学习如何招生及辅导新同学。在市场部的历练一直持续到大二上学期期末考试前夕。由于对自己的规划有所变动，在大二开学时除了班干没卸任，我把其他一切活动和校级组织的工作都放弃了，一心想在培训机构发展。每天早上6：30前起床，6：50出门参加市场部的早会，8：30急匆匆赶到教室，中午的午休时间用来招生，晚上的大部分时间并且时常熬夜也是在做市场部的事情，周末则穿梭在大学城的各个学校里与陌生的同学打交道……这些都是大二上学期的生活常态，活成了半个职场人，确实学到了有关市场营销、有关演讲及成功学的一点皮毛，时间管理能力、人际交往能力也得到了更大的历练。但我在市场部花的时间和精力太多了，没有很好地平衡它与学业的关系，学业上倒退了一大截。

学院老师对考研的一再强调和重视、培训机构兼职的劳累、明显退步的学习成绩，三者交织在一起让我陷入了迷茫。疫情在家期间，通过对过去一年经历的复盘，并受到相关书籍的影响，考研的想法又回来了，也想重新规划自己在大学的最后两年，特别是主动找罗老师述说我的疑虑后，在罗老师的建议下我彻底放下了原来关于培训机构的规划，重拾考研的目标。

在大学生活中，我的学习成长过程就是不断试错、最终找到心之所属的过程。回顾自己在培训机构奋斗的经历，我特别认同角色身份理论讲的"一个学生只有能把其学生身份放在最重要位置，且其他身份可以辅助学生身份，他才能获得较高的学业成就"❶。固然，不能完全否认在学校学习之外所做事情的意义和价值，每个人都有多重身份和角色，都有其存在的价值，但我确实在其中迷失了自己的学生身份。一方面，在开辟新的发展道路的同时仍想要获得高学业成就；另一方面，却没有让"学生"这个身份在生活中占据主导地位，俨然是有些矛盾的。幸运的是，教育促进个体多重身份角色统一的功能在慢慢彰显，从而让我渐渐认识到自己需要的是什么。

大学期间的第一个转折点发生在 2020 年新冠疫情期间，由于自己的反思与规划加上培训机构自身发生了大的变化，我义无反顾地彻底从培训机构的兼职中脱身出来。第二个转折点是在大三上学期结束的那个寒假，考研决心已定，开始选学校、选专业、确定分数目标，随即开始了紧张的备考。从备考开始一直到结束，考研的清晰目标、毕业论文的压力，两件大事把我推上了一个认识自我的新台阶，对自己的学生角色身份认同也到达了一个新高度。但考研失败，对此还是很失落的。随即大四最后一个学期，主要就是认真实习以及完成毕业论文，所幸这两件事都完成得比较顺利。接着就是找工作了，因为在家乡实习加之受疫情影响，导致错失了学校前期的一些招考。然而，也许是祸福相依，在我返校后火急火燎、阴差阳错地参加的第一次工作面试竟然成功了，本不抱希望就想着把它当作一次面试经历历练一下，结果没想到通过的两个人中竟有我，所以也比较感叹认真实习还

---

❶　滕星. 教育人类学通论 [M]. 北京：商务印书馆，2017：545.

是很有必要。

总之，人生走的每一步路都算数，过去的你造就了现在的你，现在的你又为未来的你做铺垫。我的求学之路并不平坦，荆棘不少，岔路口也很多，有过多次文化休克，也历经了不同的文化适应，我都一步一步地寻找到了平衡点。当处在一些关键的转折点时，每每与老师的互动总能帮助我度过危机，从中也在不停地感悟着教育的意义。作为寒门学子，欲通过教育来打败阶层固化、实现从下往上的阶层流动，必将付出更多努力，最好能"一战到底"，才能尽量避免最后成为"文化边缘人"。同时，农村学生在进入大学后应进行理性规划，合理取舍，形成正确的角色定位，既应坚守"学习第一"的主线，也应贯彻"全面发展"的原则。❶ 我认为农村贫寒学子最理想的发展状态应该是"回得去农村，融得入城市"，在通过教育实现向上流动的过程中不可丢失了自己的根。对像我这样的寒门学子来说，读书真的是最好的出路，并且，在努力向上流动的过程中要面对各种各样的文化冲突与融合，我们应理智地看待它、接纳它以及积极适应和做出适当改变。

身为一名师范生，接受了四年的师范教育，加上以前的师范生见习和实习经历，我对教育、对教师这个职业有了自己的思考和新的见解。回望求学生涯，一路坎坎坷坷、跌跌撞撞，无论是家庭经济资本、文化资本还是体制资本等，都处于较为劣势的位置，所幸一直都有比较强烈的求学欲望，加上有幸遇到几位恩师，在我不同阶段遇到困难时予以谆谆教导、助我解围，自己才得以从诸多桎梏中挣脱出来，健康地走到现在。俗话说：因为淋过雨，所以想为别人撑伞。当一名教师是我从小学阶段到现在一直不变的理想，寒窗十余年，离理想的实现越来越近了，在不久的将来我也将走上三尺讲台，成为一名

---

❶ 肖瑜，牛新春. 三元交互决定论视角下的农村大学生学校适应［J］. 当代青年研究，2020（1）：120.

光荣的小学老师。我希望我也能像自己遇到的几位恩师一样去爱护学生，尽自己最大的力量去帮助学生，成为一名合格的乃至优秀的人民教师，做学生的点灯人、引路人。

第二节　苗乡放牛娃跨越文化冲突的教育历程

在我的学业成长过程中，基础教育阶段的经历对我来说起到了关键性的作用。小学阶段，我经历了从苗族社区语言过渡到国家通用语言文字教学，从苗族社区村寨生活到当地汉族社区学校生活。在这个过程中，现在想想我还是经历了一定程度的文化冲突，并在自己的努力和老师的帮助之下实现了适应。初中阶段，我经受住了众多的诱惑，实现了较为完美的逆袭。走出苗寨和走出山乡是我受教育的目的之一，现在想想虽然没有实现，但即便如此，我仍然无悔自己的这段成长历程。

一、从开心的放牛娃到委屈的班长

记得那天中午，太阳十分火辣，我独自站在茅草房前，呆呆地望着远处的竹林，神游天地。母亲突然从身后问我："我送你到学校去读书了，你干不？"我愣了一下，接着高兴地答道："我干，我也要去读书了！"每天看着在家与学校之间往返的孩子，我的内心早已渴望到学校去。因为那时的上学对我来说不仅意味着我不用整天到山上去放牛，而且还可以和同寨子的小伙伴们一起玩耍。

到了学校，由于我未到法定的入学年龄，学校不发教科书，加上不能占用正常入学学生的学习空间，我只能在班级后面坐着旁听。母亲与老师交谈一番，弄明白其中缘由后便回到寨子找上一届的学生借书。几经周折，终于给我借来了破损的语文书与数学书，还有保存较好的美术书和音乐书。从此，我的学习生涯正式开启了。

终于到了可以正式入学的年龄，经过一年的胡混，我已经熟悉了学校的老师和同学。在开学之际，母亲还专门花钱给我买了个书包。在正式开学授课后，母亲每天都会早早地起来给我弄早饭，收拾书包后叮嘱我在学校里面不要淘气，要认真听课，要听老师的话，在学校有什么事要和老师说。我印象最深刻的是在第一次进入学校之前，母亲叮嘱我如果在上课时想要上厕所的话要主动站起来向老师说："老师我想请假解手。"这句话也正是我第一次从家庭中接触到的本地汉语方言的发音。

夜幕降临，每天晚饭过后，母亲都会监督我学习，叫我做作业，遇到不认识的字，她便会向左邻右舍高年级的孩子请教，然后再教我读写，并嘱咐我一定要记住，在睡着之前都要想着今天学了什么，作业是怎么做的。母亲常和我说，让我一定要认真学习，要是当初外婆也能供她读书，她一定不会像现在这样。每每说到这里，她都很惋惜，但又比较高兴。她说道："以前我没读书，看到你二舅读书回来，他在屋里读半天都没记住，我都能把它背出来了，我还记得开头是春天来了，小燕子从南方飞回来了……"接着她又补充道："而且我看你二舅在那算了半天数学，也没得出结果，后来都是我说出来了他才恍然大悟。后来你二舅跟你外婆说可以送我去读书，我就直接读了二年级，可惜好景不长，才读了两个星期，你外婆就生病了，我就回家帮你外公照顾家里，照顾你么舅，之后就再没读书了。"

母亲对我的学习很上心，在母亲的精心教导下，我的成绩在班上名列前茅。因此，在正式入学的第二个学期，老师推举我做了班长，叫我带着同学们学习并维持一下班级秩序。但是每当老师一离开，除了几个比较亲近的小伙伴，其他的同学都马上向我靠拢，然后嘴里一遍又一遍地重复着"班长班长，搬脚马掌，马掌提脚，踢你一大脚"来嘲讽我这个班长。可以说，除了老师，没有谁能在学校里管得了他们。终于，在一个阴雨绵绵的早晨，我对班长这个职务彻底失去信心，甚至厌恶。这天，老师被通知到镇上填表，临走前老师带着全班同学读了一遍《小小竹排画中游》，之后老师说他过会儿回来，让我带着同学们读这篇课文，他回来后要检查，然后就匆匆地去填表了。老师一走，整个班级马上陷入混乱，有的跑出去玩，有的则在教室里面用长长的课桌与长凳玩起了"跷跷板"。由于大家此时的身形都差不多，所以我在班上完全没有震慑力，而"班长"这一职务的"权力"，在同学们看来就只有向老师"告状"的作用。因此，一个同龄人要想管住这群乡野孩子是几乎不可能的事。大约10点半，老师回来了，看到乱成一团的班级，十分生气，处理好秩序后，老师便叫几个比较调皮的同学站起来读书，结果不言而喻，没有一个人通过。当老师提高嗓门问全班，有谁会读时，全班一片死寂。对于没有管好班级，我很无力，也很自责。于是，我勇敢地站起来说我会读，老师犀利的目光扫过，我十分害怕，颤抖地拿起书，开始朗读起来："小竹排，顺水流……顺水流……"由于很紧张，加之那时对汉字的记忆全靠发音，因此就被卡在这里，没能继续读下去。这时，老师更加生气，他大声怒吼道："你不会读你站起来干嘛，不嫌丢人吗？亏你还是班长，不仅没有带好他们学习，连你也不想学习，就你们这样还想读书，想都别想。坐下，我来带着你们读，要是还不会那你们真的不要读书了。"老师的每一声怒吼都不断地在我的脑海里回荡。中午放学回家后，我在路上哭了。我不断地问自己，别人不会凭什么怪我，而且你只教一遍，谁能一次就全部记住？还有我能管住他们吗？他们又不听我的，我又能怎么办？……我越想越伤心。

　　一年级结束了，我和另外七个同学（三个女同学、四个男同学）顺利进入二年级学习，由于很多同学基本的学习都还不过关，他们只能继续留在一年级学习。在二年级，由于人少，便不再有什么班长，我也不再负责什么，管好自己就行。由于教育资源缺乏，加之我们学生群体中95%都是本寨的苗族同胞，所以就由同寨的一个苗族老师负责整个学校的教学。在二年级后，我们八个转到立新小学继续接受教育。

二、只有母亲相信我是那读书的料

立新小学是周围几个寨里相比起来教育设施最先进、最完备的一所小学。在这里有一栋高大的大楼，是整个学校的教学及办公场所。初到这里，一切都十分吸引我们，特别是对于我们几个从苗族村寨出来的学生来说，听说学校里有朱老师、刘老师时都觉得不可思议，后来才明白原来只是姓氏罢了。在三年级的第一个学期，我们顺利地完成了过渡。但是在第二个学期，我们八个中有一名女孩子辍学了。

连续几天，我们都没看到她来学校，老师也没有收到任何讯息。情况似乎不对，老师终于家访了，后来才知道她在一个星期前就出嫁了。她有一个弟弟，他们同爷爷奶奶一起生活，至于她的父母，我们没有多少了解，只知道她有个常年不回家的父亲，而且在外面也没挣到钱。她家本不属于我们村寨，由于家庭原因到这里投靠亲戚，方得以落户。后来据了解，她不想读书了，一是家庭压力太大，只有爷爷奶奶撑着整个家庭，还有年过八旬的老祖母需要赡养，而她和弟弟上学又是一大笔开销，家庭现状是入不敷出；二是她觉得读不下去了，由于家庭条件的限制，原本该收拾得漂漂亮亮的姑娘却无法得到满足，还经常受到其他学生的嘲笑，所以她便选择了辍学出嫁。

这个学校里有一个有趣的现象，汉族学生通常只喜欢和汉族学生玩，苗族学生通常只喜欢和苗族学生玩，只有少部分居住于民族聚居地边缘的学生才两边都玩得来。当然这种现象只在男生群体中比较明显，甚至还经常出现约架行为。经过一年的规训，我已经适应了学校的环境，而且学习成绩也有明显提高。到了四年级，我在第一学期的期末考试中成绩进入班级前三，得到学校颁发的一张奖状以及一本厚厚的笔记本，这是我第一次在学校里得到的荣誉。我小心翼翼地把奖状及奖品带回家，当着母亲的面自豪地把奖状拿出来的时候，母亲十分高兴，我从她脸上看到了前所未有的坚定及喜悦。

一直以来，整个寨子里面还没有一个完整读完初中的学生，很多都是小学毕业就没有继续接受学校教育，有少部分则是在乡里的中学读一段时间后选择了辍学。而现在整个寨子里面可以明显看到有能力一直提高学历的学生就只有隔壁的王二爷家的两个孙子及一个孙女。王二爷是一名中共党员，据说他以前在部队上当过兵，退伍后便分配到烟草站工作，现在退休了有退休金领着。他十分注重孙子孙女的教育，在他们放学回家后可以不用像其他孩子一样到地里去打猪草、到山上放牛等，但是不能出院子去和其他孩子玩耍，必须读书写字，做完了这些，他们三个才可以到院子里面玩耍。因此，他们与寨子里的小朋友都不怎么熟悉。王二爷的大孙子和孙女大我三个年级，而他的小孙子则和我同级，他从小就在立新小学接受教育，在我转入立新小学后我们便在同一个班级学习。这次获奖，他自然在其中。由于他家庭各方面的条件都比较好，他上学时从不回家吃午饭，每天都保持着五块钱的午餐费，同时，他是我们寨子里面唯一能和汉族学生玩得来的学生。

由于生源较少，整个学校每个年级只有一个班。在我们班上，前四名都是苗族学子——也就是王大爷的小孙子和我，还有一个同语系的女孩子及一个不同语系的女孩子。在五年级上学期，我期末考试考了班上的第一名，他考了第二名，当他爷爷得知他被我超越了，狠狠地训斥了他一顿。在他爷爷看来，寨子里面我们都不是读书的料，因为我们都是放学后就回家放牛、打猪草等，完全没有摸一下课本，而他孙子则是放学后回家学习，但是成绩没我好，说明他在学校里面没有认真学习。在这之后，他对我有了不好的情绪，买东西后总是主动来和我身边的伙伴们分享，却故意不理我，有时还向我投来不屑的目光。但我没有感到一丝的不适，因为我时刻记着母亲对我说的话——"你要好好读书，奔出个样子，别让别人看不起你。"

此外，在去上学或者放学回家的路上，他总是时不时地向我们说几句英语，问我们知不知道，看到我们一脸蒙的表情，他就自豪地说道："Yes，你们肯定不知道，因为这是我哥我姐教我的，这是初中的英语。"当有的同学反问他的时候，他总是说："No、No、No，这个你们就不知道了吧，你们还真像屁格（Pig）。"原本就不懂他说什么的我们就更加蒙了，他这又才解释道，"屁格（Pig）"就是"猪"的意思，还有"多格（Dog）"就是"狗"的意思……说到这些，他又问道："你们知道什么是'实验班'，什么是'普通班'不？"看着我们茫然的表情，他又自豪地说道："这些都是初中的班级，'实验班'就是成绩好的学生在的班级，也就是我哥我姐在的班级，'普通班'就是成绩差的学生在的班级。哦！'普通班'也叫作'憨包班'，就是读不了书的人在的班级，以后我到初中也要读'实验班'。"在他的花式讲解下，我们才知道初中还有这样分类的班级，以及有用 ABC-DEFG……这种字母上课的英语课程。

时间过得真快，转眼到了六年级。由于家里修房子欠了一笔债，父母把爷爷从大伯家接来和我们生活后便出门打工了。他们把 700 元钱交给爷爷保管，同时叮嘱我作为老大，要照顾好弟弟妹妹，带着他们上学，不要打架。当父母从家门口上车的时候，我们三个都哭了。那一刻，我才发现，我是多么无助，多么想母亲，多么需要她的照顾。弟弟则挣脱我们，快速地朝着父母坐的车子后面追去，一路大哭，一路跌倒。大约追了两公里，车子停了，我们随后赶到，母亲也哭着下车了。她一遍又一遍地向弟弟解释着种种无奈，但是弟弟哪能听懂。之后父亲狠狠地打了弟弟一顿，他们就上车走了。在这之后，我便带着弟弟妹妹上学，每天早上 5：30 就起床烧水，弄早饭，7 点左右，我们仨一起上学，到校大约 7：40。遇到下雨天气，我们到学校的时候下半身全是泥，还要用冷水擦干净了再进教室。如果是在冬季，鞋里进水则更加难受，而且我每年都会生冻疮，手上、脚跟以及脚背经常皮肤皲裂，在被水浸泡过后更加严重。

渐渐地，缺少了母亲的管束，我的学习成绩逐步下降。特别是看到同寨的小伙伴用着自己买来的翻盖手机玩游戏、听歌时，十分地羡慕。在学校，下课时大家都围着有手机的同学转，如果能得到手机玩一下，那更是无比的自豪。每天放学回家，我们都会在回家路上的半山腰坐下看着别人玩，有时候别人心情好还能蹭一下手机玩玩。由于联系不便，母亲对我学习境况不了解，她或许还认为我仍然像她出门前一样学习优秀。

到了年底，母亲回来了，我们一家人都很高兴。当谈到学习的时候，母亲看到我学习成绩与之前相差甚大，似乎发现了问题，但是出乎意料的是她没有深究，只是叫我要认真学习，记住她说过的话。过完年，他们又出去打工了，再次分别，情景依旧相似。

六年级下半学期开始了，来到熟悉的学校，却感到有点陌生。浑浑噩噩，一晃已经开学一个月了。此时正值椿芽冒尖，为了自己也能有个手机，我和伙伴们相约到山里打椿芽，准备拿到县城去卖。为了能打更多的椿芽，我请了几天的病假。那是我第一次也是唯一一次逃课。几天下来，我们每个人都打了一大背篓椿芽，在星期天早晨，我们背着背篓早早地赶到街上坐上了去县城的第一班班车。

在县城的郊区，远远地望着一栋栋高楼大厦，我才知道，原来县城的建筑是这样的，与以前看到的几层楼房相比，这给人一种宏大的感受。终于到车站了，下车之后，我们从候车厅出了车站，看着以前从未见过的街道与高楼，顿时让人分不清东西南北。我们几个商量了一下，两个人一组，每组各自走一条街道。卖完了就回车站等着，到时候大家一起回去。在炎炎烈日之下，汗流浃背，而且更为严重的是椿芽会被晒枯，不好售卖。背着比身形大的背篓走在金碧辉煌的大道旁，似乎与这城市的格调显得格格不入。老实说，我们更像是城市之中的拾荒者。

转了一圈又一圈，椿芽也没卖出去一把，反倒是把我们累得不行。眼看太阳逐渐变得温柔，我俩慌了，要是在最后一趟车回去之前没有卖出去，那我们怎么有钱坐车回去，于是我俩分头行动。后来我遇到了一位年轻的大姐姐，她停下叫住我，问我是不是要把这些卖出去，我抬头看了一下她，小声地回答是的。她蹲下来，从我手中接过捆绑好的椿芽，买了5块钱。随后她问我还有没有读书，我答道还在读书，只是请假背这些来卖。她告诉我要卖东西的话要去城里的农贸市场，她说城里不比乡下，买卖东西是有专门的位置的，说完她给我指了指如何去农贸市场的路，叫我按着她说的走，注意安全。

到了农贸市场，我背着椿芽直接走了进去。看着排列有序的摊位，我不知道该怎么办。突然，一个大叔走了过来，凶狠地吼了我几句，叫我到外面去，说这里面都是别人专用的摊位，我不可以在这里面卖东西。顶着饥饿与烈日，我艰难地背起背篓，缓缓地走了出来。在农贸市场大门外，我找了个空闲的位置放下背篓，开始售卖椿芽。一个小时之后，终于卖完了。按照之前的约定，我朝着车站的位置走去。

此时车站外面的人很少，我一眼便看到了在候车厅的伙伴。怀着激动的心情，我走近他们。但是其中有两个伙伴情绪不好，交谈之后才知道他们由于走进偏僻的巷子，被人持刀抢劫，还好他们之前把部分的钱藏到了袜子里面，方才留下回家的车费。

回到街上，一切又是熟悉的模样。我们走向手机店，向老板询问着翻盖手机，挑选适合自己的手机。终于，我花了今天辛苦挣来的钱选择了一部黑色的翻盖手机，同时买了一张 30 元钱的电话卡。回到家中，已是傍晚，匆匆吃过晚饭，我便玩起了今天新买的手机。

之后无论上学放学，上课下课，我都带着手机。在这样的情况下，我的学习一落千丈，老师也觉得我很陌生了。甚至为了课上能玩手机，我和同桌专门挑了一张桌面有洞的课桌。在之后的课堂上，我们便悄悄地玩起了手机。从此，我完全沦陷在手机之中，神游课堂之外。

眼看小考将至，老师语重心长地说：“你们之中有的人原本可以有机会读大学的，却不知怎么学习一落千丈。现在看来，也就只有王同学（就是寨子里王二爷的孙子）有机会读大学了。”

该来的终将会来。终于，小考到了！在这天，我和伙伴们早早地赶到了乡里的中心小学，在找好考场后休息片刻准备考试。考试开始了，我看着整洁的卷子，脑海一片空白。在感觉的指引下，我答完了语文试卷。匆匆吃过午饭，又开始了下午的数学考试。看着似熟非熟的题目，那感觉无法道出。经历了痛苦的挣扎，我交了答卷，默默走回了家。

半个月后，爷爷上街赶集，遇到我们老师，交谈之下得知我的小考总成绩只有 9.5 分，而爷爷的亲弟弟的孙子，也就是我的堂哥，他的总成绩有 15 分。小考成绩出来了，我成了整个寨子里面同级中成绩最差的一个。就这样，爷爷每天都用这件事说我，没有一天消停过，特别是在他不高兴的时候更加严重。最终，在他唐僧念紧箍咒式的摧残下，我亲自销毁了手机。与此同时，还有不断来自父亲酒后的各种电话责备。此时只有母亲在仔细地与我交流后仍然相信我，她没有责备我，只是给我说一些鼓励的话，讲一些让我似懂非懂的道理。

熬过了令我崩溃的整个暑假。在国家义务教育提供的机会下，我们无论成绩如何，都有了进入中学学习的资格。但是在即将报名之际，同寨同级的两个女同学却选择了就此终止学业，没有选择继续接受初中教育。其中一个选择了在家帮助父母，另一个选择了外出打工。就这样，寨子里面同级的进入中学接受教育的就只剩男孩子。此时寨子里到乡里中学上学的就只有我、我堂哥、王同学、陶同学。面对教育的第一次分流，寨子里的女孩子就这样游离于教育体制之外。

三、体育班主任引导下我成功逆袭

开学了，我拿着小学毕业证，独自一人到学校报到。当老师看到我那刺眼的分数，也被惊呆了，他怎么也想不明白我是如何做到两科总分9.5分的。我们同寨的几个由于分数都比较低，自然没有得到寄宿学校的资格，虽然王同学分数也不差，但与很多总分170多分、180多分的比起来就不那么好看了。我们几个在学校外面租房住宿，正式开启中学生活。幸运的是，到我们这一届，学校没有分"实验班"与"普通班"，要是像往届一样，那我这样的自然少不了要背负着"憨包班"的标签。在这里，我与堂哥及唐同学被分到8班，而王同学被分到4班，马同学和陶同学被分到6班。

开学的第一节课为英语课，一位高冷的女老师一走进教室，自带气质威压，全班立刻鸦雀无声。她在简单地自我介绍后就开始教授英语单词，让我们跟读。在她一遍又一遍地领读下，同学们热情高涨，声音洪亮。通过两节课的跟读，我就只记得一个"顾得（good）"和一个"摩尼（morning）"，而且还不知道老师说的单词在什么地方。之后问其他同学，才得知原来单词在课本最后面。第一堂英语课对我来说就这样混过去了。

我所在的班级由一位严厉的体育老师担任班主任，他对班级管理很用心。在他的严格要求下，我们班成了学校里纪律最好的班级。虽然他的管理手段有些"暴力"，但是管理的效果是最好的，班级里的学风很好。在良好的班级环境下，同学们表现出强烈的求知欲。而我们的体育班主任也开始邀请其他老师来辅导我们学习，甚至在每天晚自习时他都在教室里面辅导学生。在他的教导下，我也逐渐对学习产生了兴趣。终于，期中考试我进入了全校前 50 名，从开始的 9.5 分到全校前 50 名的进步引起了老师的关注。之后老师与我单独交流后，让我再接再厉，争取更进一步。

四、在不同文化下渐行渐远的同伴

我保持着一股蛮劲，努力学习。同寨来的其他几个同学则不慌不忙的，毫不在意学习，甚至在晚上，他们仨一致同意到网吧包夜，第二天再赶回来上课。下午放学之后，他们仨通常相约到台球室打台球，而我则在寄宿的地方看书。渐渐地，我与他们兴趣的差异逐渐变大。

其实一开始我也试着去融入他们的圈子。但是当到网吧上网的时候，我由于不适应 3D 的游戏情境，就只好睡在电脑前陪他们；当打台球时，我技术很差，连球都戳不准……总而言之，他们喜欢的生活方式我都不适合。久而久之，我与他们的交集越来越少。

到初一下学期期末考试，我进入了全校前 10 名。这时的我在学业上与他们的差距越来越大，与他们的交集则更少，但是我们没有变得生疏，一直维系着我们这种关系的纽带，则是我们在学校外用于交流沟通的民族语言及存在于寨子中的本民族情怀。

在初二的第一学期，那个文静的女孩唐同学辍学了。在小学的时候，她在班上的成绩数一数二，她的小考成绩也不差，但是整个初一阶段她似乎无法适应这里的学习。因此，她的学习成绩也总是不理想，加之来自家庭的压力，她最终选择辍学，不久后就外出打工了。

时光转瞬即逝，初二下学期开始了。这学期又会发生什么样的事，谁也说不准。在开学前夕，陶同学坚决要出去打工，即使父母坚决不同意，他也不管。据说他与父母大吵大闹，就是不想去学校读书了，反正读又读不懂，与其在学校混日子，不如早点到社会上闯一闯。最终他父母拗不过他，就同意了他的选择。这样一来，整个寨子读初中的就只剩三个了。

我和王同学都在学校寄宿，只剩堂哥一个人在校外寄宿。虽然王同学住进了学校，但是学校仍不足以关住他躁动的心。他时不时地翻围墙到校外的网吧包夜，黎明时又返回学校。有一天晚上，他和同寝室的一个同学一起早早地就翻墙出了学校，9点宿管阿姨查房时，发现少了两个人，于是通知他们的班主任。他们的班主任是一名刚工作不久的年轻女教师，据说那天晚上，他们的班主任及两家的家长在整条街上找了他们很久，各个休闲娱乐场所都找遍了也没找到他们，后来在凌晨4点的时候，他们主动返回学校，这才了事。

王同学原本是一名成绩优异的学生，在小学时一直名列前茅。但是到初中后，由于脱离了家庭的约束，他便逐渐荒废了学业，其中一个重要的因素就是智能手机给他造成了很不好的影响。住进学校以后，他便准备了两个超大的充电宝，如果碰着没有出去包夜的夜晚，他便约着其他同学一起通宵玩"天天酷跑"。这样，每周去学校对他来说成了一种形式，待在学校单纯是为了敷衍家长与老师。细细想来，这与我曾经的状态并无不同。只是到初中以后，我没有选择混日子，而是在老师的指导下越发奋进，提升学习水平。

我的堂哥，依然在校外按照往常的生活进行着。只是在陶同学辍学、王同学住宿学校后，他不再像以前那样强烈地表现出"堕落"的倾向。虽然他也和班上的一些同学"鬼混"，但是与之前对比起来，他玩心已经没那么大了，似乎多了很多心事，还有点沧桑的感觉。

我则在自己的学业生涯上一步一步往前走，靠着自己的坚持，每天在教师办公室与教室间往返，此时的我对知识充满了渴望。除了英语，我对每一个科目都充满了学习的热情。出于对物理老师的喜爱，我更是经常向物理老师请教物理知识。后来我成了物理课代表，同时也能教同学们解一些题。这也算是对当初在寨子里的小学里被老师批评没有帮助同学学习的一个安慰。总之，在初中阶段，我除了英语，其他学科都比较突出。

中考即将来临，王同学提前选择去职校就读，放弃了中考，而堂哥则准备在毕业后去打工，也就没去读职校。此时从小学一同来的苗族同学中，只有我和马同学有进入高中继续学习的想法。最终来自同寨的同学，也就只剩我一个进入高中。小学毕业的分流就让几个苗族女孩脱离了教育体制，而在初中的教育过程中很多苗族学子就选择了辍学。回顾在义务教育阶段的受教育经历，我曾坠入深渊，也曾有过高潮，只是每一次的跌宕起伏都让承载着教育梦想的小船摇摇欲坠。

第三节　家庭文化资本促进高学业成就的获得

每个家庭主要成员的文化程度、道德修养、审美情趣、性格特征、思维品质、生活方式的不同，形成了各个家庭独特的文化氛围。作为孩子生活、学习的最初场所，家庭的文化氛围主要是通过潜移默化的心理暗示和熏陶的方式对孩子的成长产生巨大影响，从而留下难以磨灭的印记。

一、学龄前奶奶和母亲陪伴成长

我从四岁开始进入幼儿园，在读幼儿园的两年里，父母工作比较忙，我是和奶奶一起生活的。奶奶是个没有文化、不识字的传统妇女，主要任务就是照顾我。每天早上奶奶送我去幼儿园，路上还会给我买些小笼包当零食。这好像就是我两年幼儿园生活里唯一的记忆。我自认为独自与奶奶生活的两年里带给我的东西是我长大后时常会回想的。那个不识字的老人却在生活的柴米油盐里教会了我独立成长，教会我善良，教会我如何生活。

幼儿园读了两年，我在 6 岁开始进入学前班。在学前班的两年时间里，我并没有真正开始感受到学习的压力。那时母亲的工作正处于上升期，出差是她生活里的一部分。同时母亲也逐渐意识到陪伴的重要性，我便开始经常跟随母亲到处飞。除了假期，就连平时上课请假跟着母亲出差也是常有的事。在我印象里，学前班学到的东西是微乎其微的，更多的是与母亲的相处和外面世界的广阔。在跟随母亲国内外到处走的时间里，我真正接触到了外面的世界，开始感受到其他城市、国家与自己生活的不同，真正地看到平时生活中所没有的东西。我的语言天赋或许也是那个时候被挖掘出来的吧。母亲的英语很好，她带我在外面的时候总是会教我基本的交流，也会让我单独与陌生人交流。母亲和我的相处好像和其他母女不一样，至少和我后来所见识到的都有所不同。我和母亲的相处更像朋友，而不是长辈和晚辈。即便在那个六七岁还什么都不是特别懂的年纪里，母亲都会事事询问我的意见，小到关于晚饭吃什么，大到她的工作，而这个相处模式至今也一样。

二、学业关键期转学我初现叛逆

进入小学，我就读的是市里最好的机关小学，所在的班级也是一个亲戚所教的班级。在我的小学生活中，我宁愿把它叫作生活，而不是小学学习。因为那个状态，真的不能叫作学习，我不愿违心地去假描述那种状态。但是，即使是这样，我的生活仍然非常精彩，产生了诸多有趣的童年故事。我的生活较为自由，母亲有空就会带我外出游玩，国内国外能走便走。我们学校一年级的教学方式也有些特殊，很多都是以游戏进行，所以基本上和学前班的区别不是很大，但是学到的东西更多。一年级，我开始有了课后作业，每天放学摆着小桌子小椅子在家门口，奶奶边择菜边监督我写作业。

二年级的生活好像和一年级相差无几，不同的可能就是作业逐渐增多，学的知识也开始拓展。三年级开始进入小学的一个分水岭，而我的弱项好像也慢慢开始露出头角。小学的数学放在现在看好像不难，可是从三年级开始数学便慢慢成了拖我后腿的科目，不过我也逐渐在其他科目上展现了极高的兴趣，比如英语。由于家庭环境的原因，我对英语的兴趣好像是从小就有的，会花很多时间去记字母，母亲有空的时候也会教我一些简单的对话。虽然我对英语有着无比的热爱，教语文的顾老师却时常对我的作文进行表扬。我不知道其中原委，大概是他认为我在这方面还是有一定的天赋，能够静下心来看万物生长，创作出美好的作品。其实，在我家也有这样的"艺术家"，我觉得父亲就是这样的一个人。他不好言，但每言必是真理。记得在三年级后，我开始在顾老师的指导下，参加全市的作文大赛。印象比较深刻的是北海人保协会办的"人保杯"作文大赛，我拿了一等奖。四年级好像就这样悄然来临，父母也日渐忙碌，奶奶也无法辅导我学习。我开始有课后辅导老师（说不上是补习班，但也是有偿的。邻居夫妻俩都是教师，女儿在他们的培养下考上了北京大学），我每天吃完晚饭后就背着书包去邻居家写作业，邻居家的女主人是初中英语老师，男主人是高中数学老师，他们的合作几乎解决了我所有学习上的问题，甚至还多了很多课后作业，比如每天要摘抄一篇美文，每周一篇周记。

这种生活一直持续到六年级才发生变化。由于母亲的工作开始常驻外地，父亲的工作处于上升期，我的去向开始发生改变。商量来商量去，我最终被寄养在姑姑家。也就是在小升初关键阶段的六年级，我面临转学。从市里最好的小学转到一个县城里的小学。这个落差对我往后的学习产生了很大的影响。姑父在我所转到的小学里当教导主任，我转进的班级也是当时所在年级里较好的班级。一开始由于一些外在的压力，我一直很认真地听课、学习。可能是自认为从市里到县里的一个优越感，我觉得老师教的东西都太简单，开始逐渐放松学习的劲头，而姑姑在这时候生了表弟，对我的关注度也没有那么多。也许是离父母遥远，周围环境的陌生，我迎来了我过早又短暂的叛逆期。我开始和班里不爱学习的同学一起玩，一起逃课，周末一起出去玩。因为姑父是教导主任的原因，老师会格外关注我的学习，而我逃课的事情也会立刻传到我姑父的耳朵里。姑姑的严厉批评并没有使当初叛逆的我醒悟过来，我还是一样逃学去玩，直到我的成绩从班级前几名降到倒数，我开始感到紧张，而这个短暂的叛逆期也到此结束。我开始在姑父的监督和辅导下认真学习，加上之前良好的基础，很快我的成绩也回到了班级的上游。六年级下学期的时候，我已经全身心投入学习中，而这个学期的努力也给我带来了回报，我持续一个学期的大小考都在全年级占据前三名，还拿到了我的第一笔奖学金——300 元。小升初的考试很快来临，我也不出意外地考上了县城里最好的初中（我们这里县城是不可以直接考到市里的，除非通过自主招生）。

三、国际学校教育让我更加自信

父亲不希望我继续在县城里读书，但是又无法在身边照顾我，便让我去参加了市里最好的私立中学（国际学校）的自主招生。我很幸运地被录取了，开始了长达至今的寄宿生活。我所在的初中是全封闭式管理的寄宿学校，而且"变态"到我从初一开始就没有完整的周末。因为周六日还要正常上课，只有周日下午休息。即便如此，我却很感谢这段经历，它让我的高中生活更加充实了。

在私立学校的学习让我接触到了更好的教育。我们的英语课大多是由外教老师上，课外活动也很多。这个全新的环境让我耳目一新，学校很注重美术、音乐、体育等科目，这些分数占总成绩的50%，所以我们能尽情地发挥自己。学校还有着丰富的课余活动场所，比如游泳池、体育场、网球场。我们可以参加校队，到各个学校去比赛，为学校赢得荣誉，隔三岔五去郊游也是常事。加上我们校园是国家非遗景点（苏轼故居），所以有了很多可以拓展的机会。比如，有游客的时候，有学生会去当小导游；偶尔有外国游客的时候，就是展现自己英语水平的时候。上课时老师不会给你整本整本的练习册，而是让你在全班同学面前演讲，培养表达能力；上课时老师不会有标准答案，他会让同学们讨论，然后给出一个比较合理的解释。初三的时候我遇到了让我记住一辈子的班主任。她很严厉，早上六点半必须都要准时到教室学习，晚自习没有学到十点不能回寝室。可是她又很温暖，会在凌晨的时候起床给我们做包子馒头。她从不放弃任何一个学生，即便是英语基础再差，她都会一点一点教起，而我用到现在的英语学习方法就是那时候她的亲传。她就像一位母亲，温暖了我的整个读书生涯。初中的时光是快乐的，但也是不轻松的。我的课外补习班比较多，由于理科是自己的弱项，所以我要补习的科目就很多（数理化），还要坚持上英语的课外班，那时候还在学习钢琴。好像那段时间比我的高中还要累，可是现在回想，那个时候再继续坚持、继续努力就好了。

不了解国际学校的人，对于就读这些学校的学生似乎或多或少有着一些揣测和刻板印象：国际学校的学生家里都超级有钱，是富二代；国际学校的学生都是考不上公立学校才被家长送去读国际学校的；国际学校的学生平日里都很轻松，就等着去国外镀金。甚至有些决定送孩子去读国际学校的家长也担心孩子进了学校会不会不再好好学习，变得爱攀比。在我看来，国际学校并不是大多数人所想的那样，至少我觉得我在国际学校的三年里学到的东西很多。我在国际学校的三年里遇到的同学都很友好，他们有着不同的思想和对未来的憧憬。这让我觉得人生不只是靠两张卷子来衡量的。在这所学校，老师会更注重对学生世界观、人生观、价值观的培养。印象最为深刻的是在我们学校，每个学期都会有一次校长谈话，校长会和每一位学生进行谈话，从学生口中去了解他们眼中的老师。有一次校长找我聊天，希望我谈谈对老师们的看法，他认为我看人比较犀利，会提出许多负面看法，但是想起每一位老师，我脑中浮现的都是他们的优点，想起他们对我的帮助。即使是缺乏经验的年轻老师也特别好，常常在学校待到很晚，问我们有没有什么不懂的地方，帮我们依次解答。初二的时候我跟着社团里的学长学姐一起创设了一个学生的自媒体平台 Sher（只供学校内部使用的）。因为要代表学生立场，不能请老师审核，所以我们没有找指导老师。虽然不能计算学分，但我们义无反顾地去做了。我们代表学生立场，对学校提出一些批评与建议，共同建设更好的校园。大学毕业后有一次刷朋友圈，看到初中时的老师还在使用，有种满满的成就感，虽然我的参与工作不多。三年的国际学校生涯，让师生关系从对抗变成了合作。学生在这里绝对不是吃喝玩乐，我们不仅学到了知识，而且开阔了眼界。

四、高考重在享受过程不问结果

2014 年，我意外地通过了自主招生考试，如愿进入了区里实验高中的创新实验班，当时班里有许多成绩优异的学生，我实在自愧不如。经过一学期的茫然，我的成绩一落千丈。高一上学期还没有分文理科，我的成绩依旧不上不下，尴尬不已，甚至在一次期中考试的时候生物和化学考出了极差的成绩，结果总分排名班级倒数。这次考试后的家长会，我因觉得丢脸不想让父亲参加，最后父亲还是来了，还告诉了我至今仍记得的话：每个人都有弱项，倒数不丢脸，怕的是习惯这种丢脸。

高一下学期迎来了文理分科，也终于让我有了"翻身作主"的感觉。在高中的第一个寒假，我重新振作起来，以全新的面貌迎接一名文科生的高中生活。2015 年，我的付出有了收获，从班里垫底的成绩冲到了年级十多名，英语成绩一直在年级前五名。高二下学期开学伊始，班主任徐老师把我叫到了办公室跟我聊了大约 5 分钟。他说，凭借着我这股闯劲，相信我一定会再取得进步，当然要更积极、更主动，毕竟我还有提升空间。于是，我凭借着毅力和斗志，在接下来的学期中一次次取得进步。

我的成绩开始趋向于正常，当了长达两年半的英语课代表，并加入校级的杂志社，发挥了我的爱好和特长，还参加了区里的征文并幸运地被刊登。同时，我参加了国家级英语写作，并连续两次获得奖项。在这紧张又充满压力的三年时光里，我完成了一件又一件想要做的事情。父亲在我上高一的时候便开始考虑把我送出国读书，于是我便开始了雅思的学习。第一次考雅思的时候成绩只有 5.5 分，第二次考了尴尬的 6 分。然而，高三才是真正让我经受磨炼的一年。虽然我有一个好的开始，之前的收获也不少，但还是有曲折。随着高三的到来，我把重心放在了高考上，由于身体的原因，我在高三这一年休学了半学期，我的文综越考越差，数学也不如前一阶段好。我为此变得郁郁寡欢，仿佛进入了一个极为封闭的世界。最终，我的高考成绩不出所料地比以往每一次考试都要差，同时，也没有听从父亲直接出国读书的建议。即便如此，我还是很高兴，因为我经历了高考。

还记得在我牙牙学语的时候，不知是谁教会我说了一句：我要考清华，我要考北大。我当时还不知道大学是什么，更不明白为什么家长要让我从小被灌输这样的意识，当时感觉清华、北大是一个神圣的地方，起码让家人向往。当别人来我家做客听到我说了这样的一句话时，他们总是笑一笑……直到渐渐长大，我开始对高考、对大学有了更深的了解。我曾看过一部电视剧叫《中国母亲》，讲述几个孩子的高中、大学直至他们毕业的故事。当时我因为那位母亲的言行而感动，几乎每一集都会看哭，深深地感受到了读书的不易，我也不禁感叹，上了高中我也要做一个有志气的人，我要完成从小就怀有的梦想，不求清华北大，只求进一个理想的大学。日历越撕越薄，知识越来越丰厚，对高中的认知越来越深，我也平静地考完了所有高考题……虽然最后结果不如我所想，但我感觉我对得起我付出的一切。高中生活就这样匆匆地与我作别了。感谢自己十二年的付出，应了老师的一句话，高考不在乎结果。

五、大学是人生新起点而非终点

高考之后，我开始迷茫，而且程度挺严重。因为我们面临着同高考一样难的选择：学校和专业的问题。如果说高考是我们人生中一个非常重要的转折点，那么选择学校和专业就是紧接着的另一个重要的转折点，因为它很可能会决定你以后将从事一个怎样的事业，成为一个怎样的人。结果我的高考成绩出乎了所有人的意料，没有考得很好，却是考得很差。我没有选择再来一次，没有按父母说的好好出国读书，而是选择遵从"命运的安排"。在各种差错和"命运的安排"之下，我来到了我之前放言"绝对不在云贵川读大学"中所提到的贵州，开始了我的大学生活。烙刻着紧张和忙碌的高中时代已过去很多年了，我还是会不时地想起那个阶段的情景，想念陪我一起奋斗在高考路上的老师和同学。毕业之后，很多次经过母校，可都正逢假期，学校大门紧闭，只能站在学校外面观望、回想。毕业之后，同学们就只是举办过一次班级聚会，之后就没有再举办了。每逢过年的时候也就是几个玩得比较好的舍友还相聚一下，其他同学都是毕业之后就不再相见了。大二寒假，正值高中学校招生的时候，我和同学才自毕业之后第一次走进学校，踏着以前走了无数次的小路，看着依然耸立的教学楼和宿舍楼，往事历历在目。更巧的是遇到正在招生的班主任，激动得差点掉下热泪，而这时我们的关系也才更像是朋友，交谈了一会儿之后，怕打扰老师的招生工作，我们也就起身告辞了。我们说以后有机会再回母校，可自从那次之后就再也没有回去。

2018 年的秋天，我和那时的每个 2018 级新生一样，怀着对大学生活的期盼、对未来的期望和满腔的激情来到了这个气候凉爽的城市，来到了这所种满香樟树的大学。像每个新生一样，对大学生活充满着新奇和畅想，也有过一些认真的思考和较为详细的规划。我积极参与班干部竞选，在同学们的信任下我担任了团支书，在学校校刊媒体、学院团委组织部里担任了干事，在担任多项工作的时间里，我认真配合老师和同学的工作。在工作中，我锻炼了较强的组织、协调能力，培养了良好的人际交往能力，这也为我以后工作能力的大幅度提高打下了坚实的基础。在大一的这一年里，我重拾自己的兴趣，在校级媒体一个学期的发文篇数达 12 篇。

由于表现突出，大二上学期，我被提升为学院团委组织部部长。在这段时间里，我积极主动工作。2019 年 10 月是活动最频繁的一个月，举办了"迎国庆""团支书团课竞赛"等一系列活动，每次活动都有自己活跃的身影。无论是烈日炎炎，还是细雨蒙蒙，我们的工作都未曾停歇。时间也证明我们的努力没有白费，活动开展得相当顺利，得到了大家的好评。

但是在学习上，我的大一上学期好像是在一种与自己较劲中度过的。我不喜欢这所学校，对这个专业也无感，对学校没有一点兴趣。我会无数次质疑自己，怎么就来到了这里，开始把重心放在不学习的地方。真正让我醒悟的是大一期末的挂科和父亲的一句——这所学校并不会是你的终点，它只是你无数个起点中的一个。革命尚未成功，同志仍需努力。我开始慢慢调整心态，将重心放回学习上。

时间总是跑得很快，大二来得有点猝不及防，但也在自己的掌握中度过。我开始认真看专业书，向周围的同学学习，虽然期末的成绩不理想，不过至少也能给我些许安慰吧，四级在坚持背单词、看原版书的习惯下也拿到了六百多分，虽然这个分数对于我学习了这么多年的英语来说好像不正常，至少我父亲是觉得这个分数有点低了，但这个分数让我在疲惫和迷茫时充满了动力。现在的我，明白父母给予的期望，明确自己的考研目标，我需要付出的唯有时间和努力。

六、高学业成就的自我归因分析

我的学业成长中，家庭对我的影响很大。《科尔曼报告》指出：家庭比学校和社区更能影响学生的学习成绩。家庭社会经济地位对儿童学业成就有显著的影响，其影响甚至大于学校的影响。对我而言，家庭背景对我学业成就的影响确实是远远大于学校。

一方面，家庭通过社会经济资源为我提供有差异的教育机会，进而影响了我的学业表现。比如我在小学的时候因父母的工作原因可以就读于机关小学，接受全市最好的教育，这就给我提供了与少部分同龄人不同的教育机会。

另一方面，家庭通过家长的教育参与和行为支持，培养了我的学习态度和学习习惯，从而对我的学业成绩产生影响。比如在我的英语启蒙和学习过程中，我的父母用自己所学的知识激发我对英语的兴趣，并打下了学习英语的基础。在整个学习英语的过程中，父母持续提供经济支持让我得以接受更好的英语教育，从而培养了我对英语学习的积极态度和学习习惯。

总之，家庭通过运用其社会经济资源竞争和购买优质教育资源（体制内的重点学校和市场上的教育服务）进而影响我的学业成就。

同时，家长通过对我的教育参与和行为支持培养我的学习兴趣和学习习惯，从而影响了我的学业成就。

现在想想，我为期 22 年的人生白纸，已经涂绘上了这么多的图案和颜色，这不得不使我感叹：人生是可以被拉长的，也是可以被加厚的。我人生的这张白纸在不知不觉中就已经烙印上了时间的足迹和生活的色彩。在我的浅薄的认知里，高中就是人一生中人际交往的巅峰，方圆几里凡是校园内的一株花草都能记住它的轮廓。小孩子追求繁华，而成年人在孤独中追求内心的繁华。大学很好地给我们上了一堂课，你不必永远都有人陪，你也必须一个人。一个人的人际交往圈就那么大，群居生活什么的，该结束了。毕竟，孤独才是人生的必修课。

我认为每个人都需要一个大学，让你走出狭隘。或许你会在脱离应试教育的氛围里，术业有专攻成为某一方面的人才；或许你会在部门社团的经历中，出类拔萃找出自己真正的定位；或许你会是那个普普通通的人，守着自己身边的小幸福安稳地过每一天。每个人的大学都是有意义的大学，远比高中辽阔的大学，拓宽的不仅是学校的占地面积，还有视野。大学生活，更主要的是树立未完成的价值观，给你一个面对现实社会的缓冲空间。每个人的生活都是不容易的，生活给了我们什么，我们都要学会去接受并积极去改变。而我想要努力站在我所热爱的世界里，闪闪发光。

我想，不同阶层的家庭所拥有的文化资本、经济资本和社会资本是不同的。文化资本有着非常强的代际传承性。我认为我的父母尽其能力给了我很多，无论是生活上还是学业上。家庭文化资本上的优势通过潜移默化的方式强化了在教育获得中的成就动机，在有着丰富文化资本家庭中成长的孩子可以在家庭中"预社会化"学校的生活方式，这使得我在学校生活中表现得更为轻松。至少，在我看来，我的父母对我的学业成就有着较大的影响。

小　　结

本章呈现的 3 个案例，从文化冲突、文化适应和文化资本的角度来说具有很好的代表性。本章的 3 个案例和其他的案例相比，他们学业成长过程中取得高学业成就除了家庭教育信念、环境和个人主体性的发挥，更多的是他们自我角色的期待。在这个过程中，面对文化冲突如何去调试自己积极适应学校文化，然后取得高学业成就，这是 3 个案例所共有的特点。

其中，第一节案例中的学生在她的学业成长过程中的小学阶段经历了文化非连续性问题。在这样的情境之下，她会展现出文化休克的状态。即便如此，她也会积极地调试自己跟上学校的教学进度，积极地适应学校文化，从而取得较高的学业成就。青春期的危机从其叙述中我们可以看到也是因为不同情境中文化差异所致，而走出这种危机也是她自己积极地自我调适，从而实现文化适应和取得较高的学业成就。到高中的时候，当对不同的教学文化采取不同态度的时候，其学业成就也受到了相应的影响。其高一高二采取积极认同教师教学风格的态度，并将自己的主体性充分发挥出来，进而取得了较高的学业成就。而高三的时候，其觉得备考中的"题海战术"不符合自己的风格，甚至有些厌恶这种文化，采取消极的态度，最终在高考的时候取得了比自己平时都低的学业成就。大学学业成长中其更加感受到来自不同文化对自我学业的影响，并回应了"角色身份认同"理论。

第二节案例只叙述到了初中结束。案例中的学生他的经历和另外两个同学相比，有自己的发展特点。作为苗寨里的孩子，小时候更多的是放牛，放牛也不是真正地放牛，是为了跟小伙伴们在一起玩。当小伙伴们都去读书之后，自己表现出羡慕的态势，其母亲看穿了他的心思，随即也送他去上学。但是，在学校中也遇到了文化冲突的问题，因为在家、在苗寨里日常都是使用苗语进行交流，去到学校则不一样了，必须使用普通话进行教学，还要学会认识课本上的文字。这对他来说无疑是雪上加霜。第二次的文化冲击是父母外出务工，自己成为留守儿童之后，在手机网络文化和学校文化的交锋中，手机网络文化更胜一筹，大量的时间沉溺于手机，最后小升初总分 9.5 分升学。在这个节点上只有他母亲相信他是读书的料。这种教育信念给了他继续上学的动力。这个时段很明显他没有在两种文化的交融中适应学业成长的文化，最终取得了较低的学业成就。初中是其文化冲突和自我觉醒的关键期，他不再沉溺于手机，去网吧也不适应包夜打游戏的氛围，慢慢过渡到学业上。这个时期有一个重要他人——班主任和关键性事件，这些因素共同发力，让其慢慢适应了学校的文化，并逐步提高了自己的学业成就。在中考的时候顺利升入高中，直至以一本线的成绩如愿进入大学。

第三节案例呈现家庭文化资本对学业成就的影响。在她的自述中已经对家庭文化资本对其学业成就的影响作了归因分析。在此，我们需要注意的是，在其学业成长过程中，也存在文化中断、文化冲突和文化适应的问题。小学阶段的转学，中断了在最优质学校学习的机会。一个学校对学生的影响主要是通过校园文化来实现的，而转学之后带来的文化中断和转入新的学校的不适应，对其学业成就也产生了一定的影响。最后在自我调适和重要他人，如姑父等人的关心之下顺利地适应，从而在小升初阶段取得了较高的学业成就。初中升入国际学校学习，在国际学校她更加自信，这种自信不是源于外界对国际学校学生那种误解的自信，而是源于在国际学校她能更好地发挥个性，并且学校文化和自身家庭文化得到了很好的契合，从而不仅提高了学业成绩，更让她找到了自我的价值。大学阶段的学习更是一个文化适应和自我发展的关键阶段。她通过积极地调适自己的学习态度，实现了大学只是起点不是终点的学业愿景。

第五章　从山乡女童到师范生的蜕变

女童教育是一个世界性的教育现象，每个时代的女童教育各有其鲜明的特点。本章的 3 个案例会给我们呈现出什么样的特点呢？在她们的学业成长中是什么因素影响她们的学业成就呢？

第一节　学业成长中所行兼所愿

人生中每个阶段接受的教育都会给我们带来不一样的感受和经历。我们要做的就是学会从这些经历中总结经验，反思自己。只有总结和反思，自己才能不断进步。

一、小学化的幼儿园时光

我的幼儿时期是在老家的幼儿园度过的，那个时候正好赶上普及学前教育。与现在幼儿园不同的是，当时的幼儿园还没有"游戏"这个概念。我们幼儿园语文学拼音读写，数学学认识数字和简单的加减法运算。从幼儿园开始每天都有作业，我们也被迫提前进入了小学阶段的学习。

二、随迁入学迎来新曙光

小学一到三年级我都是在老家的乡村学校度过的。因此，我三年的学习生活都充满了乡土气息。现在回想起来，乡村孩子在学习上确实会受到重重阻碍。除了缺乏家长监督和教学资源，乡村的学习环境也影响着乡村孩子的学习。大部分家长往往把干活放在首位，甚至在农忙时节孩子在干活之余才有时间学习。对我而言，跟着父母到他们务工的地方，我的学习环境也发生了改变。

新学校叫宋家槽小学，我当时被分到了六年级 3 班。因为老家的课程和这边的课程不大相同，我在老家没有学过英语，而这所小学早在三年级就开设了英语课，所以我来到新学校时，倍感压力。在老家时，我会因为自己没有付出多大努力就能取得班级前几名的成绩而沾沾自喜，但到了宋家槽小学，我的自信心一度受到打击，加上身处陌生的环境，最终我被打击得一败涂地，特别是在英语学习方面。记得第一次英语考试，面对如"天书"般的卷子，一头雾水的我只能选择"蒙"，可以说没多久就"蒙"完了。考下来的分数无疑验证着我的失败：12 分。因为成绩不理想，我自然而然地被贴上了"后进生"的标签，也很"荣幸地"过上了和班主任每天一起"下班"的生活。每天班主任都会在午休时间把我们这些"后进生"叫到讲台上给我们订正作业，放学时我们则在背书和做作业。学校每天早上七点半上课，下午三点半就放学了，但是我每天要在老师办公室待到下午六七点。作为一个曾经辉煌的"优等生"，我不甘心每天在全班同学面前丢人，所以开始了我的逆袭之路。我每天都会逼自己用最机械的方法背诵单词，无数个夜晚都在拼命学习中度过，想起那时候的学习劲头，自己都感到吃惊，每天睡前还要听半小时的英语磁带，每次都听到睡着。但很奇怪的是，我每天依旧精力充沛。早上六点起床，走路去上学，又开始循环枯燥的一天。因为我普通话不标准，学习成绩又不好，所以在四年级的时候比较内向和自卑，很少和同学交流玩耍，我感觉难以融入他们的生活。但经过一年的努力，成绩慢慢跟了上来。在这个过程中，班主任不止一次当着父亲或办公室老师的面表达了她对我的赞赏和期望。我对成功的渴望、老师对我的期望、在经过努力后获得的学习成就，这让我建立起了学习信心，成绩也渐渐提升。我逐渐适应了新的学习环境，和新同学成了朋友，也渐渐恢复了原来活泼开朗的性格。

小学是我过得最充实的一个阶段。虽然小学前三年在老家并没有受到很好的教育，但庆幸的是我后来遇到了改变了我的老师，她的教育方式一直影响着我。她不会放弃任何一个学生，将自己的所有时间和精力都奉献给了学生。这个阶段，我目标明确，有动力、有激情、有上进心、肯下功夫、肯努力，一直默默奋斗。恰好印证了"只要功夫深，铁杵磨成针"这句话，用自己的辛勤付出换来了一个优秀的自己。

三、名师引路的初中学业

记忆中的初中是忙碌的，时间都被安排满了。每天回到家就开始做饭，接着做作业，日复一日。日子很忙碌却也很充实，因为时间都被充分利用了起来。记得选班干部时，我非常积极。因为我喜欢画画，所以就竞选了班上的宣传委员还有小组长。成功当选宣传委员以后，我尽心尽力地完成该做的事。这个职务也给我带来了很多意想不到的收获。例如长期出黑板报，让我的绘画水平得到了很大的提升。我对班级建设的付出也得到了肯定，多次被评为"优秀班干部"。初一下学期，我入了团，从少先队员成了共青团员。作为一名共青团员，我感到十分自豪和骄傲。

初中的课程和小学不一样，初一多了一门科学课（物理、化学、生物合为一体）。不知道为什么，科学课一直是我的弱项，180 分的满分，我每次都在 140 分左右徘徊，从来不会有所提高，所以这门课让我很困扰。但万幸的是班主任是英语老师，而我的英语还算拿得出手，所以不会被班主任责备，反而备受班主任的"关爱"。她是宁波本地人，对我这种外地学生格外关注。我从小就诚实勤劳，还满腔热血地为班级服务。又因为我跑步特别厉害，在初一和初二的运动会上跑步比赛都拿了第一名，所以她十分关注我的成绩，叫我好好努力，考一个好高中。令我印象深刻的还有崔老师和张老师。崔老师总给我一种温文尔雅的感觉。他每次来教室上课都站在讲台上，一只手揣进裤兜，一只手压着语文书给我们讲课。他的脾气特别好，所以学生都很喜欢他上课。张老师特别高，也很可爱。他上课很幽默，也很顾及学生的心理发展。这个阶段的学生都特别有自尊心，所以在面对学生不听课或者上课睡觉时他总会以幽默的方式提醒同学，我就被他善意地提醒过。有一次我在他课上睡觉被他发现，他就把我叫起来说："LY，你怎么每次上我的课都在睡觉啊，难道是老师长得不够帅，不够吸引你吗？"他说完以后大家都笑了，"难道是我长得不够帅"也成了他的口头禅，每每有同学不听课他都会这样讲。我还很喜欢张老师的教学方法，他经常"不耻下问"。我们班有个成绩特别好的同学每次考试都是年级第一，张老师遇到有难度或者不太有思路的题都会问这个同学。我们数学课上的氛围特别好，张老师在讲题的时候，会充分考虑到学生，叫学生上讲台讲题，让学生分享自己的思路。这既让学生们互相学习，又间接锻炼了学生的能力。

初三的学生都是紧张的，我也不例外。我初三的时候被分到了一个特殊的班级，这个班叫作希望班，由成绩中等或中上等的五十个同学组成。初三只能用压力重重来形容。因为班级的特殊性，加上初三自带的紧张感，让我们有很强的紧迫感。这从任课老师的教学方法上就可以看出来。首先是班主任的科学课。每天讲完课后他都会叫人上去做题，一批同学做另一批同学改。所以每天上课全班同学都聚精会神的，生怕遗漏任何一个知识点，以免做不出题又要被罚抄错题。我们班每个人都有一本很厚的错题本，专门摘抄自己的错题，定期还要交上去给班主任批改。有时他还会问你这道题的解题技巧和步骤，所以我们都特别认真地对待。如果说科学老师给我们带来了全新的体验，那么英语老师就是"魔鬼再世"。她上课超级严格，讲课文的时候还好，一到听力部分那简直就是魔鬼训练。每次听听力，她会先用复读机放给我们听，当场对答案，错三个以上的举手，她亲自走下讲台来问你为什么错，还会赏你一顿"爆栗子"。为了避免我们互相抄作业，她让我们每天在教室门口就把作业交了，等早自习下了以后课代表再把作业交到她办公室。老师还会随时观察我们，曾经我们班一个英语比较差的同学，他英语作业没做，第二天一大早就到学校厕所里面抄作业，被我们英语老师在监控里面看到了，拉出来就是一顿"批斗"。从此大家都不敢抄作业了。她还制定了一个规矩，大家都得到她办公室订正作业，订正好她会把你的名字勾掉，证明你已经订正好作业了。她在检查时，你要说明为什么这道题会错，错在哪里以及正确答案是怎么来的。我最喜欢上历史课了，历史课是所有课里唯一可以让我放松的课。历史老师是一个男老师，上课很有自己的风格，他的课让我感觉像听故事一样，特别有意思。历史老师还有个习惯，历史早自习的时候他会要求我们默写他上节课给我们勾画的重点内容。他独特的教学风格曾让我在分班时一度想学文科。他的历史课就是和古人沟通谈心的时间，在了解古人为国为民的历史情感时与他们产生共鸣。就数学而言，我也是为其拼过命的人。二次函数的部分我没太听懂，但这又是考试的重点，数学不错的我从此便沦为堕落人群，并且其他学习内容也相继受到了影响。记得初三的期中考试，满分150分的数学我才考了一半，是班上为数不多的两位数得分者。这使数学老师很生气，她当着全班同学的面批评我："你一个女孩子怎么一点上进心都没有，你看不及格的除了你一个女生剩下的还有谁，每次都是这样的成绩，每次都是这种态度，你还怎么学好数学啊，你还想不想上高中了，你再这样的态度我就不会再管你了。"数学老师的这番话让我无地自容。从那天起，我没有再抄过一次数学作业，遇到不会做的我就空着。第二天早上先不交作业直接拿到办公室问老师，老师也会给我细心讲解。就这样到期末考的时候，我考了110多分，虽说没有很高，但老师还是表扬了我。本想着最后一个学期继续努力，但我不具备在那边参加中考的条件，在初三下学期我就转回老家。虽然中考发挥不太理想，但我还是顺利考上了高中。

四、一心为学的高中时光

中考我成功考入了毕节市第一中学。在面临分科时，我毅然决然地选择了理科。理科不像文科那么枯燥，但是理科还是挺烧脑的，很多内容都是"一听就会，一做就错"。最让我苦恼的是生物，最让我难忘的也是生物。一开始我生物并不好，可以说是一塌糊涂，后面的进步离不开我的生物老师。生物老师不凶，但是全班人都怕他，在他的课上都不敢回答问题。他每节课都会提问同学，回答不上来就是一顿怒怼，他的口头禅是"同学们记住了，我们的生物是要参加高考的！""我才讲过，同学们又不知道了！""好了，你再不好好学，你的生物就到此为止了！"他这些口头禅到现在我们都还朗朗上口，不是因为厌烦，而是喜欢。他讲课很有自己的一套方法，只需要我们带上耳朵听、带上眼睛看、带上手记，还有用心学。生物老师讲课从不按课本内容来，他讲一个内容就会把所有相关的知识全部讲到位、讲清楚。我的生物好起来是因为什么呢？有一次他对答案，恰好我坐在第一排，他一眼就看见了我的答案，六个选择题错了四个，然后我顺利地被他盯上了。之后每次对答案他都在我跟前看着，错了就要被怼，就这样我开始认真学习生物。

高三是紧张而又压抑的阶段。我们被"锁在"学校，一个月才能出来一次，连周末也被安排得满满当当。周六上课，周日考试，晚上上晚自习，这压得我们简直喘不过气，但是我的心态一直都保持得很好，考砸了或者有烦心事我就到操场去跑几圈，调整自己的心态；考好了我也不会沾沾自喜，继续努力保持。高考那天，我也以平常心对待，很多同学在高考前一天晚上都失眠了，但我睡得很好。我的高考成绩虽不出彩但也不算太差。

五、大学迷茫与希望相伴

2018 年，我阴差阳错地来到了贵州师范大学。虽然没进入心仪的学校，但想着自己的大学生活就要开始了，即将开启一段新的旅程，我的内心很激动。没上大学之前，就听说大学一个月都见不到班主任一次，讲的人多了，我自然也这么认为了。但是我们的班导，他凭实力改变了我对大学老师的看法。罗老师认真负责，他时刻督促我们学习，虽然很多时候让我们倍感压力，我也知道他是真心为我们好，从他身上我感受到了作为一名大学老师应有的深度和广度。作为一名大学生，一定要多读书，因为读书和不读书的差距很大，特别是我们这种偏理论性研究的专业，只有多读、多看、多写，才能真正走进这个专业。罗老师开门见山地告诉了我们这个专业的就业前景和发展方向，这让我很吃惊，也"吓"跑了很多同学。后来我明白了他的用意，他想培养专注于教育学专业的研究型人才，这也让我们有了往上走的目标。虽然那时我还很迷茫，但是想考研的目标一直未变。其实，现在想想，罗老师也是为了我们的前途着想，如果他一开始不这么直接地讲，可能很多人都会浑浑噩噩地过完大学四年。此外，他还给我们主持了一年半的读书会，虽然不是每本书都认真阅读了，但在参与过程中的思考让我受益匪浅。

如果说大学期间有什么事情让我难以忘怀，那就是考研了。从一开始的犹豫不决到后来的下定决心，再到为之努力奋斗。这个过程中，我深刻体会到了坚持的重要性。考研是一项长期性的工作，需要我们在投入精力的同时制订合适的计划，将计划付诸行动并长期地坚持下去。在备考期间，我最大的缺点就是没有恒心，容易退缩，但看到身边的同学都如此努力，自己也被感染了。我从暑假开始准备，但那时候只准备英语，因为开学要考英语六级，而且感觉时间充裕，所以没有看其他的内容。开学的第一个月认真背诵了教育学原理，因为每天都要上课，我没能平衡好考研和课业间的关系，于是就间断了考研准备。直到十月份，我发现时间来不及了，就慌张地投入复习中，当时感觉每一门功课都需要时间，每一天都把时间切得很碎，过得很着急。在第一轮复习时，对于英语、教育学原理和中外教育史我格外看重，所以把之前记的笔记和英语单词都从头到尾地背了一遍。而对于心理学只是理解记忆。另外，由于自己的懒惰导致时间浪费，最终没有对研究方法投入太多的精力。第一轮复习期间，我每天都感觉自己很努力，但是又什么都记不住，毫无效率，背诵也很痛苦，毫无成就感，只能每天逼迫自己努力背书。到第二轮时就感觉轻松了许多。很多知识都有印象，记忆起来也要轻松许多，时间有限，大部分知识我都只复习了二轮，只对中外教育史的教育家进行了三轮复习。总的来说，用四个字来形容我的备考经验就是"兵荒马乱"，前期的放纵导致了后期的时间紧迫。这段备考经历让我明白，做事需要持之以恒，从一而终。在备考期间，每当我想要放弃时，看到周围的考研人不停走动并用冷水冲脸来保持清醒，这与我的懒散怠慢形成了鲜明的对比。于是我也会每天约束自己，不断鼓励自己向前看，不断努力。在这段时光中，我看到了太阳东升西落，见证了云卷云舒，感受了风霜雨雪，也体验了以前没有体验过的幸福。背诵、背诵、再背诵，每天起早贪黑仍然感觉时间不够用，时刻与时间赛跑，连吃饭都成了浪费时间的事情，恨不得吃一顿管几天。身边的每一个人都过着这样的生活，就算上厕所也能听到隔壁的人在背书，每个人都将"内卷"做到了极致。

最后，说说我的专业教育学吧。比起高中，大学的学习更理论化、系统化，也更宽泛，能让我们更全面地认识世界，也更能锻炼学习能力和逻辑思维。和高中只用听老师讲不同，大学学习需要自己主动并思考揣摩。毕业找工作时，我明白了一个好专业的重要性。就教育学这个专业而言，本科学历根本不足以支撑我找到心仪的工作，而且让我陷入了深深的自我怀疑。即便如此，我还是很喜欢这个专业，因为它带给了我很多难以言明的东西。

此外，再说说我怎样看待大学。很多人会说，读了大学也没什么用，特别是我们这种普通院校出来的学生，但我认为事实并非如此，虽然现在大学生很多，就业竞争也很大，但在大学四年我还是收获了很多。通过专业课的学习，我思考问题、看待事物的角度不一样了，而且自己各方面的能力都得以提升了。不管是为了以后的生存还是自身的发展，大学生活都是值得去体验的。虽然我的大学生活有诸多遗憾，但是我觉得是有价值的，因为它让我更加坚定了成为一名人民教师的梦想，也让我具备了教师必备的专业素养。

六、学业成长的自我归因

从小学到大学的经历，结合自己的所学，我对自己的学业成长进行了自我归因分析。

第一，经济条件影响农村学生的学业成就。一方面，农村的教学条件、教学环境、教师素质、家长素质等因素也影响他们的发展。农村孩子不仅面临学业的压力，还要面临父母或者爷爷奶奶给的来自家里生活的压力。为了生活他们别无他法，只能"半工半读"，一边帮助家里干农活，一边学习。很多家长认为孩子在农村上学没有什么出路，就把孩子带在身边到外地上学。如此一来，很多农村学校生源不足，便出台了撤点并校的政策。农村孩子只能到镇上上学，而他们需要走好几个小时的山路才能到学校。因为经济等条件的限制，不少孩子辍学，失去受教育机会。另一方面，文化差异影响孩子的学业成长。那些为了给孩子提供更好未来的父母则选择将孩子带到外地上学，他们辛苦工作供孩子上学，可到最后决定孩子命运的时候，比如中考、高考，却因为户籍而被拒之门外。他先前接受了乡村校园文化的熏陶，到外地就学后，两种文化存在差异，这种文化不连续性使文化产生了中断。他们之中的大部分不能将两种文化很好地续接在一起，从而影响学业。

第二，地域差异影响学生的学业成就。发达地区的教育和农村或欠发达地区的教育存在差异。发达地区的教育理念是开放、自信、平等的，而农村的教育理念比较落后，以成绩为唯一评判标准，遇到不听话的或没有表现出学习天赋的学生，老师一般都会选择放弃。比如我读过的十二中学，上课老师永远只点那十几个人起来回答问题，放学也同样只会留这十几个人下来做试卷，给他们"开小灶"，而其他的七八十个人就被放弃掉，这也在一定程度上导致了教育的不平等。

第三，教师的教学方法对学生的学业成就具有重要影响。不同阶段学生的心理发展不同。在小学阶段，学生认知能力和思维得到初步发展。学生拥有一定的自我评价的能力，但是主要依赖于老师的评价，教师在小学生心中处于不可动摇的权威地位，他们对学生的态度极容易造成学生情绪上的波动。在中学阶段，青少年思维高度发展，极具叛逆性。教师权威逐渐下降，教师评价对于青少年也可有可无，因为他们有自己的评价标准。对于不同阶段的学生，教师需要因材施教，根据他们的心理发展特点，采取不同的方式进行教学。这就要求教师具备高超的教学方法，这也是教师被称为"人类灵魂的工程师"的原因之一。一个好老师，是善于发现学生优缺点，对其因材施教的老师；是用爱去关心学生，对学生进行正向引导的老师；是能对学生的发展起到积极促进作用的老师。

随着考研热潮的持续推进，越来越多的大学生被动考研，盲目跟风。我不禁思考：为什么会出现"考研热"？大学生到底能通过考研获得什么？结论大概是通过继续学习能获得更好的文化资本，从而提升就业竞争力。在科学技术高速发展的当今社会，资本的无孔不入让教育也受到影响。教育仿佛变成了一个生产机器，而我们通过"机器"加工成为具备特定性质的"物品"。教育让我们具备某种生产力，从而成为能够满足社会发展需求的有用之才，以此获得生存资本。人们通过读研深造提升自己的核心竞争力，从而成为该专业内的佼佼者。

第二节　从乖娃娃成长为小老师

我们村的大学生屈指可数，和我同届的或是比我小两三届的伙伴，几乎都早早辍学打工了。因此，一定意义上说，我算是农村学生高学业成就者。

一、学业成长的乖娃娃效应

2005 年，我 6 岁，开始上学前班。我是第一批上学前班的人，我的哥哥姐姐都没上过学前班。有时候姐姐还会说，因为我读过学前班，所以脑袋瓜更聪明一点。可是我对学前班的记忆跟学习没多大关系。我印象最深的是，我读学前班时没有书，只有一个黑色的斜挎小皮包，而且没有拉链，它的包带断过好几次，也系过好几次，导致越来越短。记得有一次，我在路口捡东西，因为我的皮包没有拉链，书掉落了也不知道，第二天再次经过那个路口时，才发现我的书被撕了一地，很难受。后来，老师给了我新书，可是我发现，新书和原来的不一样，这意味着我的书和其他同学的都不一样，导致上课时我不知道老师在讲哪里。比如老师说哪一页上有苹果，可我翻到那一页的时候却没有，因为那时候我没什么朋友，也就没想过和班上的同学一起看书。

学前班的时候最期待得到六一儿童节的小红花。那时候我们都以为只有乖的、听老师话、上课发言积极的孩子才可以拿到小红花，所以我们平时上课都特别乖。尽管我在课堂上表现平平，但是在路上会主动和老师打招呼，想给老师留个好印象。我还记得，那时候语文还不叫语文，叫"语言"。我们的语言老师是我们隔壁寨子的，她很温柔、平易近人，对待学生一视同仁，给我的学前班增添了温暖。我初中再遇见她时，她的脸上多了几丝岁月的痕迹。

二、冉冉升起的红领巾时代

到升一年级的时候，我才7岁。其实还未满7岁，因为是1999年12月生的，校长说要9月之前的才可以，建议我留一年的学前班。我母亲带着我在校长办公室说了很久，因为校长是隔壁寨子的，想着看看能不能让我读书。我记得我一直盯着校长办公桌脚一直看，感觉眼泪都要掉下来了，我不想留级，因为学前班学费80多元一个学期，对我们家来说不便宜。后来校长勉强同意让我上一年级。说实话我一年级成绩不好，字写得歪歪扭扭的，还不太会用小刀削铅笔，字又粗又歪。

我一年级上学期的成绩都是 50 多分。下学期考试的时候，语文老师让班上同学和其他同学换名字考试，我也和一个女生换了名字考试，还做了标记。那时候不知道分是非，老师叫干嘛就干嘛。后面成绩考差了（比 50 分还低），我知道不是自己的问题，因为成绩是那个女生的。我妈问我原因，我说老师让我们换名字考试，那不是我的成绩，她不信，在秧田边追着我打。后来，我们换了老师。二年级我考得最差的一次语文成绩是 61 分，我清楚地记得是老师加分加错了，应该是 67 分。不过当时我没说，因为我作文写偏题了，只得了 5 分。当时让我们写想象作文，其他同学都写未来，而我以"鸟儿的爪子"为题写了一篇自我感觉还不错的作文。语文老师会奖励 60 分以上的同学一个厚厚的笔记本，所以我也获得了奖励，这也是我没有向老师反映加错分的原因。数学老师会给 80 分以上的同学发自动铅笔作为奖励，我记得那一次我的数学考了 80 多分，也拿到了奖励。我非常开心，因为那时候自动铅笔要一块钱一支，而我每个星期只有一两角钱的零花钱。小学的零花钱，一般就用在放学后买一角钱的冰袋或冰棒，边走边吃。我记得有一次我用一角钱买了一颗泡水糖，装了一大瓶井水，放入泡水糖，在教室里边上课边喝，结果被老师点名批评，全班同学的目光齐刷刷地看向我，让我感到无地自容。

三年级，因为我成绩靠前，学校给我发了一个书包作为奖励。这个书包是紫色的，上面有卡通米老鼠的印花，拉链上还有透明珠子，阳光下五颜六色的，特别好看。因为儿时没买过什么玩具，我偷偷攒钱买的五角钱的洋娃娃没多久就坏了，于是只能和泥巴打滚，因此这样的珠子算是我比较洋气的玩具了。可是没几天，珠子被同学抠走了。

四年级我当上了学习委员，直到毕业。此外，我同时在学校担任检查卫生和升旗仪式的工作。似乎从小就注定了我没有艺术细胞，画画、跳舞、书法我都不太行。六一儿童节我从来都是台下的观众，嘴里嚼着泡泡糖，一动不动地看着舞台上的表演。后来，我从表演结束后上台的领奖人变成了表演开始前敲鼓的升旗手。一开始我是其中的一名旗手，跟在扛旗同学后面。到五年级，因为我个子高，就跟在旗手后面敲大鼓。我的书法不行，所以五年级在威远镇小学举办的硬笔书法比赛中没拿到名次。我参加过好几次数学竞赛，但也只拿过一次三等奖。因此，我感觉自己在奥数方面的逻辑思维不发达，尽管每次数学考试不是第一名就是第二名。

　　五年级开始语文老师和数学老师都换成了男老师，感觉没多大的区别，因为老师都很严厉，并没有影响到我的成绩。我是学习委员，在课上也很积极。因此，语文老师安排我负责同学们的背书，给作业算分，数学老师安排我收作业，给班级平时测验的数学测试题打分。我印象最深的一件事是有一次语文老师安排我负责检查同学们背诵课本上的"日积月累"，我一边听着同学背书，一边练字，还偷偷地看童话书，语文老师说我一心三用。还有一次，我数学作业没写完，在半路上和几个伙伴补了作业才去学校，然后忘记收作业交给老师了，数学老师罚我蹲了十分钟的马步，同学们时不时看我，我羞红了脸。放学后，我们几个同学和老师一起批改数学试题、一起算分、一起讨论题，之后再一起去检查卫生，放学后一起走在乡间小路上回家。

　　六年级下学期，我们学校开办了食堂，每个月要交 22 块钱才能在里面吃饭。第一个月我没有在里面吃饭，因为那时候 22 块钱对我们家来说不是小数目。听着伙伴给我炫耀紫菜蛋花汤，我十分羡慕。终于在第二个月，因为妈妈没空，让我在学校体验了一个月的食堂。我们打了饭菜以后端到教室里面吃，吃完再把盘子拿回食堂清洗，这节约了走路回家的往返时间，也让我多了午睡和做题的时间。六年级生病耽搁了不少课程，落下了很多作业，所以，食堂的开办，给我提供了便利。

小升初考试，其他村的几个学校都要来我们学校考试，并且都要在食堂吃饭，我依然记得那天的酸辣椒炒洋芋。那天我如约穿了"夹板鞋"去考试（与班级第4名的女生约好下雨的话穿拖鞋参加考试，可她没有穿），感觉有点失策，不过丝毫没影响我发挥。不久，小升初考试成绩出来了。我的语文考了93.5分，数学因思路错误，做错了一个应用题，扣了5分，成绩是95分，总分考了188.5分，全校排名第二，第一名数学满分，语文比我低1.5分，我们这一届有五个同学考了180分以上。2015年8月，小学校长带着我和第一名、第五名（我堂哥）同学去长顺县民族中学找校长，推荐我们在那里上学（第三名去了惠水的初中，第四名那个女生当时没联系上，后来得知她在县城第二中学待了半个学期又转去威远中学了）。

在我的小学时期，只要不上学，都是干农活，比如挖地、种苞谷、打油菜和栽秧等。每次放学以后，我都会和村里的小伙伴一起上山捡柴，或是割猪菜喂猪或是割草喂牛。我的作业都是晚上或者早上才做，虽然不多。我很羡慕我堂哥不用去干活，他放学把作业完成就可以看电视。陪伴我整个小学的是一件蓝色校服，一件老版的黑色校服，还有方方正正的红领巾。

三、益友良师作为重要他人

社会流动指个人或群体从一个社会位置流向另一个社会位置。从一定程度上来说，上学加速了我的社会化。我接触到了和自己一样从村小来的孩子以及在县城读书的孩子，学会了应该以怎样的姿态和这类人打交道，知道了自己想要成为什么样的人，并试图通过努力学习来成为自己理想中的角色。我从村小直接到县城读书，这是一个地域的跨越。无论在哪，我的心中都怀揣着一个梦想：通过知识改变现有状态，慢慢实现生活状态的跨越。

我们从乡镇小学来的学生，总分要考到180分以上才能进入这所学校读书。那时候很严格，我们三个算是我们小学第一批进入县城第一民族中学（以下简称"民中"）读书的学生。在此之前，我们小学也有来县城读书的，不过是在长顺第二中学（以下简称"二中"）。

初一我刚去民中那年，住宿条件不是很好，洗漱、洗衣都不方便。那时高中部还没搬到新修的学校（长顺县民族高级中学），我们初中住一楼和二楼，每层只有一个公共厕所和一个洗漱池，那时候食堂还没建成，都是在宿舍楼门口或校门口的店里买饭，直到初二的时候才有了食堂，伙食挺不错的，价格也不贵。初一下学期，高中部搬走了，就只剩我们初中部。不过住校的人还是不多，两间寝室，每间住12个人。所以那时候的室友虽然不在一个班，但是关系很好。不得不承认的是，成绩影响了我的交友圈。虽然我并不在意对方的成绩，但成绩好的人会被分在同一个班，平时交集会更多，关系也比较好，毕竟友情需要时间维持。而且，那时地域跨越，使得我们同寝的人关系更加紧密。这也在一定程度上激励了我们，不甘落后的心理在我们之间悄悄蔓延，我们要一起变得更优秀。

我刚去县城上初中的时候，第一次接触到城里的孩子，地域之差让我对他们存在误解。我觉得他们家庭条件好，可能不愿意和我们这些农村来的人玩。事实上，大部分同学不仅平易近人，还会凭借自家资源为同学提供方便，他们会从家里带来盆栽装饰教室。中考期间，家里有车的同学的家长会主动接送住校的同学参加考试。他们更懂得设身处地为别人着想。不过，也有同学不一样，他们穿着名牌，很拽，也很冷漠，他们对乡下来的以及成绩不好的孩子存在偏见。虽然学校试图借助强制穿校服来解决这种攀比现象，但这样的风气仍然存在。那时候每学期都会开一次家长会。我记得有一次我妈在街上扫地，时间快到了，我让她去教室开会，我替她的班在街上扫地。班上一个男同学看见了，热情地和我打招呼，我丝毫没有感受到他的偏见，反而觉得很自在。我想，难道是我对城里人存在误解？我觉得他们家庭条件好，所以永远是高高在上的。后来，三班的同学转变了我对城里人的看法。他们的生活条件好，很好相处，我问他们问题他们也会细心解答。

初一，我第一次接触英语。26 个英文字母都没背熟的我，跟着老师学音标、学语法。英语老师不允许我们用中文试读英语（用汉字写出英语的读音以帮助记忆）。这让我从开始接触英语就没了依赖，也慢慢地养成了好习惯。班上的同学英语成绩都很好，还上过很多辅导班。我第一次英语考试考了 76 分，我很满意。初中时考场按照成绩排名来分，一开始我在第二考场，后来又被分到了第三考场，这种感觉很不好，我开始发奋学习。学到痴迷时连走路我都在看书，每天吃了中午饭就去教室背书，然后趴在桌子上睡午觉。课间有时背单词，有时做数学题。遇到不会的题我会主动问老师。同学们都买了参考书，我也买了。我经常做题到很晚，有时候上课忍不住打瞌睡，就用圆规扎自己，想方设法地让自己清醒，老师注意到了也会提醒我。那时候我很努力，也很自卑。我不太融得进城里人的生活，玩得好的还是那几个一起从乡镇去那里读书的朋友。

初一的时候我的成绩一直在年级四五十名左右。在教室学习的时候，我经常用窗帘遮住自己的位置，这样我才能静下心来做题。上初二时，因为下学期要分班（为了与广顺中学抗衡，学校计划从原来的三个平行班中挑出前五十名形成一个班，剩余的同学再分成三个平行班），我的压力就更大了。终于如愿了，我的排名虽偏后了点，但还是进入了 3 班。学校格外照顾我们这个新打造的班级。我们班被安排在比较安静的地方，地理位置很好，上厕所也很近，课间可以到走廊上看窗外的花草树木。在夏天，为了不影响我们学习，学校还给我们班装上了风扇。

在初一（3）班的日子里，每个人的压力都很大。优秀的人太多了，我只能比别人更努力。我记得夜晚窗外的风雨和教室里最后一缕光线。我记得哪怕是动了手术，第二天晚自习仍然逞强要去教室，我妈打车送我到校门口，然后背我去教室。我记得我的两只脚背都肿了，尽管老师劝我回去休息，我还是坚持在教室学习。初中那几年，我妈在长顺县城打扫大街，于是我们在以前罗湖医院后面的那排瓦房中租了一间房子，那里窄得只放得下一张床和一个很小的桌子，几张小板凳一放，显得更拥挤了。在食堂没开的那一年，我中午都是在那里做饭吃，然后去上学。刚分班时，我非常害怕自己落后，因为我们班是集三个班的佼佼者于一班，他们都太优秀了。每次考试都得公开全校的成绩排名，我当时就是想着不要被挤出第一考场，不能辜负妈妈对我的期望。因为周六赶集后垃圾特别多，我和妈妈一起去打扫。狭小的房间，微弱的灯光，就是我学习的环境。那时候不觉得有多苦，就想着进步，想着好好学习，中考能考高分一点。直到现在我才明白，学习环境的好坏好像并没有那么重要，重要的是自己的内心有没有动力、有没有目标。但是，这个环境也确实影响了我的成长。

　　学生学业成绩差异不仅受学生的学习态度和学习策略的影响，还受教师的教学方式和教师关注的影响。在初中，我最幸运的就是所遇老师皆为良师。我初中的第一位班主任万老师是语文老师。第一次见到万老师，感觉他好严肃。在竞选班委的时候，自荐的都是城里的孩子，也有个别来自乡镇积极主动的同学。而我很内向，压根没想过要去竞选班委。在老师眼里我大概也是一个文静、平凡的孩子吧。万老师在开学初就要求我们好好练字帖，还特别重视培养我们写随堂日记，上课前十分钟让我们即兴发挥，并让同学们站起来念给大家听，以此来锻炼我们的思维和胆量。老师似乎对我很放心，有一次检查作业的时候，直接说了一句相信我，就略过我了。我的确做完了，只是被偏爱的感觉谁都喜欢，我愈发不敢让老师失望了。第二年，在老师生日那天，我们几个住校的同学买了水果一起去老师家。老师和我们谈了很多，让我们好好学习，他说从乡下到城里不容易，要珍惜机会。老师还特意点了我的名，说我妈妈供我读书不容易，让我好好学。在初二上学期期末分班的时候，我们班组织了一次联欢晚会，还特设了班级颁奖。我获得了"奋发刻苦好少年"的奖状和一个刻着学校名字的笔记本。

班老师是我初中三年的数学老师，也是我后来的班主任，他是在初一我入校那年来到我们学校任教的。班老师很严格，对待没完成作业的同学，他会用小竹鞭抽手板心。他在知道我的家庭情况后，送给我几套试卷和一些学习资料，并鼓励我好好学习。班老师从不许同学们不穿校服去学校。他还是初一（3）班班主任的时候，对待学生更严格。他不允许有钱的孩子穿名牌在学校显摆，不允许留刘海、早恋，并且强制我们每天晚上都要上晚自习。但是班老师很负责。他有个很小的女儿，他的妻子也是我们学校的英语老师，但他更多的时间还是给了我们。很多同学都不太喜欢他，可是对我而言，他却是温暖了我整个初中岁月的老师。在班老师的带领下，也在自己的努力下，初二的期末考试，我考了年级前10名，拿到100元钱的奖金。班老师对我的好，还体现在对我体育训练的关心上。我的跳远（那时候的训练方式就是跳闲置教学楼的楼梯，跳上跳下，从3个台阶到4个台阶，再到5个台阶，靠这样的方式训练跳远技术）和排球还不错，就是每次跑800米都会累到虚脱。自己在下面练还好，每次一站上跑道心态就崩了。本来打算转为台阶实验（我们体育中考的项目之一。我们当时中考体育需要考三个项目，可以根据自己的长处选择），可是体育老师说台阶实验的不确定性太大了，怕影响中考的体育成绩。后来老师又把我从台阶实验的队伍挑到跑800米的队伍中。中考体育那天，我排球打了30多个，满分，跳远跳了一米九，也是满分。跑800米的时候，第1圈还好（每圈200米，要跑4圈），但是我越跑越没有力气。班老师在跑道旁激动地跑着，喊着我的名字为我加油，最终扣了0.5分。那时候班上中考体育满分的人很多，不过我的成绩也算不错了。

四、理性抉择后留在县民中

等成绩的过程是漫长的。老师打电话告诉我，我考了725分。我虽然一瞬间感觉没反应过来，但又觉得想得通。中考成绩出来以后，都匀一中和都匀二中的招生老师都打了电话给我，说如果我有兴趣去他们学校读书的话，就去县城面试。在我犹豫之际，接到了来自长顺县民族高级中学招生老师的电话，老师说要来我家里看看，亲自和我谈谈。那天下午，倪老师和郭老师一起来了我家。我在路口等他们，老师了解了我的家庭情况，感叹着说了很多，大抵就是寒门孩子懂事早，要意识到读书才能改变命运。到家里，倪老师翻看了长顺县的中考成绩排名册，我排在第22名。倪老师说，如果我选择在长顺上高中，并且成绩保持好的话，这三年可以获得总共8000元的奖学金。但如果选择去其他地方读书就没有了。考虑到家里的经济情况，也担心去外地人生地不熟，花费会比较高，我选择留在了长顺。我们初中这一届考得好的同学，大部分也留在了长顺。

高一我被分在11班，县里中考前五十名的同学都在，还有几个同学是打招呼插进来的。刚进学校时我是第三名，一开始能保持住，可是后来慢慢下降了。没分班前，我的地理算不上差，但是提不上兴趣，什么经度、纬度、地图、盆地，在我看来复杂得很。我特别喜欢化学，虽然物理不好，但最后还是选了理科。物理成绩总是拖后腿，虽然一开始生物也是，但后来我背书刷题多了也就慢慢赶上去了，不过物理总是无可救药，老师上课也催眠得很。上化学课就不一样了，我喜欢化学，学起来不算难，也乐意去解化学题。我高中时主科成绩都不错，还有化学成绩的拉分，我的成绩基本保持在年级第十名到第三十名之间。为了拿到奖学金，尽管我的理科思维不发达，我也一直努力刷题保持这个成绩。

高三的时候换了老师。班主任换成了之前招生的倪老师，物理老师换成了10班的班主任。后来这两位老师都被都匀一中挖走了。我记得，当时还有同学这样说：倪老师去家里招我们的时候，把长顺高中说得多好啊，他现在自己却跳槽了。化学老师换成了一个30来岁的充满活力的男老师，他因为年轻，容易和班上的小伙们打成一片，讲的知识也容易听懂。后来，我们物理老师换成了年级主任，他对我们很好，一来就自己掏钱给我们班装上了风扇。高三的班主任是我们的英语老师，她很负责，带我们班也很有压力，对我们的监督力度也很大。

我高中的高学业成就，一方面源于老师的监督，另一方面源于自己的自觉和对大学美好生活的憧憬。为了多做几道题，多记几个知识点，挑灯夜战是常有的事。高三老师怕我们压力大，晚上熄灯后不准用台灯。看见哪个寝室有亮光都会被老师用手电筒提醒。但是老师离开后，大家又爬起来继续奋斗。中午放学吃饭人太多了，我们就先在教室写作业，避开高峰期去吃饭。匆匆吃了饭后，就赶在寝室关门前回到寝室休息。说是休息，其实也是先做几个题，到下午1点40左右才睡觉。2点10分，在寝室阿姨"河东狮吼"的催促下，匆匆擦一下脸，又跑回教室赶两点半的课。到了高三，我们大部分时间都在教室，很多同学直接不回寝室了。吃了午饭后，大家都马不停蹄地回到教室刷题。我有时候去图书馆三楼，那里是个安静的地方，有很多资料，还可以免费看一些杂志。但多少还是要睡一会儿午觉的，否则就会深刻感受到"中午不睡，下午白费"这句话。所以到大学我特别不适应两点钟上课，吃了饭到寝室都12点50多了，爬到床上还没睡着就得起床了。

五、大学在于不断挑战自我

高考填志愿的时候，我一心想填报师范专业，可是自己知之甚少，周围的同学也都不太了解。我对教育学专业的了解来自百度。百度百科解释教育学专业的学生以后不仅可以从事教育工作，还可以进教育局。我们对它的片面认识，再加上一位职业技术老师的建议，让我和另一个朋友都把它当作第一志愿专业。而其他我比较喜欢的数学、化学等专业，就放在了教育学的下面。后来我被这个专业录取了，我朋友因分数不够没录取上，还羡慕了我好久。大学刚开始那天，罗老师的一句：这个专业不考研的话不好就业，冲淡了我上大学的喜悦。受表姐的影响，初入大学的我便向罗老师毛遂自荐做军训期间的负责人，这也让我后来如愿当了班长。只是当班长的杂事很多，我有时候在课上也会处理一些班上的事情，几度崩溃，以致后面上课常常开小差。

我觉得大学的我是渐渐颓废的。我总是抱怨生活太难了，也不敢想以后的就业。罗老师总是鼓励我们向更高更远的地方发展，让我们心中有梦，有目标有动力。在他的监督下，我多少读了一些教育学专业的书，虽然不及班上的同学，但也有了一些想法。这让我在下笔时，有了规划和底气，看起来还是有点样子的。在大学里面，我的人际关系几乎都是因罗老师才得以建立起来的。比如说欧阳师姐，在罗老师带我们去长顺调研的过程中，我和师姐熟悉了。因为罗老师，我有机会和学院的老师、学长学姐一起参加"三下乡"志愿服务活动，和一些学长学姐熟络了起来。在之后的学习生活中，和直系学长学姐沟通起来也很轻松随和。尤其是欧阳师姐和胡师姐给了我很多指点，让我在学习上少了很多困惑，也少走了不少弯路。

在大学，我只有勇气参加一些英语类的竞赛。我感觉自己做事畏手畏脚的，比如说创新创业比赛，我们几个同门总觉得高不可攀，有想法但又觉得不好实践，便一直拖延着。期末考试时，我和罗老师说明年再参加，这次先好好准备考试。罗老师没有回复我，我心里感觉到老师可能生气了。我想老师一定觉得我们几个整天不做事，借口还那么多。毕竟他给了我们思考方向，也表达了对我们有很大的期望。我顿时觉得应该做点什么，然后就开始疯狂背书复习。我花了一晚上的时间找了材料，大概写了策划。在第二天下午和几个师门同学一起谈论，直到晚上九点多才有初步的雏形。我们在去吃饭的路上遇到李师兄，并向他请教了一些问题。晚上和他们吃了饭，我回寝室接着完善。我和老师说，这次做得不好，可能会丢他的脸。老师大概被我的话气笑了，后来才知道，老师从不会觉得自己的学生丢脸，只担心他们连尝试的勇气都没有。很久之后，我们得到消息说项目通过了，十分惊讶，但很开心。

这次的经历激励了我，也让我有动力继续参加这类创新创业项目了。新冠疫情期间，学校下发了"三创赛"文件，我动员同学和室友一起参加。在很繁忙的那段时间，为了写策划做 PPT 天天开会，熬夜修改，最终获得了二等奖。虽然排名较靠后，没有机会参加省赛，但这次活动丰富了我的生活和经验，尤其是对这个学期碌碌无为的我而言。这些活动和竞赛让我在团队中得到成长，能够在团队工作中主动思考，积极讨论，培养了我与人沟通的能力和团队协作精神。

大学期间，值得一提的是考研。在大三时，我一直在思考自己喜欢什么，适合什么样的职业，读研要选择什么方向。我想成为一名小学老师，最开始我选择备考南京师范大学的小学教育专业（专业型硕士），因为该校的小学教育专业在国内很厉害。后来考虑到自身的竞争力和准备情况，我选择备考 311（学术型硕士）。毕竟我读研是为了提升竞争力从而更好就业。我原本准备的是专硕，和学硕存在一些差异。就这样，我重新开始准备专业课，跟着凯程的课程进行更详细更深入的学习。

为了更专心地准备考研复习，暑假我选择留校专心备考。起初，我和室友在学院的值班室跟着网课学习，做笔记，持续了一段时间，直至学完《中国教育史》。在学习《外国教育史》的时候，室友因家里有事回去了，我就和其他同学一起在食堂学习。也许是因为一个人在寝室，晚上我休息得很不好。因为寝室晚上有蚊子。蚊香熄了以后，凌晨三五点蚊子嗡嗡地咬人。休息不好导致我的学习状态很不好，我改变策略，决定白天在寝室学习。我有时去三食堂吃饭，因为三食堂距离寝室较远，来回需要花费一个多小时的时间，所以我有时也会点外卖。状态好的时候就一直听网课背书。晚上一个人的时候，我会想，这也许就是考研带给我的孤独和阻碍吧。但是一醒来，我会很快调整好自己的心态，然后按照我制订的计划继续学习。直至开学之后，我仍和同学坚持在食堂学习。我个人不太喜欢图书馆的氛围，很压抑。到了大四，我们没有固定教室自习。我去过书法教室学习，但是里面偶尔有人在练书法，我害怕打扰别人便也不再去了。在食堂学习，不仅可以在外面背书，进出自由，而且还可以和学习搭档互相抽背来加强记忆。看着自己备考期间拍下的照片，无论是风景还是学习资料，我都很感激那个曾经奋斗的自己。

虽然我一开始就想着通过少数民族骨干计划去到更好的高校，但是当真正决定的时候我心里还是有点犹豫。我害怕自己考的分数不上不下，又不能调剂，失去深造的机会。其实，我一直在纠结自己究竟是想考上还是想考到好学校。经过深思熟虑，还是决定走少数民族骨干计划，进一个好的学校。如果能有个好结果，那自然最好。要是这次我没能上岸，再二战统考到一般的学校。考研倒计时一下子从100多天到了70多天。这段时间，我早上背专业课，下午看英语，晚上也背专业课。后面的30多天直至考前，我早上背专业课，刷政治题，下午刷英语真题，晚上继续背专业课。时光飞逝，我好像还没准备好就考试了。2021年12月23日早上，我和同学一起去花溪职工医院做了核酸检测，大家一起吃了饭就各自回去看书了。那两天看不了多少，也看不进去，但是不看心里又很不踏实。

到了考试那天，我心里却沉稳了，只是没想到找考场让我慌了。找不到考场的时候，我都不敢想象如果错过考试会怎样。万幸的是有两个女生也没找到考场，我们一起转了好久终于在开考前进入了考场。我喘着粗气看着试题，害怕戴着口罩呼吸不畅，于是悄悄地扒拉了一下口罩，冷静了几秒钟，容不得我紧张，立马投入答题中。答题时时间过得很快，我赶在时间截止前答完了试题。下午考英语，我和室友吃了饭就赶紧跑去考场楼，本想提前去找考场，没想到又走错了。考试时，我先把英语作文写了，接着做翻译题，再做阅读题，涂了答题卡后再看完形填空。晚上，我吃过饭后在寝室看专业课的模拟试卷，特意记了答题思路。没想到，第二天专业课的选择题十分难懂，我尽可能地思考然后答题，并把大题写满。考完出来，看着飞舞的雪花，我心里没有想象中的那么激动或是放松。我突然意识到自己终于完成了一件事，也为这段用整个暑假和整个学期来累积的时光画上了句号。

六、毕业后我如愿当了老师

我大学毕业时刚好赶上民转公的契机。4月中旬学校组织的招聘会，让我来到了云岩五小实现我的育人梦。来到云岩五小后，刚开始我上的是六（4）班。刚开学那几天没上新课，但我会在课上给他们出练习题来进行巩固。事实上，我第一次站上讲台面对60多个学生的时候，我还有些紧张。但总体上我感觉自己的表现还行，至少能把知识点讲清楚。在慢慢接触学生、熟悉学生的过程中，我心里更加坚定了教给学生知识、陪伴学生成长的信念。

后来我带的是六（9）班，是民转公过来的学生，他们主要来自筑东小学和百花小学。我接手他们班后，就开始正式上课了。这是我的第一届学生。根据教学进度，我从第六单元《正比例与反比例》开始备课，带领他们复习冲刺小升初考试。在带班期间，我认真批改作业、仔细讲解练习题，指导学优生辅导后进生。我终于成为一名真正的老师了。我不断告诉自己一定要关心学生的健康，用心陪伴他们成长，正如我这些年所遇的老师一样。还记得大学毕业典礼上老师给我们的寄语：希望你们实现自己的育人梦想，把种子埋进土里，将知识传给后人。

在我的学业成长历程中，母亲是我最大的羁绊。母亲希望我好好读书，有点文化。大学毕业后找份工作，怎么也比她做苦力打零工强。母亲说她吃够了没文化的苦，家里哪怕借钱借米也要供我们读书。家里现在没有多少田地，只有读好书，别人才看得起我们家。我初高中压力特别大。一方面源自母亲的期望，我怕让她失望。母亲说不想给我们施加压力，但其实她的期望以及话语一直在给我施压。我很少和她说学习上的事，有时候遇到难题和母亲说，她都会说慢慢做、慢慢来。的确也只能慢慢来，所以我尽力学好，让她放心。后来我每次和母亲都是报喜不报忧，让她安心。另一方面我想证明自己，成为母亲的骄傲。小升初考得好去了县城读书。初中时，母亲因为不放心我，就去县城打扫大街挣钱。周末的时候我做完作业也和母亲一起打扫大街，因为周末赶集垃圾特别多，母亲特别辛苦。初中和高中是我最努力的时候，因为我不想辜负关心我的人，我想证明自己，我想读出个名堂来让母亲引以为豪。

每个选择都会有不一样的际遇。无论是高中的分流还是大学专业的选择，对我来说都是很珍贵的记忆。这些都促进了我的成长。想起在长顺读高中的三年，我很感谢唐先生对我的资助，这在很大程度上减轻了我的家庭负担。在长顺读高中，离家近，放短假也能回家帮忙干点活。得不到的总是放不下,我有时也会想着,如果我当时去都匀了,会不会不一样呢?可人生没有如果。我觉得现在也挺好的,因为大学遇到的老师很好,导师很好,同学和室友都很好。现在的我成长了很多,勇敢无畏,未来可期!

第三节 学习旨在不断完善自我

我曾是留守儿童,也是随迁子女。现在想想我的学业成长可以经典地概括为辉煌的中小学教育和自我完善的大学生活。

一、龙生九子各不同

家庭教育对孩子的影响很大。确实如此,如今的我是由家庭、学校和社会三者共同造就的,脱离了任何一个都无法成就现在的我。我有两个哥哥、一个姐姐和一个弟弟。我们五个人的人生轨迹、三观都截然不同,这和我们接受的家庭教育有很大的关系。

我大哥算得上是我妈一手带大的,和我妈的接触比较多。我妈在我们很小的时候就从农村出来,到城市做一点小生意养我们。我大哥因为年纪最大,所以经常帮我妈做很多事情来减轻家庭的压力。在我和我弟很小的时候,大哥帮着我妈带我们。我那时候很不懂事,还做了很多熊孩子都会做的事情,现在想来常常哭笑不得,甚至有些愧疚。我大哥是我们五个中最懂事的,承担的家庭责任也最大。他读完了大专就出去工作,帮忙分担家庭压力了。

我二哥的性格比较沉闷。在我读小学的时候,因为我们读书的地方和住的地方离得较远,我妈就让我奶奶带我们五个。我妈在学校附近租了一间房子，方便我们上学，然后就专心投入她的生意了。她偶尔会来看我们，每个月按时打生活费给我奶奶。我们只需要好好学习，然后在放假的时候再回去和妈妈一起住就好了，所以有很长一段时间我们都被称为留守儿童。在这种成长环境中，我二哥和我弟都迷上了电子游戏。从小学五、六年级一直痴迷到中考、高考。二哥其实很聪明，就是没有把心思放在学习上，所以这份聪明也只帮助他熬到了高考。我二哥经历了两次高考。第一次没考好，他已经放弃了，准备找工作，但是我妈坚持要让他复读。经过了很多努力和波折，依然没有什么用。他第二次的高考成绩也不理想，如果要继续读书，就必须每年花一到两万元的学费，而我们的家庭经济实力不允许，所以就放弃了。

我姐是我妈的第三个孩子，要承担的家庭负担和责任其实不比我大哥少。她分担了我妈的大部分甚至是全部家务。这样我妈才能专心于她的小生意。所以，客观来说，很多时候我觉得我姐比我妈更像我妈，我也确实更依赖我姐。我姐做得一手好家务，上得厅堂，下得厨房。不过我姐的心思显然没有用在学习上，从初二开始我姐就开始谈恋爱了（也有可能更早，只是我没发现）。后来我姐中考没有考好，我妈花了很多钱让她去私立高中读书，私立高中的教学质量并不好，升学率特别低。其实，在我们这里，普通高中的升学率也没有多高。后来我姐高考也没考好（因为我姐之前留过级，所以和我二哥同一个年级），她难过地向我妈表示她想复读，我妈遗憾地表示没考好就是没考好，并且还在私底下向我吐槽过我姐不学无术，认为她是自食其果。我姐最后读了一个大专，因为学历限制，她找工作的时候处处碰壁，日子过得并不如意。

我弟弟和我同岁，我们是双胞胎。小学开始，因为没有父母的监督，我弟弟迷上了电子游戏。我弟弟很艰难地把小学熬完以后，到初中就开始彻底放飞自我了。我们两个在同一所初中就读，不过在不同的班级。他所在班级的老师对学生的管理很松懈，我弟弟经常因为旷课打架被请家长。后来他旷课去网吧上网打游戏，越来越管不住。我妈和我爸想了很多办法，打也打过，骂也骂过，不过都见效甚微。我弟弟后来没有参加中考，初中毕业玩了两年后，上了职业技术学校。直到现在，他才终于意识到了学习和学历的重要性，然而已经没有任何挽回的余地了。后来我弟弟和我说，他想知道中考是什么样子，他最遗憾的事情就是没有读过高中，没有参加过高考，他想知道全世界都在为他加油的那种感觉。所有高中生经历过的事情他一样也没有经历过。他说他读职校的时候，身边的人，每天除了玩还是玩，整个课堂里，抬头听课的人不会超过三个。

我妈出生在一个非常重男轻女的家庭。外婆觉得女孩子读书是浪费钱，所以我妈连小学都没有读完就辍学了，尽管她比她的哥哥弟弟们都聪明。我妈也想过一些办法来继续读书，比如自己养猪赚学费。不过后来挣的钱都被我外婆没收了，所以最后也没能继续读书。没有文化让我妈受到了很多偏见，也吃了很多苦。她坚决不让自己的孩子在这样的环境里长大，不让我们再重复她走过的老路，所以她毅然决然地走出农村，孤身前往城市打拼。在我们很小的时候，我妈妈就逼着我们学习。她逼得近乎有些病态，比如很早就要起床写作业，学习，从早到晚，每天如此。除了过年的那几天，我们所有的时间都受到了限制。所谓物极必反，一开始我们还能老老实实地学习，后来就开始各种阳奉阴违。比如我妈在场监督的时候我们就是"头悬梁锥刺股"，热爱学习难舍难分的样子，我妈一走我们就各种玩闹，看漫画看小说，打扑克，怎么好玩怎么来。

我爸的存在感很低。在我二、三年级的时候，他为了挣钱每天早出晚归。那时，我们隐隐能体会到生活的艰难。我四年级的时候，奶奶因为身体不好不能照顾我们而回老家了，后来没多久我爸就回老家照顾我奶奶了。一年到头我能见到我爸的次数很少，而我弟他们能见到我爸的机会就很多。因为有时候他们会回老家帮我爸干活，而我因为各种各样的原因很少回老家。我和我爸的交流不多，到现在也是如此。

二、快乐的小学时光

我的童年过得非常愉快。那时候作业不多，压力也不大，在学校可以疯玩。老师对我们的要求也不高，所以我们会因为淘气而被老师教育，但只要我们在学习上没太掉链子，老师都是睁一只眼闭一只眼。

我小学的时候，学习不吃力，还能腾出时间来疯玩。我家附近有一个书摊，那里的书又多又便宜，我们只用花一点点钱就能看很多书，买很多书。因此，我们姊妹几个会把我们大部分的零花钱凑在一起，买各种漫画和闲书来看。这种做法我妈倒是没有阻止，她觉得只要我们能安静一点不闹腾就好。所以在小学阶段我看了很多漫画书和故事书。比起出去玩，看漫画和小说更吸引我，没有漫画看的时候我们就会到处逛。上学时父母都没有在身边，所以我们的自由时间就特别多。天气好的时候，我们就去附近的森林里玩，下河摸鱼，上树掏鸟窝等。虽然在外人的眼里我们是留守儿童，但是在我看来，有哥哥姐姐陪着，有吃有喝还能各种玩，日子过得也算有滋有味，没有别人以为的那么难熬。

我印象最深并且间接改变了我人生的一件事情是小学三年级开设的英语课。我第一次接触英语，什么也听不懂，就觉得老师好厉害，于是我下定决心一定要好好学习这门课。在这之前，我一直是得过且过的状态，因为有了老师的启发，才有了想学好英语的动力，所以我学英语的时候特别认真（周围人的态度就很随意，毕竟是一个爱玩的年纪）。有不懂的问题去问老师时，老师的解释很通俗易懂，态度也很平易近人。我表现好时老师会毫不吝啬地夸奖，渐渐地我越来越喜欢英语老师和英语课了。

小学遇到的老师都很温柔耐心，遇到的同学都很志同道合，是他们撑起了我的童年。我现在想起来，还是觉得特别温暖。我们每天活蹦乱跳，总是能在老师发火之前及时认错，最后看着老师无可奈何又哭笑不得的样子，大家相视一笑，又是鸡飞狗跳的一天。我就这样有惊无险地从小学迈进了中学。

三、初中叛逆心初露

在我们六年级的时候，国家出台了新政策，大概意思是关于上学问题，学生要回生源原籍地上学。这就意味着我们可能要回老家读书了。刚好我们家附近的一所学校（贵阳市第三十四中学）在招考。如果你成绩好，能考进去，不管你是否是本地人都能在这个学校里就读。我和我的小伙伴们抱着试试看的心态去考试了。考试科目有语文、数学、英语。那时候有700多个人考试，学校的目的在于选出最优秀的学生组成一个班重点培养，所以只选一个班级的学生：40个人，或者更少。我因为小学的时候对英语比较感兴趣，每天疯玩的同时也没有忘记学习，加上有很多参考的学生之前都没有接触过英语，我成功地考进了三十四中的重点班，留了下来。我弟就没有那么幸运了，他没考上。但后来我妈想了各种办法，终于把我弟塞进了三十四中的普通班。

从那时候起我就很明显地感受到了普通班和重点班的不同。老师对待不同班级的学生的态度也不同，投入的时间和精力也不一样。我所在的班级总能得到老师最好的照顾。老师会在学习和生活中给我们很多鼓励，虽然我觉得我们只是随便学学，随便考考，但是我们班的平均水平和实力总是高于别的班，这也是让我感到惊讶的地方。重点班和次重点班的差距在缩小，重点班和普通班的差距却越拉越大，这种变化很微妙。初二的时候，有职校的人来宣传他们的学校，但是他们不会来重点班招人或者宣传。学校办的某些讲座也只针对重点班和次重点班的学生。普通班的学生如果不努力，是很难被学校和老师注意到的。

初一的时候，我们班主任特意帮助我们养成了很多好的学习习惯。这些习惯一开始很难培养，但是他会不定期地抽查我们的完成情况，久而久之这个习惯就养成了。比如他让我们练字，制作备忘本等。把自己要做的事情记下来，完成了就打钩，没完成就重点标记，第二天再完成。他还会培养我们阅读的习惯。他在教室后排放了一个书架，每个同学从家里带一本书放在书架上。我们就可以用最后一节自习课时间来看书或做作业（最后一节自习课只有我们班才有）。现在回想起来，那种学习氛围，是很多班都没有的，这也是我们班每次考试都能独占鳌头的原因之一。老师会给我们发她制作的表格，记录我们读的书籍。这就是一个表格版的阅读记录，她检查的时候能直观地了解到我们看了哪些书。当然，你要是真心不想读，想造假也是很容易的。我一开始也造假了一段时间。不过后来我发现，假如我一天看 30 页书，那么一个星期就能看一本书，而一天看 30 页书对我来说是一件非常简单的事情。我把书架上感兴趣的书都看完了，然后就开始去学校图书馆里找书看。其实班里的"土豪"特别多，说她们是"土豪"是因为她们书特别多，不管是小说还是漫画。所以这个时候，我想看书就很容易了，抱紧"土豪"的"大腿"就可以了，也因为抱得一手好"大腿"，我看了很多书。另外，家里的合作看书计划也一直都有：我姐喜欢看小说；大哥喜欢看青年文摘、格言；二哥喜欢看故事会和推理小说；我弟喜欢看漫画；我什么书都喜欢看，所以我就跟着他们一起看，出最少的钱，看最多的书。抱紧了学校和家庭的"大腿"，生活也很滋润。

初一初二的学习压力不算大，我依然处在贪玩的状态，成绩不好也不坏。那时候，我的数学成绩比较好，花了很多时间在数学上。反而对英语的学习就比较松懈了，我认为只要没下降就可以了，但殊不知学霸们早就扬帆起航了，只有我还在原地自得其乐。初二我们班换了一个英语老师。新来的英语老师特别的活泼，教学方式非常灵活，瞬间就获得我们全班同学的喜爱。我们很快从"痛失"前英语老师的忧伤里走了出来，并和新来的英语老师打成了一片。英语课堂的活跃程度远超其他课堂，当然，能学到多少，就要靠我们的定力了。这个英语老师 Joy，改变了我佛系的心态。那时候我的心思不全在学习上，因为妈妈逼我学习的劲头太猛，我产生了逆反心理，一心就想和我妈对着干。但是，假如真考砸了还是会被打，所以我也只是在我妈叫我学习的时候看漫画看小说，私底下还是会悄悄地学习。Joy 是贵阳一中毕业的，据说一中是全贵州省最好的高中，也是最难考的高中。所以我们看 Joy 的眼睛里都充满了小星星。Joy 是凭实力考上的一中。在上完课还有时间的时候，她会分享很多她高中的见闻，说得我们一脸憧憬，捏紧拳头立志要考一中。从 Joy 的口中，我看见了一个更精彩的世界，比我看的小说还精彩的世界。例如，有一个学霸，她的父亲去世了，她的同学都很担心她，她却依然该吃吃该睡睡，还能一边啃鸡腿一边对她旁边的同学说"哎你这道题写错了"。再如，我们物理老师的儿子是高考状元。Joy 说，他也是三十四中毕业的。不同的是，他像我们这么大的时候，就会做作业做到七八点，等他父母下班一起回家，他比我们这些"渣渣"（我们和 Joy 经常互损）好太多了。最刺激人的是，Joy 把她的高中同学们请过来给我们打气。那时候我们刚上初三，经历了一次分班考试后，我们班不再是重点班，有一个更厉害的班出现了，学校称之"火箭班"，我们班的士气比较低落，还有十几个同学被分出去了。Joy 的同学在国外发展得很好。那个姐姐身上有一种很自信的气质，她告诉我们：当你想做成一件事情的时候，不妨去立一个更大的目标，看其上，取其中，还有就是，相信你自己。那段时间，Joy 前后请来了好几位"大神"给我们打鸡血。然后她找来了贵阳一中和实验三中的图片，把我们一个个说得热血沸腾，充满了斗志。我一眼看过去，觉得一中是最厉害的，而且学霸真的特别多，汇集了各路"大神"和中考状元，果然名副其实。

初三的时候我们不是学校的重点关注对象，压力也没有这么大了。但老师的教学模式没变，毕竟是重点班。因此，我们有了一定的危机感，反而比之前没有"对手"的时候更认真了。学校也请了很多"大神"来给我们打气，比如有一个毕业于我们学校的清华学姐来分享她的学习经验，这些都给了我们很多帮助。我端正了学习态度，因为我想去看一个更精彩的世界，所以收起了懒散和漫不经心，变得认真起来。我每天默默地写作业、背单词，耐心地把以前落下的知识一点一点捡起来。初三下学期的时候，我经常学习到凌晨两点，然后早上七点起床一边假寐一边背单词。因为动力充足，所以也不觉得辛苦。

我没告诉我的伙伴我想考一中，因为我怕被打击。那时候以我的成绩是考不上一中的，努力的话可以考上三中。那时候的我既不需要别人的鼓励，也不想听任何打击我的话。反正只剩一年时间，成败我都不亏，而且只要我努力，就没有什么好遗憾的。最后，误打误撞地，我考上了一中。

初中这个阶段，我遇到了一个特别好的语文老师兼班主任，她帮助我们培养了很多很好的学习习惯，在平时的学习生活中养成了很多很好的品行。遇到了一个给我们很多鼓励，没有放弃我们，还经常给我们打鸡血的英语老师；遇到了耐心和蔼的物理老师；遇到了相信我、鼓励我的数学老师；还有化学教得特别好的化学老师，是他们给了我很多鼓励和助力，使我一步一步地走到了今天，考上了自己想考的高中。初一初二的时候我玩得特别痛快，尽管每次都是假期结束时哭着赶完作业。

四、你所不知的一中

　　高中，我成功地来到了我想考的一中。和想象中不太一样，但这里确实学霸云集，大家都是来自各个学校的佼佼者。我们这一届分 A 班、B 班、平行班、实验班、地州班和国际部，B 班是新增的。我虽然考进了一中，但毕竟是临时抱佛脚报考进来的，所以中考成绩其实也没那么高，被分到了 B 班。一中的鄙视链条是这样的：实验班—A 班—B 班，还有地州班。非要比喻的话，如果说实验班的是学神，A 班的就是大神，B 班的就是凡人了，事实上确实这样。不过 B 班虽然没有其他班的综合实力高，但是水平绝对不低于任何一个普通高中的重点班。这里有很多优秀的老师，有丰富的社团活动，不管是学习还是生活都特别充实。这里是学霸的天堂，学霸的故事一抓一大把，听得耳朵都能起茧。

　　我遇到的每一位老师都很好。语文老师打开了我的眼界，增加了我的阅历。或者说，每个老师都打开了我的眼界，增加了我的阅历，只是没有语文老师做得多。以前觉得学校区别对待，埋怨万恶的分班制度。但是现在想想，分班制度其实让资源得到了更好地利用，避免了很多没有必要的压力。很多读过一中的学长学姐都说，在一中爽归爽，但是学习压力特别大，一个班里（没有分 AB 班的时候）第一名和最后一名之间的差距宛如天堑鸿沟，有时候天赋就摆在那里。分班制度的存在在很大程度上减小了我们的学习压力。比如，我觉得老师布置的作业很多很变态，却不知道 A 班的同学能一边上课一边写作业。晚自习他们写的都是自己买的题，他们还能自己给自己布置作业。实验班的同学更"变态"，高二高三的时候老师不拿出大学才学的知识，比如英语专业八级试题、大学物理，根本就压不住这群学生。他们觉得老师布置的作业太简单了，学校甚至还考虑过单独给他们出月考题。

他们的存在让我觉得很多事情不是不可能，而是我做不到。有人说高中考试不及格很正常，他们却经常拿着 90 多分的卷子（满分一百）暗自垂泪，拿圆规扎自己的手等，类似的事情把我的神经刺激得无比麻木。那时候开始相信人外有人天外有天，相信一切皆有可能，相信优秀的人宛如过江之鲫。当我看见一个班的物理平均分都是 90 多分的时候（满分还是一百），我开始觉得，他们的努力，对得起学校的"区别对待"。那群学生是真的很聪明，学习也是真的刻苦。很多学霸背后都付出了巨大的努力。比如我们家附近一个别人家的小孩，他是一中实验班的，他经常在公交车上背单词，如果有位置，他能直接给你现场直播刷王后雄（指王后雄高考押题卷）。年级第三名的同学假期每天补课，从早补到晚，所以他才可以在平时上课的时候想听就听，不想听就睡觉。年级第一名的同学是在牛顿、开普勒的陪伴下长大的。没有谁的成功是偶然的，只要你认真地观察，你就会发现他们身上都具有令人惊叹的品质。在一中，最直接的例子是高三的最后三个月，十二点熄灯，别人家的学霸可以一直熬夜甚至通宵。我有一次凌晨两点起来上厕所，发现对面的高三党依然在挑灯夜战。他们的成功，都不是随随便便得来的，外人看起来可能很轻松，但是，只有本人知道他付出了多少努力和汗水。

以前觉得，我们 B 班是被学校忽视的。现在回过头来才发现，每一个老师都很认真地对待自己的工作和学生。只是那时候，我们被"愤怒和不公"蒙蔽了双眼，才没有看到老师的认真和付出。俗话说："江山易改，秉性难移。"到了高中，我对学习的态度是认真了一些，学习压力虽然已经被学校削减了很多，但还是挺大的。加上消极的心理暗示，我的注意力很多都放在了看小说（一中的图书馆是真的大）和与小伙伴吃吃喝喝上。那时候不知道为什么还很嗜睡，落下了很多进度，等到高三的时候再想力挽狂澜已经晚了，这导致我在高三的时候一直在补漏洞。好在老师们都很认真负责，尽管我们的成绩惨不忍睹（每次化学月考之后化学老师都会被年级组长叫去谈话），老师还是没有放弃我们，每天换着法子鼓励我们，给我们"打鸡血""灌鸡汤"。再后来，我们重拾碎成渣渣的玻璃心，踏上高考的征程。当年我要是再冷静一点，心态再好一点，结果可能就不一样了呢。对我而言，高中是一个三观不断崩溃再不断重塑的过程。我结识了很多志同道合的小伙伴，至今关系都特别要好，还认识了很多优秀的老师，我确实看到并参与了另一个更精彩的世界。有很多改变了我人生轨迹的老师，至今想起来都觉得如沐春风。

五、大学在止于至善

到了大学，我有了很多空闲的时间，可以用来看自己喜欢的书。这期间我也淘到了很多很有意思的书，高中的时间毕竟很有限，看书的时间不太多。大学就不一样了，我有足够的时间去探索，去准备，也期待有更多不期而遇的惊喜。相较于高中，大学的可能性和发展空间更多了。大一的暑假我加入了步步高教育机构，在假期给中小学生补课。在那里我认识了很多优秀的小伙伴，能力也得到了锻炼和提升。大学代表了更多的机会和可能，只要你不给自己设限制且积极地去探索，就一定能有很大的收获。

家庭教育对人的影响很大，我深以为然，但事实不全如此。比如早期，父母对我的影响很大。但是后来，随着我接触到的事物越来越多，我开始很辩证地看待父母的做法，从之前的盲目赞同变成现在有自己的看法，虽然花了很长的时间，但是这种变化是很值得的。学习他们好的地方，然后用他们不那么好的地方来警示自己。我们家五个人的命运轨迹真的很不一样。在他们的影响下，我天天玩耍、看小说、看漫画，唯一不同的是我不打游戏，直到现在也不打。因为生活送给我的教材太惨烈太现实了。后来机缘巧合下，我的初中、高中生活，都给了我很多启发和帮助，学校带给我很大的影响。因此，我三观的形成和定型时期都在高中。

由此可见，家庭教育不是决定我们学业成就的唯一因素。其中还存在很多变量。初中我看到和我同龄的女孩子嫁人了，婚后的生活一言难尽。还有一些女孩子，因为受教育水平不高，日子过得很悲惨。我深刻觉得对于一个女孩子来说，完成学业是很重要的，至少要读完大学，再做其他抉择。高中我遇到了很多"大神"同学。比如有一个同学，她从小读了很多书，看书也特别快，成绩特别好，她的父母把她教得很好，她的眼界和见识能甩我们好几条街，我每次和她聊天都觉得特别有收获。此外，我遇到的很多同学，家庭条件都很好，他们特别聪明，他们的眼界、见识和谈吐都特别厉害。但是，出身是不能选择的。不过我们可以改变自己。就像我的故事一样，初中是我自己考的，高中也是我自己考的，这些都是我通过自己的努力换来的。你也许会说，我的父母也有付出和努力，是的，但是你想过没有，为什么我们家的五个孩子，最后只有我一个读了大学？家庭教育在这里发挥了作用，但不可否认的是还有学校教育和社会的影响。论起照顾，我弟得到的照顾其实比我还多。所以，有很多因素影响着我们的学业成就。

大一大二的时间过得很快，时间就在去教室、食堂、宿舍三点一线的路上悄悄溜走，一眨眼我就大三了。大三的时候，我忽然间才发现原来身边的室友们都那么优秀，她们默默努力了两年，忽然就惊艳到了我。这时我才发现，我得过且过地虚度了两年光阴。于是在室友的鼓励下，我做了一件挑战自我的事情：去竞选我们班的学习委员。自此，我的生活顿时变得充实且忙碌。尽管我会因为粗心犯一些小错误，会因此沮丧，但每次我都会耐心地解决一个又一个的任务，渐渐地就得心应手了，也从中体会到了帮助别人的乐趣。在这一段时间，我得到了很多提升和帮助。同时，我考取了初中英语和高中英语的教师资格证，考试的内容对我来说很有挑战性。我从一开始的不自信，觉得自己考不过，到后来慢慢地克服一个又一个的挑战成功取得两本教师资格证。其实做成一件看似不可能的事情，最关键的一步就是：开始做，笃定做，认真做。即使知道可能不会成功，也依然坚定地去执行，也许会有不期而遇的惊喜。大三时总觉得考研是一件很难的事情，总觉得别人很厉害，很努力，而自己肯定吃不了那样的苦。后来才发现，其实也没有想象中的难，但也确实需要很多耐心和毅力。

　　时间的进度条一晃就到了大四上学期的尾巴。刚刚结束了考研笔试的我，内心是一片茫然。这段时间我就做了两件事，一件是准备考研，另一件是备考一个高中语文的教师资格证。时间很紧，任务也很重。考研是一件需要毅力、耐心并且考验心态的事情，它需要很强的自控力、时间安排的能力和学习能力。表面上，我学得很努力。仔细想想，虽然我坚持了很久，也克服了一个又一个的困难，但是在前期的摸索过程中浪费了很多时间。比如准备英语的时候，我只满足于我刷了多少题，抄了多少句子，坚持学习了多久，只满足于形式，或者说表象。我感动于自己的努力，却没有思考过，我虽然做到了，但有没有真的学懂？现在只觉得，那时的自己仅仅看起来很努力，但其实学习效率很低，而且我复习时间的分配也不合理，我总是在做我擅长的事情，却畏惧挑战难的任务，所以到了后期，我的专业课二变成了复习中最薄弱的部分。9 月到 12 月，我的心态都很稳定，每天按部就班地学习。我开始注重自己的学习效率，而不是一味地求快。到了 12 月，我就开始变得很焦虑，我觉得自己准备得还不够好，觉得自己考不上研，我的学习效率开始下降。每隔一段时间，我都会停下来调整自己的心态。后来就变成了早上认真学习，晚上开始焦虑，每到晚上我会想如果我考不上，那现在的努力有什么用呢？早晨的时候我又会想，如果我都坚持到这了，就这么放弃，不仅不甘心，而且还会觉得很讽刺，觉得自己特别没用。于是后来的半个月，我就这么磕磕绊绊地熬过来了。通过这次的考研经历，我明白了很多道理。如果在应该播种的时候选择了安逸，那么在收获的季节，就注定一无所获。与其去忧虑未知的未来，不如踏踏实实地做好当下应该做的事情。这段经历让我学到了很多，也清楚了自己的不足和弱点所在。我没有必要去羡慕别人的成就，因为一路走来我已经收获了很多。在这里我很想对一个朋友说，想做什么就去做吧，如果你只是嘴上说着自己想努力学习，还是选择了打游戏，你其实并没那么想改变自己。我很感谢这一路上帮助过我的老师和同学们，没有他们，我不可能学到这么多东西。有些经历和感动我无法描述出来，但它们的确存在于我的记忆里，也实实在在地发生过。考完研后，我们也依然有很多任务去做。虽然面临着就业或升学的压力，但我并没有那么害怕和焦虑了，因为我一直在学习，也一直在成长，过去的一年半我并没有荒废时间，我确实完成了很多我想完成的事情，甚至是我曾经觉得不可能完成的事情。即使以后还有很多困难和挑战等着我，我也没有想过逃避，而是选择直面它、改变它。人生就是一个不断学习、不断成长、不断反思的过程，即使跌倒了也没关系，爬起来就好了。

时光如白驹过隙，一转眼就到了大四的尾声。我完成了实习、论文撰写、论文答辩、找工作、拍毕业照等事情。我们班的同学也逐渐离开了师大，扬帆起航奔向未来。有一天我翻开以前的笔记本看到一段话：如果有什么能让你忘掉过去，不再对过去耿耿于怀，那个事物就是未来。大三时我们班有很多同学在准备考研，我也是其中之一。那个时候我就在想，我们能成功吗？我们究竟能不能成功呢？后来，我们班有三个同学考研成功，有两个同学成功保研。我以为以残忍为名的命运会和之前一样无常，但事实证明是我想多了，一分耕耘一分收获，努力后的回报有可能不明显，但我们为之付出的努力，读过的书，并没有浪费。我室友考上了东北师范大学小学教育专业的研究生，我清楚地知道她为考研付出了多少，她比我们还要认真努力很多倍。出分数的时候我还觉得她可能没希望了，所以后来她被录取的时候，我可惊讶了，也很为她高兴，她的努力得到了回报。有一天，我整理以前的东西时，看到我以前做的政治笔记和英语笔记，我记的笔记比她的还多还系统，然而并没有什么用，毕业离校时我就把它们都丢了，这并不代表我否定我之前的努力，而是我决定放下过去才能更好地走向未来。我并没有输在努力上，而是输在了方法上。不久前，我和高中同学聊天才发现大家都很厉害。我认识的同学中，只有一个同学考研失败了，其他同学都上岸了，有的直接保研，有的一战成硕，有的通过调剂上岸。我们似乎已经不在同一条跑道上了，她们仿佛开了三倍速度在前进。

在实习生活中，我发现学习比找工作重要。或者说，即使工作了也要学习，因为学习能让思维变得灵活，不再局限于眼前。简而言之，间接经验也很重要，不能重实践而轻理论。带教老师让我明白，在做一件事情的时候，一定要端正态度。要么不做，要么好好做，你敷衍生活，生活也会敷衍你，不要等生活变成一团乱麻时才开始懊悔自己的行为，在那个时候已经于事无补。实习期间，我发现研究生和本科生的区别很大，专业的本科生和非专业的本科生区别也很大。我的专业知识还很匮乏，我还需要不断学习，不然我就算现在出发也走不了多远。因此，我想再给自己一年时间，继续考研。不久之后我就去我家附近租一个小房子，备战2023年考研，考上了我就去读研究生，没考上我就去找工作。那时候就不执着于能不能当老师了，适合我就行，然后一边工作一边学习（真的有很多东西太值得学习了）。我觉得我们学习的目的不应该局限于找工作，而是解决生活里遇到的各种难题。或者说，换一种解读世界的方式。

小　结

本章重点呈现了 3 个女生的案例。从这 3 个女生的教育经历来看，有跟随父母外出打工成为随迁子女，又再回到家乡求学的，也有被留守在家中成为留守儿童，又随父母随迁进入城市求学的，还有一个既不是留守儿童，也不是随迁子女。她们的家境和学业经历大不相同，但都取得了较高的学业成就，通过她们叙述的经历可知，在其学业成长主要有以下因素发挥了积极的作用。

第一，教育环境。教育环境包括家庭教育环境和学校教育环境。学校教育环境对她们的影响主要体现在两个截然相反的方面。一方面是学校教育中教师一视同仁、公平公正，能够给予每个学生关心、保障每个学生的权利；另一方面是学校教育中教师有偏见，忽略学习成绩落后的学生，只注重关心优等生。前者坚持教书育人、以学生为本的理念，能够看到每个学生对学习的渴望及需求，能够帮助每个学生克服学习上存在的困难、努力帮助学生取得学业的进步，为学生营造一种和谐、宽松、友好的教育环境以及学习氛围，能够让每位学生都感受到被尊重，从而激发其学习的兴趣。后者则坚持唯分数论、考试成绩为本的教育理念，忽视了每个学生的差异性，将成绩落后的学生排除在其教育对象之外，从而导致这个群体的学生始终融入不了学习的圈子，最终成为班级边缘人。

在家庭教育环境方面，本章 3 个案例在学习成长过程中并没有较好的家庭文化资本。一方面，作为农村孩子，除了学习，还得帮助家里干一些力所能及的农活；另一方面，家庭中没有学习成长路上的引路人。她们作为家里的第一代大学生，在学业成长过程中，没有兄长姐妹为她们提供学业上的指导和帮助，父母也因缺少文化而无法给她们提供相应的学业辅导。即便如此，我们看到 3 个案例的家庭都特别重视她们的教育。例如第二节中的案例，在读初中的时候，她妈妈为了照顾她在县城里面找活干。这些教育信念最终转换成 3 个案例努力的动力，其中最为常见的就是不能让家人失望。

第二，良师指引。在本章 3 个案例的学业成长过程中，她们都有幸有良师给她们指引道路。在她们的案例中，我们看到了优秀老师的样子。在她们的经历中我们看到了能够与学生相处的老师、能够时时刻刻为学生着想的老师、能够关心学生困难给予学生帮助的老师，也让我们看到了热爱教育事业、以育人为本的老师。在本章 3 个案例中，她们有的从小成绩就十分优秀，排名靠前；有的从小成绩落后，学业成就低。但是，在与这些优秀、有耐心、以学生为本的老师相遇后，她们都在老师的关心照护下、谆谆教诲下，实现了成绩的逆袭或者继续保持优秀成绩，从而获得较高的学业成就。

第三，自我觉醒。在本章 3 个案例中，她们之所以能够成为家庭中的高学业成就者，是因为她们始终坚持自己的求学之路，从未放弃。她们之中，有的家中兄弟姐妹半途辍学或者未能获得较好成就；有的身处物质条件相对贫困的家庭之中，但是她们都没有放弃自己对学业的追求。她们因为家长的严厉管教而叛逆过，会在与父母对抗的时候摆出假装放弃学习的姿态，但是又私下默默刻苦学习；她们因为身边高手如云承受着巨大的学习压力，但是她们依然咬牙坚持，拼命学习；她们因为随迁转学而处于学不懂的迷茫期，但是她们仍然拼命学习，努力赶上班级的学习进度。因此，本章 3 个案例都有着极强的自我觉醒意识，在学业上能够自觉地调整自己，努力学习，获得高学业成就。

第六章　从"农"的传人到学术种子

从农村孩子成长为某个专业的研究生，一定意义上实现了跃"农"门的世代教育夙愿。本章呈现的 3 个案例都来自农村，甚至是少数民族村寨，那么，他们在学业成长过程中为什么能够取得较高的学业成就？同时，他们在学业成长中都经历了哪些心路历程？

第一节　资源限制下的坚韧与成长

在现代社会框架中，教育在社会流动与社会分层中扮演着重要角色。一方面，教育在促进社会流动和社会公平等方面发挥关键作用，是个体打破阶层固化的主要手段。另一方面，教育作为乡村社会成员阻止贫困代际传递的根本之策，是社会阶层再生产的工具。因此，教育在社会不同阶层中都备受关注。受经济发展的制约，农村子女在依托教育实现阶层跃迁的过程中会充斥更多苦难和不确定性。农村家庭的文化资本、经济资本及社会资源等与社会中上阶层家庭存在较大差距，无法确保子女享受优质的教育资源，乡村家庭难以在教育的投资上收获确定性的回报。农村子女通过学校教育实现社会阶层流动往往更加艰难，其取得高学业成就的原因也更加值得探索。

时光荏苒，转眼间我已经是一名准研究生了。我从未想过现在就会给自己写"自传"，一直以为那是在我老了以后坐着摇椅慢慢回忆的事。尽管从严格意义上来说，这也不算完整的教育自传，不过很感谢老师提供的这次机会，让我认真地回顾这十几年来的学习经历。从接受教育以来，我对教育的态度主要经历了三个阶段：小学和初中的顺从、高中的抵触及大学的自主追学，从追求他人认可、取得优异成绩的学习动机转向为丰富自身内涵、谋求生命成长而学。

一、学前：领先同龄人并激发学习兴趣

我来自农村家庭，因为家里的经济条件不是很好，父母一直很辛苦。我有一个年长我 16 岁的哥哥。妈妈以前非常想让哥哥考大学，但他志不在此，初中便选择了辍学。自从我出生后，他们便把这种期望转移在我身上，父母始终坚信"知识改变命运"，毕竟学校教育是实现社会阶层流动最好的方式。幼时父母便开始对我进行启蒙教育，教我读书、写字、算术，使得我在读学前班的时候，略微领先于其他的同龄人。"孟母三迁"造就了孟子，"永远都要坐在前排"造就了玛格丽特·撒切尔夫人。❶ 这都说明了家长教养方式的重要性。凭借着入学前父母所教的一些基本知识，我的成绩表现略优于其他同学，常常成为老师表扬的对象。心理学研究认为，每个青少年儿童都有对爱的需求，我也不例外。正是因为老师对我的表扬和喜爱，激发了我的学习兴趣，也给了我学习动力。

二、小学：转校带来的文化冲击与适应

在同辈群体中，我的年龄较小。入学季，周围的哥哥姐姐都去上

---

❶ 林华民. 世界经典教育案例 [M]. 北京：农村读物出版社，2003.

学了，我也对学前班失去了新鲜感，便央求着父母送我去读小学。周围很多邻居都把自己的孩子送到了我们那儿一所口碑较好的农村私立学校，我们家也不例外。于是，我在 6 岁时便开始了小学生涯。

小学阶段，我的成绩一直名列前茅，且性格温和，是父母和老师眼中的乖孩子。我所就读的私立学校，其实并没有很好的师资，由于处在农村，大多数老师都是普通学历的非专业老师，甚至我三至四年级的班主任仅仅是贵州师范学院的一名实习生，但他对我们班一直都很认真负责。我们学校很注重校风校纪，禁止使用任何教辅材料，上课的时候只允许课本出现在课桌上，因为老师和领导认为教辅材料会限制学生的思考。我们学校还严抓学风，不管是平常的测验还是期末考核，监考老师都很严厉，对于违规作弊的学生处罚也很严格。私立学校的老师拥有较大的教学自主权，但老师的教学行为不是特别规范。教导主任是一位年近 45 岁的女性，戴着一副黑框眼镜低低地卡在鼻子上，管理着一至六年级的所有班级（那时一个年级只有一个班）。她经常带着一根教鞭（一根长约 50 厘米的光滑木棍），只要被她抓到违规违纪的学生，要么当场处罚，要么带回她的办公室进行训斥和惩戒。她的严厉在学校可谓威名远扬，经常有学生看到她都绕道走。正是受学校各方面管理的影响，我在小学的学习行为一直都非常规范。加上父母管得比较严，我也从来不敢松懈，我的成绩一直稳居班级前三名。那时我们班倡导成绩优异的人当班长和课代表，于是我连续当了几年的班长和语文课代表。

后来我所在的学校因为一些教学事故无法继续开办，刚读完五年级的我就按照原来学校的安排转入了一所公立学校读六年级。相较于之前的那所学校，这所公立学校的管理不算严格，我们的班主任也并不是严厉型而是温柔型的老师。转过去没多久就进行了一场数学考试，我考了班级第一名。因此，老师和同学们都对我的初始印象很好，我也与大家相处得非常融洽。但是我慢慢感受到，这两所不同性质学校之间的一些治学理念差异和文化冲突。于是我在这所管理宽松的学校里慢慢 "堕落"，开始跟着其他同学在第二天早晨翻窗户进教室补作业，老师布置的作业也不想去思考，要么 "借鉴" 同学们的作业，要么利用各种教辅材料去完成。因为我第一次考试表现得很好，在跟班上的人混熟之后，每一次考试他们都会离开自己的座位来跟我要答案。刚开始的时候我对这种行为感到非常震惊，因为在之前的学校即便老师中途离开我们也没人敢作弊。虽然我一直不喜欢这种行为，但在后来的一些学习经历中，我渐渐地也降低了自己的底线。

经过两年教育学专业的学习后，现在回过头重新审视我在小学所接受的教育，我意识到这段教育经历存在许多问题。受学校应试教育影响和家庭经济条件的限制，我过分重视考试成绩，忽视了其他方面的发展。此外，一些老师对学生的不当体罚，也会对学生的身心产生消极影响。所幸我从来没有被老师惩罚过，反而经常受到表扬，所以从未产生厌学情绪。不过，我那时候的学习动力是得到父母、同学和老师的夸奖和赞赏。通过对这两所学校的对比和自身的学习状况来看，我深刻认识到学习环境对学生学习的重要影响。两所不同性质的学校之间存在的文化冲突，给我带来非常大的影响。在文化适应的过程中，我渐渐被同辈群体所影响且慢慢被同化。

三、初中：皮格马利翁效应与首次分流

罗森塔尔与雅各布森（1968）曾研究了教师的期望对学生的影响，得出 "教师期望影响学生" 这一结论。[1] 农村小学不重视英语教育，所以在小学阶段只考核语文和数学两个科目，当时我的成绩是年级第二名。本可以去市里的重点初中，但是考虑到家庭经济状况，便

---

[1] 姚梅林. 学习规律［M］. 武汉：湖北教育出版社，1999.

选择了离家近的一所普通农村初中。基于小学的毕业成绩，我又担任了班长和语文课代表。语文老师担任我们的班主任。初中学校比较小，一个年级只有 4 个班，我所在的 3 班是成绩较好的一个班。由于担任班长和语文课代表，我感觉身上肩负着一种责任，所以我一直很努力，尤其是语文和数学，不想让老师失望。基本上每个月会进行一次月考，初一初二时我经常是年级前三名，初三成绩开始下滑，但也稳定在年级前五名。我很庆幸在初中阶段遇到了一位非常好的语文老师——李老师。他的语文课不像其他班一样循规蹈矩，他非常重视学生的自主学习和学生在课堂中的主导地位。很多时候他都将课堂交给学生，类似于翻转课堂。他将教学内容分成几个板块，课前让每个学生按照规定的板块进行预习和准备，上课时随机抽不同板块的学生上台讲课，随后他会进行相应的点评和补充。一直处在学习舒适圈的我，非常不适应这种教学模式，这给我的学习增加了很大的压力。但我是语文课代表，所以从来没有提出过反对意见，一直都坚持着他的教学理念，但学习任务特别重的时候，心里难免会有些抵触情绪。

现在回过头来看，我才意识到在如此偏僻的农村中学里面遇到一位这样的老师，是多么幸运的一件事情。初中时，我对数学一直有一种非常浓厚的兴趣和不可言喻的情感。相较于其他学科，我的数学一直都是优势学科，不管是小学还是初中，这与教过我的每一位数学老师都有关系。每次上数学公开课，我都是老师的重点互动对象。此外，数学老师一直鼓励我参加各种数学竞赛，我也没有辜负老师的期望，在比赛中拿了一些奖项。

在那三年里，我虽然获得了很多荣誉和奖项，但我内心并没有感到骄傲。因为我通过和小学同学的联系得知他们上了市里的重点初中。那一刻，我意识到了我们之间的差距，也明白了我在这所农村初中所获奖项的含金量之低。初中三年我过得非常快乐，但快乐之余我也时常感到迷茫。我开始思考究竟 "为何而学"，很多时候只是为了不让父母和老师失望，也可能是为了自己的虚荣心吧。因为初中进校的起始排名很高，并且一直连任班委，老师和父母的期望也使得我在学习上一直不敢有丝毫懈怠。我与同年级的另外两个男生一直在竞争年级第一名。到了初三的时候，我迎来了学习的第一个疲倦期，我开始沉迷于网络小说而忽视学习，手机渐渐地把我拉入了堕落的深渊。自从有一次月考跌下了年级前五名却没有受到父母和老师的责备时，我开始渐渐放松自己，不再那么在意排名，成绩也开始上下波动。以前我认为语文和数学成绩一直处于优势地位的原因仅仅是凭借我自身的努力，但现在回想起来，其间还存在皮格马利翁效应。正是因为父母和老师对我的期望和鼓励，让我更加有学习的动力，最后达到他们的期望值。而在之后放松自己的原因之一也是在我成绩下滑的时候，我感受不到老师和父母对我的期望和压力，于是就放任自己。

有研究发现，劳动阶层父母与子女的言语互动具有独特的教育影响力，但往往容易忽视子女的内心情感世界。[1] 因为父母管教严格，周末我从来不和我的同学、朋友出去玩，把很大精力投入学习的我牺牲了很多自由的时间。父母可能看出我压力比较大，很多时候情绪也比较低落，就慢慢地放宽了对我的看管，对我玩手机也不再多加限制，于是我更加畅游在网络世界里。

初三的时候，大家都开始为中考而奋斗。班上换了一个数学老师——袁老师。袁老师是我们学校的副校长，一位年近 45 岁的 "更年期" 女性。她脾气非常暴躁，但我们的关系比较好。因为我家离学校比较近，所以我每次为了补作业都会提前 10 分钟或半个小时到达学校。体育中考的那段时间，只要袁老师来教室看到我在补作业，就会把我吼一通，然后把我揪到操场跑步。幸亏有她的监督，后来我拿

---

[1] 熊和妮，王晓芳. 劳动阶层家庭语言的教育力量：基于农村大学生的叙事分析 [J]. 贵州师范大学学报 (社会科学版)，2018 (5)：47–55.

到了体育中考满分的成绩，但我在其他科目上掉了链子。中考前，因为我的户籍在四川省，异地考试要办理很多手续，父母为我解决了除考试之外的后顾之忧，我却没有取得理想的中考成绩。中考成绩下来后，我排在年级第三名。班上很多同学夸奖我，但是只有我知道自己与第一名、第二名之间的差距。第一名和第二名之间只相差了5分，而我和第二名之间相差了20分左右。虽然只相隔一名，但这是一个巨大的分水岭，是一个"断层"。在这场中考角逐之中，我最先败下阵脚。这是我们之间的第一次分流。

回顾初中三年的学业历程，我非常庆幸能遇到这样的班主任和老师。正因为李老师一直秉承着让学生成为课堂主体的教育理念和他独特的教学方式，才让我们在这所偏僻的农村初中也能享受到比较好的教育。批判教育学者将教师比作工厂工人。他们是失去了教育艺术的匠人，更是教育发展改革中的"静默"者。教师"静默"文化的形成，一是因为学校治理模式和传统教育理念对教师自主意识的忽视；二是教师自身安于现状，缺乏主动建设的意识。教师自主意识的觉醒是提高教育质量的重要保障，教师应该提高自身教育实践与改革的内驱力，主动投身于教育世界。

除此之外，我非常感谢在我对自己的行为没有控制、对未来没有远见的时候父母对我的督促。身为地道的农民子弟，父母很清楚其中的艰辛，所以一直以高标准要求我，希望我能通过自身努力为自己谋求一个更好的未来。但不是所有的农村父母都有这样的期望，不少农村父母仍然信奉"读书无用论"，无法看到教育作为一项长期投资所具有的价值。受父母观念的影响，子女很难转变对读书的态度。我的很多初中同学没有继续进入高中学习，而是进入了中等职业技术学校，或者进入社会打拼，甚至组建家庭。若以奥斯卡·刘易斯的"贫困文化"概念为依据，将贫困文化视为长期生活在贫困之中的一群人所具有的一种独特生活方式，包括贫困阶层的生活态度、价值观念、行为方式、风俗习惯和心理定式等非物质形式。❶ 在这种文化的影响下，农村家庭的父母大都处于自我封闭、安于现状的生活状态中，通过言传身教将这种文化传承给他们的子女。由于其父母自身难以起到示范作用，子女自然表现出较低的学业成就，无法获得高学业成就的农村子弟仿佛用一生背负了制度之重。❷

四、高中：迷茫和一波三折的异地高考

在过往十几年的受教育历程中，对我影响最大的是高中三年。高中报名的时候，钟同学和卢同学（初中的第一名和第二名）考进了贵阳市同一所重点高中。而作为第三名的我，成绩不上不下，询问了几所市重点高中无果后，选择了一所普通示范性高中。碍于几分之差，我留在了重点班。重点班是随机分班，我所在的班级是学校的重点关注班。不是因为学习成绩，而是因为打架闹事而出名。或许是缘分使然，很多问题学生都被分在了我们班。高一的班主任姓包，是一位非常爱穿旗袍且温婉知性的女老师。平时她非常关心我们，我们亲切地称她 "包爹"。但是性格温柔的她根本管不住我们班的调皮孩子，所以我们班违纪率非常高，每隔两三个星期总会有人被通报批评，甚至是勒令退学，更有甚者，因打架进了重症监护室，这成了压垮包爹的最后一根稻草，也浇灭了她对我们班的期望。虽然包爹在班级管理这一块的工作做得不是特别好，但她作为语文老师的教学能力非常值得肯定。包爹的语文课堂从来不会乏味，她经常会通过各种丰富的课堂形式为我们呈现语文知识。比如读书分享会、经典名著赏析、朗读比赛等，包爹从来不会照本宣科，她会融入自己的理解或借助生活的例子来引导我们更深层次地理解和运用语文知识。我们班的语文成绩一

---

❶ 吴理财. 论贫困文化（上）[J]. 社会，2001（8）.

❷ 程猛，陈娴. "读书的料" 及其文化意蕴 [J]. 基础教育，2018（4）：22–28.

直都非常好，远远超过其他的重点班级。可能是受包爹优质教学的影响，我对语文的学习兴趣不减反增，学习成绩名列前茅，逐步呈上升趋势。

与语文成绩截然不同的是我的数学成绩慢慢地开始下降。教我们的数学老师是一个有着"啤酒肚"的资深教师。可能是因为他的教龄比较长，我总觉得他对教学少了几分热情。许是不太适应放养式的教学模式，我开始对数学产生抵触心理。这带来的直接结果就是我的数学成绩一次次下滑。所幸其他学科一直都发挥比较稳定，所以我的班级排名并没有受到太多的影响。作为一名未来极有可能从事教师行业的师范生，我时常思考：一名优秀教师应该具备哪些能力？我从这件事上得到了启发。我认同存在论教育学将专业热忱视作理想的教师形象的观点。其认为传统的西方教育学更加侧重于知识传授，却忽略了教育者与受教育者的热情与热忱。当今教育体系也陷入了此番囹圄，往往只关注教师的知识储备、教学技能与教学方式等方面，却忽略了教师专业素养中另一个重要的部分——教师的专业热忱，学科知识与专业热忱相辅相成，是塑造杰出教育家、激发学生学习潜力及提高教育质量的必备要素。

高二进行文理分班时，我的文科成绩比较好，但是我对文科没有太多兴趣，便毫不犹豫地选择了理科。高一的期末考试，我的语文成绩考了年级第一，于是在高二的时候我便被大家推上了语文课代表的位置。我高二的语文老师也对我抱有较高的期待，但我高二高三的学习成绩不是很理想。因为高中是寄宿学校，我完全脱离了父母的掌控，没有了父母给我施加压力和监督，加上手机的影响，我开始放纵自己，学习不再是我的第一要务。我的成绩浮动也比较大，开始走下坡路。语文作为我的优势学科，也渐渐失去了光芒。最开始语文成绩开始下降的时候，语文老师私下找我谈心，我也答应了她好好学习，之后第二次考试的时候我依然发挥得比较普通，没有达到她的期望值，后来她渐渐地对我放低了要求。

相比于物理和化学，生物是我理科中的拉分项。高一的时候，我对生物产生了比较浓厚的兴趣，对于一些生物涉及的内容很感兴趣。尤其是学习基因这一章，我发挥得非常好，我非常喜欢挑战他们所谓的难题，每一次生物老师讲解一些需要计算或逻辑推理的试题时，都会让我们进行讲解。可能感受到老师的重视，我在生物的学习上更加努力。但自从换了生物老师之后，我对生物这门学科就不像从前那样上心了。换老师之后的第一次生物考试，我只考了 90 分左右。还记得那个晚自习，生物老师把我叫到走廊上谈话。她说之前的生物老师经常在办公室夸我，认为我在生物学习上有灵性。但这次考试下来，她并没有看到我在生物上的闪光点。不知道是我们以前的老师把我夸得太高，还是我不适应她的教学。我告诉她是因为我并没有把那些知识点理解透彻，于是老师给我讲解了一些她的学习方法。但我非常懒惰，并没有按照她的学习方法去做。果不其然，后来我的生物成绩也表现平平，老师也对我降低了要求，没有再找我谈话。但那个时候的我并没有因为这些事情感到情绪低落，反而觉得没有别人的约束和期盼的眼光，我能更加自由地去放松自己，逃避繁重的学习任务。

每逢考试之际，我总会熬夜复习。在考试前期非常认真，甚至就连在食堂吃饭的时间我都觉得浪费。整个考试期间我都处在非常紧绷的状态下，这和睡在我下铺的第一名宋同学形成了鲜明的对比。她平时稳扎稳打，学习认真，从来不抄别人的作业，基本上也不用教辅材料和搜题软件。晚上我在床上熬夜看小说、玩游戏的时候，她就在下面点灯复习当天的知识。到考试之前，我跟宋同学的角色就像互换了一样，我熬夜复习，而她早早地就休息了。原以为考试前的突袭虽不能带来很大的收获，但所谓"临阵磨枪，不快也光"。在试过一次这样的学习方法之后，我发现自己的考试排名也在班上的前几名，我便习惯了这样的学习模式。但那种考试期间精神紧绷的状态让人非常压抑。到了高三，这种学习方式根本经不住考验，仅仅靠考试前几天的突袭根本不能把那些知识消化吸收。所以我慢慢地开始力不从心，但成绩也稳定在班上前十名。

高三的那一年，我的印象非常深刻。升高三的时候，因为我是异地高考，要办理的很多手续不齐全，不符合当时的异地高考条件。即便我参加高考也只能报三本院校，于是家里人急急忙忙地给我联系四川老家的学校。当时我的心理压力比较大，觉得在这里成绩都不是特别好的话，回到四川那个陌生的环境，加之两地的教育差距，成绩可能更会一落千丈。因为当时转校的时间非常急迫，加上我们又是农村家庭，没有太多的人脉和资源，哥哥便放下所有工作回老家帮忙联系高中。他连自己的生日都是在火车上过的。班上只有我的班主任和室友知道我要转学的消息，我的好朋友为了给我送一份有纪念意义的临别礼物，买了两盒明信片，拿给了同学们，让大家写一些想给我说的话。考完最后一科，我回寝室收拾东西准备回家去办理转学事宜，未料到我们班的同学在寝室下面等我，打算为我送行，我的高中班主任也特地赶来给我送了临别礼物。饭后，我们一起去看电影，悲伤的离别情绪一直在我们之间蔓延，一方面为这份同学情谊和师生情而感动，另一方面又为自己的将来感到担忧。

看完电影之后已经很晚了，没有车回家，我便留宿在好朋友家。其间我看了他们给我写的明信片和送的礼物，百感交集的我坐在沙发上哭了很久，一夜未眠。第二天本该是高三的正式报名，我早上赶着回家的时候接到哥哥的电话，他告诉我如果去四川读高中的话，以我现在的成绩需要留一级读高二，仔细想还不如留在这边高考，再回四川复读高三，我便放弃了转校的想法，连忙赶车回校报名，以至于在后来的一段时间里，我觉得自己整个学习状态都是蒙的，感觉自己完全没有前行的动力，因为不管我再怎么努力，我也只能报三本的院校。但让我感动的是在高中又遇到了一个非常好的班主任阿顾，她一直都非常留意我的学习状况以及异地高考政策动向。因为我不满足其他高考的条件，她经常去教务处询问相关情况，那边说今年可能会新增一个异地高考政策，只要一直都在本省就读满 12 年的学生把资料补齐全就可以像正常考生一样进行高考。但我当时觉得希望渺茫，不敢对此抱太大的期望。许是老天眷顾，在我高三的下学期颁布了最新的随迁子女异地高考政策，增加了一条满足在本省就读是从一年级到高三的 12 年都在本省就可享受正常的报考资格。

但即便是满足条件也需要各种繁杂的手续，需要从一年级办理各种就学证明等，在学校、教育厅、乡镇政府一层一层地盖章。当其他学生都在冲刺高考的时候，我只能请假去办理这些手续。跑了很多次小学、初中，也跑遍了镇上的政府还有教育局，其间也遇到了很多波折，比如最初的私立小学倒闭之后的资料不齐全。但也收获了很多感动，比如我的初中班主任一直很关心我的动态。因为他所住的小区离我的学校很近，为了不耽误我的学习，他甚至帮我在学校整理好需要的资料之后送到我的高中学校来。我的高中班主任也一直去教务处帮我咨询关于最新颁布的政策的细节问题。幸运的是所有需要的手续和资料都办理齐全了，我终于也能跟正常考生一样在贵州省参加高考。

原本以为那段时间的经历能让我奋力冲刺高考，但由于我之前的学习心态和请假的影响，我落下了很多知识，也对高三那种压迫式的学习产生了抵触心理。高中的填鸭式教育往往导致两种不利结果：一是学生产生抵触情绪，慢慢消磨了对学习的兴趣和热爱；二是学生勉强接受，在"受压迫"的状态下降低了学习效率。尽管大多数学生都在高强度的学习中耗费了大量时间和精力，将大量信息硬生生输入大脑，但结果是即便学富五车也难以应用于生活实际，变成了"读书无用"的佐证材料。无法真正地把自己的精力专注在学习上，我的短板学科物理和化学，依然没有太多的长进。在高考的时候，作为优势学科的语文也因为作文跑题掉了链子，高考成绩非常不理想，是我高中最差的一次，但也考上了一本，也算为这段高中生活画上了一个比较圆满的句号。

五、大学：追寻自我是接受教育的奥义

查询了高考成绩之后，凭我的分数只能考上一个普通的一本院校，而就读于市重点高中的钟同学和卢同学，高考时正常发挥，都考了600多分，上了外省的"985"高校，这算是我们之间的第二次分流。后来回家的时候，我在学校的院墙上看到了贴着他们两人的个人高考光荣榜，这让我开始反思作为曾经的第三名跟他们之间的差距，于是坚定了我在大学充实自己的信念。就读于贵州师范大学教育学专业的我，其实当时的第一志愿专业是数学，但也是因为几分之差而和自己喜欢的专业失之交臂。

刚到教育学院的第一年，我对教育学这个纯文科的专业非常抵触，大一时所有的学科都比较偏理论，只有心理学带一点理科性质，所以我对心理学的学科比较感兴趣。对于其他学科，我平时并没有过多的投入，但到了期末考试我会合理地规划自己的时间去复习和冲刺。临时抱佛脚，加上平时的一些积累，让我在大学的成绩不算太差，但在学习上唯一感到遗憾的就是我的大学英语四级到大二还没有考过，因为大学的英语老师跟高中的英语老师教育理念完全不一样，正如我大学的班导所说，"所谓大学就是大了自己学"，而我自控力非常差，没有了老师的监督，在大学基本上对英语处于一种放任状态，后来四级没考过也是自己酿下的苦果。

大学和中学最大的区别就是学术自由。少了老师的鞭策和监督，一些学生享受这种学习自主权，而一些学生则在这种学术自由下放纵了自己。我介于这两种类型之间，既没有自主学习的自控力也并没有放纵自己。因为以前没有机会去接触学习之外的其他东西，军训的时

候大学的各种社团和组织让我眼花缭乱，为了能锻炼自己各方面的能力，我加入了青年志愿者联合会这个校级组织，还加入了一个武术协会的社团，但因为武术协会的教学不是很专业，没过多久我便选择了退会，把自己的精力放在校级组织上面，大二的时候我担任了部长。在这个组织里我学到了很多，尤其是大一在清溪小学的支教以及暑假的"三下乡"社会实践活动，这是我第一次充当老师的角色站在讲台上教授学生，这种亲身的社会实践加深了我对教师和教育的理解，也加深了我对教育学专业的学习兴趣。

曾以为我和教育学的缘分只会持续到大四毕业之际，未曾想大四上学期还未结束，我和教育学的缘分已经续上了研究生的未来三年。还记得高三那年，班主任让我们在便利贴上写下自己理想的三所大学贴在许愿树上，当时的我只写了四个字——西南大学，高考发挥失常的我自然与这所大学失之交臂，未曾料到4年之后会以保研的形式实现了当年的愿望。保研这段旅程，说长不长，说短也不短，煎熬与喜悦交相辉映。在学院组织的考研/保研经验分享会上，我对学长学姐的保研事迹羡慕不已，但没有想到有一天自己也能保研，毕竟当时的自己四六级未过，也未曾发表论文，更没有拿过省级和国家级的奖项。大三拿到国家奖学金是我学习历程上的一个转折点，这意味着我离保研更近了一步。从那时起，我才对保研有所期冀。在班导的鞭策和鼓励下，我将自己放在校级组织和社会实践活动上的心拉回，沉下心来专心致志备战专业课和英语，同时竭力稳住学业成绩这个保研关键项，并且努力使自己达到英语四级这个保研基本项。手机里关于英语的学习软件一个个增多，英语学习的书籍一本本增加，耳机里的音乐替换成了星火英语，睡前的综艺变成了TED和BBC。依稀记得在官网上查到第4次英语四级成绩分数时的喜悦之情，学习的疲惫一扫而空，这意味着自己具备了争取保研名额的资格。

高高悬挂的心放下之后，我不由得有些许松懈。幸得班导督促提点，我才将学习的弦再次绷紧，在为考研做准备的同时也致力于攻克英语六级。暑期我选择了留校备考，在保研名额没有确定之前，我从不敢放慢自己备战考研的步调。每天的生活都是三点一线，图书馆、食堂和宿舍。无数次在夜灯下游走着背书，也曾暗自羡慕路上三五成群结伴玩耍的同学，夜深人静之时又陷入对未来的迷茫，然而第二天又如往常感受充满希望的清晨。所幸，大四之际我如愿拿到保研名额。心里的一块巨石落地之后，紧绷的弦还未来得及放松，又陷入了新一轮征战。拿到保研名额仅仅是一个起点，准备资料、撰写简历、了解信息、预报名、准备复试资料、联系学校、面试、等待结果，每一项进程都非常紧凑，之前对保研之后的流程没有提前做好攻略，以至于机会来临之际自己是那么猝不及防，多亏辅导员和各位学长学姐做了引路人。那段时间每一天都过得非常煎熬，身体和精神几乎都达到了崩溃的临界点，但还是很庆幸有这样一段难忘的时光。

各大高校复试竞争的激烈程度远超我的预期，面试的结果也一直不太理想。高校筛选保研生除了要看学生成绩，还格外注重学生的学术科研能力。学术类竞赛所获得的成绩能为保研增加获胜的筹码。报考学校老师在面试时倒是没有太刁难，我的面试成绩却不理想，主要是因为没有好好复习，只是临时抱佛脚。复试主要分为两个模块：一是英语听力和口语，二是专业面试。英语听力和口语一直是我的弱项，之前未对这一板块进行集中复习和准备。一些专业面试的问题比较基础，由于心态紧张和复习不充分等各种因素，专业题目的回答也没有达到我理想中的要求。面试期间的每一天，我都必须争分夺秒，不敢停下脚步去体味面试时的情绪，只是在每场面试结束之后迅速进行总结、重新整理情绪，争分夺秒地复习，以迎接下一场面试的挑战。收到西南大学待录取通知书的那一刻，我反复确认几次才真正安心，内心久久不能平静。这场提前三个月或者可以说持续三年的考研之旅，终于画上了一个短暂的休止符。回想自己为了一个目标不舍昼夜奔赴在路上的日子，美好且难忘。保研结束也意味着我的研究生生涯正式开始，通过这一旅程，我也更加意识到自身的诸多不足。

从大三便开始期待的实习生活在大四下学期伊始正式拉开了帷幕，依稀记得第一天来到实验小学贵安分校的忐忑心情，后来却已经逐渐适应了两点一线的实习生活。原本报名了三年级的数学，未曾料到自己与二年级2班的孩子和老师结下了缘分。相比于本班其他实习的同学，被分配在实验小学的我们相对有着更多的工作任务和更高的要求，诚然，早上被六七点闹钟唤醒的我也曾羡慕着在寝室呼呼大睡的其他实习生们，但后来我逐渐庆幸能来到实验小学实习。原因有三：其一，该校的工作氛围极佳，在校老师们多数与我们年龄相仿，师生之间的交流没有障碍和距离感；其二，该校的许多规章制度给我们实习生带来了很多学习机会，比如，高频率开展的各类常规教研课，一周内我曾听了三四节教研课，课后又旁听各位优秀老师的交流和评课建议，这仿佛为我打开了教学的新窗口；其三，我深深地被这里的小学生所吸引，无论是聪明伶俐的他们，还是老实乖巧的他们，抑或调皮捣蛋的他们，每一个都是特别的人，给我留下了特别的记忆。彼时我开始期望这趟旅程能更缓慢一些，让我的每一个细胞能吸收到充足的养分。实习之旅走过一半的时候，我逐渐记住了二年级2班49个人的姓名，也渐渐融入了二年级数学组的办公室。

我深知"实习老师"的重点在于"老师"二字，明确自己身份从学生转变为老师的责任和义务，而"实习"二字则是对我们教学行为的约束和警戒。跟班听课、批改作业、班级管理、备课授课、毕业论文、班级事务、学院工作相互交叠，压得人快喘不过气来，但"教育学人"这千斤重的四个字又让我具备了中流击水的勇气。实习期间，我也常常去听我们班班主任宋老师上的语文教研课，课后她的带教老师对教研课进行评课，从课时目标、学生学习状况、教师行为习惯、教学目的、教学初心等多个维度对本堂课进行了点评和指导。我更加深层次地意识到，想要备好一堂课背后所需要付出多少努力，课堂上老师对每一个细节的把控，都影响着学生的学习状态和效率。教师从不是为了教而教，而是应该为了学生的学而教，站在学生的角度思考问题，不落下任何一个后进生是每一个老师一直都需要学习的学问，未来的日子里，我也将一直走在探索的路上。

让我印象比较深刻的是，在上课给大家讲习题的时候，大家都非常配合，问他们听懂了吗？他们的脑袋点得像小鸡啄米一样，让我感觉自己简直是名师。可是后面他们一做作业，我发现他们都是演技派的成员，我好像什么也没教会。这更加让我开始去深思教学的本质，即便教学是老师的教与学生的学的有机融合，但是老师的教也是建立在学生学的基础上的一栋高楼大厦，学生的学才是真正的建筑基点。最让我开心的事情是我的教研课完美收官，每次评课时，每一位老师的赞赏，都使我信心倍增，老师们提出的建议我也会虚心接受，争取在下一堂课时呈现一个更加完美的"以学生为中心"的课堂。实习期短暂却受益匪浅，办公室每一个老师的为人处世、班级里每一个同学的天真烂漫，都在我的人生里留下了浓墨重彩的一笔。希望未来的日子，再一次相遇之时，老师们早已春晖遍四方，小朋友们也一直熠熠生辉。

这段实习经历增强了我的责任感和使命感，也坚定了我为党和国家教育事业作贡献的决心。本科导师学识渊博、为人亲和，每一句关心、提点和祝福都在我的人生和论文中留下了影子。虽还未正式成为西南大学的一员，但早就进入师门群的我在研究生导师的带领下已经开启了我的研究生生活，各类学习任务层出不穷。除此之外，每个月好几万字的读书笔记意外地让我感到充实，仿佛填满了即将毕业离校的空虚感。在研0的学习生活中，我也发现了自己的诸多不足之处：其一，缺少学科敏感性；其二，学科身份认同感不高；其三，缺乏思考和主体知识的建构。不得不承认，我已经为研究生生活感到些许焦虑和紧迫，每每此刻，我都会想到大学班主任，也是我的引路人提到的这样一段话："我对你有两个小小的期望：第一，在研究生阶段，把大学做公益活动、为社会服务的这种精神和精力全部放在阅读和研究上；第二，志存高远，脚踏实地，多阅读多写作。希望你继续保持学习之心，在教育学的路上走出自己的一片天地！"

何为真正的教育？人为何要接受教育？教育的目的是什么？

曾任耶鲁大学校长 20 年之久的理查德·莱文说过："如果一个学生从耶鲁大学毕业时，居然拥有了某种很专业的知识和技能，这是耶鲁教育最大的失败。"❶ 本科教育的目的是什么？获得知识？掌握技能？抑或谋求生活？很多学子在步入大学之后，按部就班地学习学院安排的课程，平时自由散漫，期末奋力冲刺，充分使用自己的记忆专区，以临时填充的刻板知识对战期末考试，四年之后以一张学位证结束大学生活。一些学生则与之相反，积极畅游在自己所学专业的知识海洋，四年只为掌握这一门知识和技能而奋斗，最终以优异的成绩毕业。这也并不代表在这部分人身上的教育取得了成功，知识与技能只是评价大学教育成功与否的部分因素。本科教育的核心应该是通识，即自由教育，是"教天地人事"，更"育生命自觉"，使学生自由地选择学习航线，不为功利所累，而为生命的成长奠基。毕业的离歌已然吹响，大家的身上都带着程度不一的感伤，或是因未知的前程，或是因朋友的离别，又或是因自我的审视。毕业典礼之后的我们匆匆散场，毕业聚餐一延再延又演变成了无期，或许正如班上一些同学所言"教育学班好似从未聚齐"，愿各位教育学学子未来各登高楼，来日顶峰相见。

回望大学四年学习之旅，受大一一直持续的读书会的熏染，班级文化氛围和辅导员对我潜移默化造成的各方面影响以及家庭对我的期

---

❶ 武汉大学通识教育中心. 耶稣校长：顶尖的大学教育不会传授任何技能与知识 [EB/OL]. (2018－02－02) [2023－02－11]. https：//gec. wuhan. cn/info/1008/1249. htm.

望，外部动机的层层叠加加强了我的学习自主性。相较于外部动机，内部动机对学生学业成就的影响更为显著❶。但对农村学生而言，这种强烈持久的外部学习动机却成为其取得高学业成就的推动因素之一。研究表明，学习自主性与学生的学业成就呈正相关。❷ 卡迪（Candy）认为，学习自主性包括自主安排学习的能力、形成独立判断和自我决策的能力，以及在给定的知识领域为自己立场辩护的能力。❸ 因此，高度的学习自主性成为农村学生取得高学业成就的重要因素。

信念的瓦解不仅仅源于个体未能实现社会阶层的流动，还在于无力履行回报家人的承诺，更有甚者在毕业后仍需向原生家庭不断索取。教育改革需要正视这一问题，在确保城乡教育起点公平的前提下，进一步保障教育结果的公平，延续底层农村家庭通过教育实现阶层跃迁的希冀，否则农村学生资源限制的苦难将不是"苦尽甘来"，而是"苦不堪言"。

《学会生存》指出：现代社会每个人都是一个"未完成的人"，人的生存是一个无止境的完善过程和学习过程，❹ "教育"和"被教育"使我更趋向于一个成人。从生命诞生之日起，人生无法离开"教育"之尘缘，父母的叮嘱、老师的教导、书籍电影的熏陶、生活经验的体会，其实都是在经受教育的熏陶。所谓教育不是简单地接受教育，从书本课堂上学到的东西毕竟是有限的，更重要的是逐渐成长完善的人格和价值观。当前的教育依然存在诸多弊端，身为未来教师的

---

❶ 郭衍，曹一鸣. 学习动机对学习效果影响的深度解析——基于大规模学生调查的实证研究［J］. 教育科学研究，2019（3）：62 – 67.

❷ 熊川武，柴军应，董守生. 我国中学生学习自主性研究［J］. 教育研究，2017（5）：106 – 112.

❸ CANDY P. Reframing Research into "self – direction" in Adult Education：A Constructivist Perspective［M］. Unpublished Doctoral Dissertation：The University of British Columbia，1987：18.

❹ 联合国教科文组织. 学会生存——教育世界的今天和明天［M］. 北京：科学教育出版社，2017：196.

我们更应该思考如何进行教育改革。使教育真正实现立德树人的根本任务。培养什么样的人是教育的首要问题，而教师作为人类灵魂的工程师，肩负着知识授受、培养能力、塑造生命的时代重任。青少年时期是个体的"拔节孕穗期"，需要教师"蒙以养正"，种下真善美的种子。作为职业境界的"经师"只是教师的第一层境界，作为未来投身于21世纪教育事业的我们应该追求达到"人师"的事业境界，以自己的德、才、情潜移默化地影响和启发学生、塑造学生的品格。

总的来说，在社会结构的限制下，农村学生备受苦难压制，城乡二元结构背景下，农村家庭各类资源的匮乏压制了农村学生的教育发展。这种压制体现了农村学生取得学业成就苦难之旅的社会结构根源，但压制和适应是农村学生求学问路中的一体两面，农村学生在经历求学问路苦难的同时也增强了适应力和能动性，通过文化资本的积累及综合素质的提升来打破社会结构的制约，实现向上流动。求学的背后是父母脸上爬满的皱纹和兄长被压弯的脊梁，希望未来的我能早日为他们撑起一把伞。

第二节 坎坷徘徊的学业成长之路

"有些诗写给昨日和明日，有些诗写给爱恋，有些诗写给从来未曾谋面，但是在日落之前也从未放弃过的理想。"而我则想写给我如诗的青春——我的成长。时间的列车飞快地奔驰着，承载着我们的理想让我们迅速成长。在这疾驰的旅程中往往会有许多亮丽的风景让我们充满无限的憧憬，但也往往会有许多难题存在，让我们觉得往下的路是多么的艰难。成长的道路不像世间的道路那样想进就进想退就退，只要你踏上了就只能风雨无阻地往前走，不能退缩也不准退缩。

一点一滴的酸甜苦辣和层层叠叠的坎坷，磨炼了我们的意志，使我们总结并汲取一次次的经验，让我们愈加坚强，不再畏惧未来道路的艰辛；使我们愈加自信，可以鼓足勇气勇敢向前，不论什么大风大浪都不足为惧。我们的学业成长道路上总会经历无数的坎坷，回顾过去，我们都会感谢曾经给我们生活重重一击的难题。

一、学前：初入校园开始体验学习

从中国的传统来看，学习成绩会伴随着孩子的整个求学历程。中国父母都在追求孩子的高学业成就，总是期望孩子比自己更优秀。中国孩子一直在压力中成长，他们总是被与其他优秀的孩子作比较。高学业成就的孩子总被认为是最有前途的，他们有更多机会实现社会流动，实现自己的梦想。低学业成就的孩子早早担负起了家里的重担，外出挣钱。正处于学龄阶段的孩子往往会缺少父母的陪伴，因为年轻父母会为了事业和金钱而奔波，没有办法照顾孩子，在家庭与事业之间不能两全。我自己就是一个典型，父母因工作繁忙而不能陪伴在我的身边。在我成长的关键时期，父母总是奔波在外，鲜有陪伴。在六岁以前的日子里，我总是蹦蹦跳跳地玩游戏。没有家长的严格要求和教导，天真无邪，充满乐趣的童年，好像是农村孩子特有的。由于经济落后，农村儿童6岁才进入学前班。在我接受教育的那个时候，似乎就没有听说过有幼儿园这一词，所以进入学前班之前我从来没有接受过其他知识教育。0~6岁是真正的童年时期，没有学习压力，没有基础积累，也没有现在所谓的"赢在起跑线上"。"教师期待效应"似乎是我一直前进的动力，进入学前班时，班主任老师就是从小熟识自己的长辈，所以相较于其他孩子来说她更加重视我的学习，但是这个重视也仅仅在上课期间。学前班的求学经历就是一种在乡间赶路的时光，每天上午需要花费一个多小时去学校，下午又花一个多小时回家。由于学校离家较远，中午需要自己带饭。放学回到家的任务就是做一点农活，对"家庭作业"这个概念好像没有一点印象。没有父母在家的监督，我都是自己安排自己的学习，在班主任老师的指导下，我仍然记得我在学前班的成绩在班级里名列前茅，学校会颁发奖状鼓励，我会特意将获得的奖状粘贴在家里最显眼的地方，以此来获得长辈们的夸奖。学前阶段我并没有花太多时间在学习上，但是成绩还不错。回望整个求学历程，越到后来发现学习的时间越来越多，学习的效率却越来越低。经历过没有家庭作业阶段的我，拥有着和伙伴嬉戏打闹的童年。

二、小学：百元奖励激发学习动力

7 岁进入一年级，最明显的就是上课时间的变化，从学前阶段的中午才上课改为一早就要上课，虽然中间没有一点点的过渡，但是也没有不适应。一年级各科老师都换了，语文老师当班主任似乎是小学阶段公认的事情。由于那时候我们班有几个留级的学生，所以他们的基础特别好，每次考试都名列前茅。在我们那里好像大多数老师喜欢的都是成绩优异的学生，成绩不好的学生在班级里没有存在感。班级里两极分化特别严重，选班委、文艺比赛、各种学校活动都是学习成绩好的同学参与。一年级时，我的成绩在班级里只能算中等。老师特别严格，会采用各种惩罚的方式进行教学，比如打掌心、教室门口罚站、抄写、放学留班等，这些方式让我对老师充满了畏惧，并不敢与老师有过多的言语交流。

我们总在强调父母的关键作用，也常常说父母是孩子的引路人和照明灯，父母的教导会影响孩子一生的成长。但我们也总在诟病隔辈教育，在刻板印象中，对隔辈教育也是有一定的偏见。或许由于一些亲身学习经历，我也一直认为，只有自己的父母才能教育好自己的孩子。在小学一年级的关键时期，我一直拥有一个特殊的"留守儿童"身份。曾记得每次老师会在班里统计，"是留守儿童的同学请举手"，每当听到这句话，即使内心非常不情愿，但我还是默默地举起手。现在回望自己的7岁，渴望、期待与胆怯是属于当时自己的修饰词。我想我是感激那段学校生活的，因为没有人会拒绝成长，也没有人会拒绝长大。每个人都会经历一些挑战，当自己坚持过后会感觉自己的强大。其实我们都是在逆风飞翔，即使羽翼未丰，我们也有勇气独自翱翔，走过的岁月即使很艰难，我们却拥有了不同寻常的人生经历。父母每一次的牺牲都是对孩子最好的教育。只有自己身体力行才能取得最好的效果。

8岁进入二年级，各科老师并没有太多的变换，主科老师都比较严格。由于我比较粗心大意，经常忽略一些教学细节而影响考试成绩，譬如数学经常忘记带单位或者是检查等，学习成绩在班里也依然属于中等。老师没有特别关注我这种中等学习成绩的学生，所以我没有给老师留下特别深刻的印象。小学三年级是我整个小学阶段非常重大的一个转折，我从班级里的中等生变成了学习成绩较为优异的学生，这对于刚开始的我来说是十分不自信的，而且对自己的能力表示怀疑，总觉得在未来的一段时间里自己的成绩就会下降，这可能是从一到二年级以来学习成绩发生突然转变而导致的不安全感。从中等生变成优等生，我觉得其中的原因很明显，因为有了母亲的监督和鼓励。在小学三年级的时候，第一学期我从班级里的中等排名突然跃升至班级学习成绩第三名。母亲跟我说过，如果我取得了班级学习成绩的前三名，她就会给我100元的奖励。100元在当时对于才是小学三年级的我来说是一笔巨款，但是我并没有觉得我会因为100元的奖励而取得好成绩，换句话说，我取得第三名的好成绩并不是因为眼前100元的奖励，而是因为我不想让舍弃工作的母亲失望。现在仍然记得在领成绩单的时候，老师宣布成绩时我内心忐忑的情景。取得班里的第三名让我获得了一张奖状。因为这张奖状的获得特别突然，还有就是奖状上的那句 "该同学在德、智、体、美、劳等方面表现优秀"，以至于和我玩得特别好的同学都会嫉妒地说这不是由于你成绩好得来的，而是由于你劳动好得来的。周围的人其实都不相信我这次考试是凭借自己的实力，其实我自己也怀疑，认为这次考试的成绩只是一个偶然。因此，面对他们的不相信和自己的不自信，这个成绩并没有让自己很高兴。在三年级下学期，经历了同学的不信任，母亲又给予了我一个允诺。如果我能够考到班级第一名，我就能够拥有一辆自己的自行车。三年级的我并不会骑自行车，所以我对自行车的奖励也并没有什么期望。但可能是因为三年级上学期的第三名让同学们不信任，我想要证明自己的实力，所以内心一直希望自己能够考得比第一学期更好。最后，在三年级下学期的成绩单里，我获得了班级第一名的好成绩，但是我并没有接受母亲 "一辆自行车" 的奖励，我知道一辆自行车在那时也需要花费两三百块钱，因此，我以自己不会骑的理由拒绝了母亲的奖励。

小学四年级我经历了各个学科老师的大变动，只知道是由于当时的某一项政策，乡镇里各个老师会脱离原来的单位，进入另外一个学校教学。我印象深刻的就是四年级的数学老师，一学期里更换了三四个老师，几周就会更换一次，教学方式以及教学进度的频繁变化让我难以适应。再加上这个时期的我又没有了母亲的监督，一直渴望母亲在家陪伴学习的我会觉得那是一种安全感与踏实感，想要满足她的期望，这让我有了努力的动力。但是突然没有了她的监督我十分不适应，我仍然记得在上课的时候，脑袋里都不是老师教学的内容，而是在思考要想以什么借口或理由让母亲留下来陪伴我学习。所以在小学四年级我的学习成绩有了明显的下滑，特别是数学，我感觉每一节课都是煎熬，因为不同的数学老师拥有不同的教学方法，频繁地更换老师让我不能够快速地适应每一个老师的教学方法。我的数学成绩从起初的中等直接变成了不及格，数学成绩和语文成绩之间的分差特别大，出现了严重的偏科现象。

小学五年级，语文老师和数学老师又换了人。在经历了四年级数学成绩的快速下滑后，五年级我的数学成绩很差。我的语文基础比较好，于是出现了语文成绩班级第一，但是数学成绩在班级排在后几名的现象。我一直比较喜欢语文。五年级的时候语文老师从一名女老师变成了一名男老师。这个语文老师比四年级的语文老师讲课更加幽默风趣，而且无形当中就感觉他比较重视我的成绩，各种语文竞赛、各种活动都会让我参加。有了老师的肯定和期待，让我更加喜欢语文这一学科。而数学学科离我越来越远，感觉没有了四年级的基础，五年级的课程根本听不懂，偏科现象从四年级开始到五年级没有很大的改变，我进入了一个语文成绩越来越好，但是数学成绩越来越差的死循环。

小学六年级让我感到最吃力的是英语学科，因为要面对升学的要求，在考取大多数中学学校特别是县里的初中学校时都会要求考英语。在村里就读小学以来，英语课程只在三年级里的课表里出现过，老师并没有上过英语课，英语课会被老师换成语文课。甚至到了六年级，我都不知道一个英语单词。但是由于升学考试，六年级的英语老师突然重视了起来，跳跃了基础的音标学习和单词学习，直接进入六年级应该掌握的单词、短句，也会给我们布置英语作业。不过我们都难以看懂题目的意思，全班同学在此学习过程中十分吃力，所以英语成绩在六年级的时候可以说特别差。延续了四五年级的偏科现象，我对数学学科甚至产生了厌恶的感觉，一直支持我对学习报以热情的是语文学科。难以想象在百分制的小学阶段里，我数学只能考到四五十分，而语文每次都是在九十分以上。虽然偏科现象在六年级的时候没有任何改变，但是一直觉得自己在整个学业生活中比较幸运，一般都是语文老师成为学校的班主任，所以每次颁发奖励的时候都有自己的名额，让综合成绩在班级里并不算突出的我会因为语文成绩表现得特别好而体验到学习的快乐。

三、初中：得遇良师倾心辅导学习

中国的学校分为两大类，公立学校和私立学校。在父母眼里它们之间最大的不同就是教育经费问题，私立学校的教育经费都是来源于学生的学费，这意味着如果要就读私立学校就要交比公立学校高的学费。但是，私立学校的管理方式往往比公立学校严格，一般家长日常工作比较忙或者孩子比较叛逆的，父母都会选择让孩子进入私立学校。当然，私立学校的教学时间往往比公立学校长，经常利用周末或者寒暑假进行补课。在我的整个初中学习生涯里，我就读于镇上的一所公立中学，初中时段我并没有进入最好的一个班级。在当时，最好的班级被称为火箭班，随后下一个层次就是实验班，最后一个层次就是普通班，而这种分班就是严格以考试成绩为标准，我进入了中等班级实验班。在刚进入初一的时候，因为中学是在我们一个镇上的学校，离家比较远，所以第一次体验了宿舍生活，每一个宿舍住有八九个人，初一感觉就是每天打打闹闹，但会发现有些同学属于不用学习就能考出好成绩的人，因为他们的基础比较好。因为并没有把学习成绩看得很重要，抑或没有学习的目标和榜样，所以初一的时候，我记得我们当时班级里好像总共有 50 多个人，第一次期末考试时，我的成绩排名为 38 名。虽然自己对成绩没有很大的期待，但是当看到这个成绩名次的时候，心里也是失落的。我的内心一直想要改变，特别是对于自己来说，数学成绩从小学阶段就排名靠后，初一的时候数学成绩都不能够及格，语文成绩也只能在班级中排名中等，英语没有小学的基础，从初一开始我才接触了 26 个英文字母，懂得了什么是音标。但是班级里的其他同学在小学的时候英语课是正常授课的，甚至有条件的同学从小就开始补习英语，不同的起点导致了较大的差距。

初中二年级是我整个初中的一个重大转折点。我经常和一个数学成绩特别好的同学交流学习，促使我的数学成绩在某次考试当中有了很大的提升，因为我们实行月考制，记得每次数学考试，我们寝室的数学成绩及格人数仅限于一个人，而我经常属于不及格群体中的一员。但是由于我和这位同学之间的交流，有了他的帮助，每天一起讨论和反思，在又一次的月考中，我成为我们寝室唯一数学成绩及格的人。由于那一次的鼓励，我的数学成绩有了很大的提升，最后甚至在班级中可以排列前五名。因为有了这个突破，我一直在鼓励自己，不能落后，只能向上提升。还有一个影响我学习成绩的因素是数学老师的重视，初中的数学老师非常尽职，她每天都会在课余时间到教室里帮助学生解决疑问，我的数学成绩在经历了一些阶段的积累并在老师的鼓励与指导下，成绩开始有了提升。现在反思自己的整个学习过程，我觉得对于自己来说，没有从一开始就变得优秀，也没有不努力就能获得提升。语文成绩从刚开始在班级里只能位列中等，到初中二年级的时候，也能够成为班级里的前五名。英语成绩也是这样，对于没有基础的我来说，英语单词只能是死记硬背，没有背诵技巧和语音技巧，但是在一次又一次的失败经历中，最后我的英语成绩有了明显的提升。所以在初二的时候，我的综合成绩在班级里能够排进班级前五名。从我的学习经历中，我认为学习并不是一段孤独且自我封闭的过程，它需要老师的正确指导、同学间的互相探讨。我想正是因为我遇到了几位负责的老师以及志同道合的学习伙伴，才让我从小学阶段学习不扎实的基础上取得最后的好成绩。老师在学生的学业成长道路上扮演着十分重要的角色，一位优秀的教师会改变学生的一生，无微不至的关心会让学生幼小的心灵得到抚慰。在数学老师的教导下，我的数学成绩从小学阶段以及初一时的不及格，到初二时的名列前茅，有了很大的提升。正是因为有一位好的数学老师才让我的初中生活充满了阳光。就像我自己所说的，她就像一位母亲，温暖了我的整个读书生涯。希望每一个人的学习道路上都能遇到一位优秀的老师，这不但是学生的幸运，更是一个孩子成长道路上的良师益友。老师教会了我感恩，也教会了我怎样在繁杂的生活中学会学习。

初中三年级，又是一个特别重要的阶段。当时为了考上更好的高中，老师让我们提前树立目标。初三的学习成绩其实跟初二差不多，因为掌握了学习的技巧，能够让自己的学习成绩在班级里面排在固定的位置。其实在这一个成绩转换的时期，你会发现周围的同学和身边交往的同学都改变了，我不再和宿舍的同学一起嬉戏玩闹，老师会让我们和同样爱学习的同学做同桌，有了相同的学习习惯，也有了相同的学习计划，每天都在规律地学习与探讨。我会在每一次考试之后讨论，偶尔也会在心里有所比较，在初三这一个重要的时期里，其实每一次考试都考验着我们的心理素质。因为有一个学习特别好的群体影响，或许因为初一学习成绩一般的铺垫，我对学习成绩的排名其实并没有太过执着地追求，因为我知道每个同学都有自己的学习风格与成长轨迹，没有必要完全和他人亦步亦趋。也正是因为这种思想，每次考试我的语文成绩都在班级里名列前茅，最后在中考的时候，取得了令自己满意的成绩，不刻意不执着地追求，我知道付出的过程一直比学习的结果更重要。其实通过初中几年的学习，我明显地感觉到学习心理素质特别重要，压力太大或许更会让自己发挥失常，所以要保持一个良好的学习心理状态。

四、高中：偕同挚友共同见证成长

跌跌撞撞进了高中，在周围大量初中同学已经外出务工的环境里，我感到非常幸运，因为我拥有了比他们更多在学校里接受学习的机会。高中阶段或许是整个学业阶段当中人们普遍认为的最重要的一个阶段，我成功地考入了县里一个比较好的高中。可以明显发现在班级当中分布了各种私立中学和公立中学考进来的学生，而且存在一种特别突出的现象，私立中学的学生考进来的时候成绩特别优秀。在考入高中的时候，我进入的也是实验班，但是在实验班里我的排名是中下。高一整个学期里，学校半个学期开展两次考试，分别是期中考试和期末考试。印象特别深刻的是第一次期中考试，我从刚进入班级时的排名中等考到了班级的第 19 名，从三十几名到了 19 名，其实我的内心并没有感觉到进步带来的快乐，因为我知道自己不能止步于此。还有一个重要的因素就是同伴的影响。很幸运地和同寝室的一个同学做了同桌，每天一起上学、下课、吃饭，学习生活同频共振。她从和我一样刚进班级的时候位列三十几名，但是到期中考试的时候突然跃升到了我们班级的前几名，所以我在心里一直把她作为我学习的目标。正是因为刚进班级时的同样成绩排名，所以一直想不能落后于她，要和她一样取得好成绩。正是在这种带有"攀比"的心理之下，自己默默努力，所以在高一期末的时候，我又从第 19 名考到了班级的第 7 名，但是我仍然没有超越她班级第二名的成绩。高一下学期是文理科分班考试，经历了高一上学期的学习经历，我从同学的学习经验当中获得了一些学习技巧，可以明显发现学习成绩好的同学有自己独特的学习方法，我意识到或许并不是自己的努力不够，而是自己的学习方法有问题。最后，在不懈的努力下，分班考试时，我的学习成绩排列前三名，给自己的高一交上了一个完美的答卷。

高二的时候我毅然地选择了文科，并不是自己文理科偏科严重，而是由于自己的兴趣和学习同伴的影响，一起约定选择了文科。在高一的时候数学成绩并不是很理想，所以会理所应当地将数学成绩与理科联系起来，也害怕自己选择理科会学不懂。到了高二，可以明显感觉到正如人们所说的，在文科中，最占优势的就是数学，文科生的数学成绩好，可以更好地提升自己的排名。所以每天学习花费时间最多、最重视的就是数学，会花大量的时间去做数学练习题和改错。甚至在高二的时候还进入过其他的课外数学补习机构进行专门补习，自己的数学成绩因此也得到了一些提升。由于自己的数学优势，我的成绩在高二的时候总是在第一名、第二名中徘徊。高二的时候，一直鼓励我不要掉以轻心、始终坚持刻苦学习的，正是高一以来一直和我学习，并和我保持步调一致的学习伙伴。在某个时间段里，我们两个都明显感受到了对方带来的竞争压力。在自己想要懈怠与放弃的时候，一直知道对方都在默默努力，正是凭借这股力量使得我们两个的成绩总是在班级里的第一名、第二名相互徘徊。高中生活就是每天除了吃饭睡觉都在学习，没有了更多的课余活动，学习时间多了，但是学习效率明显有了降低。

高三被众多的家长和同学所重视，很多学生在高三压力突然增大，因为知道高考的筛选决定了你是否能进入下一阶段的学习。进入大学被人们视为人生最为重要的阶段之一，进入大学意味着进入了人生的下一个阶段。所以父母即使前期不太关注孩子的学习，在高三的时候也会时刻关心孩子的学习成绩，老师和学校的压力也是压在学生身上的一副重担。在我们的意识里，高三是高中整个阶段最重要的时期。每次模拟考试，老师对自己的期待都特别大。还有一件十分有意思的事，我们每次考试的位置布置都是从上一次的考试名次得来的。从第一考场、第二考场一直到三十几个考场，你的上一次考试成绩排名的高低就决定了你的下一次考试位置，变相地成为激励同学们取得好成绩的方式。

在高三的时候，我的学习成绩在班级里经常名列前茅，因此，老师会给予我很高的期望，他会在不同的场合表达对我的期许，希望我不要让他失望。在高中三年里，班主任一直倡导的是放养式教育，或许大家都会认为高中是学习时间特别紧迫的一个阶段，很多老师都会利用各种闲暇的时间给学生讲课、订正。但是，我们班主任是一位经验特别丰富且倡导学习与放松相结合的老师，他在临近高考的时候也会带我们出去释放压力，他放养式的教育让我养成了自主学习的习惯。老师的高期待给我带来了较高的心理负担和压力，或许是由于自己基础知识的不牢固，所以在高考的时候充满了不自信，因为特别紧张，就会不自觉地修改很多答案。最后当高考成绩出来的时候，虽然我的成绩位列班级的第二名，但是和第一名的成绩相差了 30 多分，所以我认为高考对我来说是失败的。

回顾高三的整个学习生涯，虽然在最后的高考阶段自己的成绩并不理想，但是我认为高中的生活是我整个学业生涯中最宝贵的财富。我懂得了怎样自我有效地管理时间，也遇见了一位共同进步的挚友。即使在刚开始的学习生活中，我们感受到了对方带来的压力，也曾做过痛苦的挣扎，但是在高中生活的结尾，我们都深知，正是因为这样一个人的存在，激发了自己无限的可能。我们好像什么都不一样，但是我们都知道通过不懈努力、勇往直前就能到达心中的顶端，最后我们互相成了对方的不可替代。感谢她在充满激情与竞争的高中时期给予我奋斗、坚持的动力；感谢迷失在分数与名次时用真挚的情感唤醒我的初心；感谢失败后仍然把我当成挚友的真诚与纯洁。即使两个人存在诸多不同的兴趣爱好，也接触许多不同的人，但是归途仍然一样，终点也永远一致。每一段友谊都需要经历时间的沉淀，我无疑是幸运的，因为曾经有一个人把自己当作最特别的人，不仅仅是行动上的表示，也教会了我怎样表达以及回应。我想世界上除了爱情，友情也是教会我们成长的一种方式，人与人之间的相处可以超越血缘的限制，建立一段不平凡的关系。这场竞争的经历带来的不仅是我们两个人学习成绩上的提升，更是一段深刻难忘的友谊，至今我们都是对方最好的朋友。

或许高考失败的结果不是每一个人都能够承受，我不会抱怨自己没有足够好的运气、世界对我好像不太公平。其实，每个人都经历着自己所说的不公平，生活总有很多意外和差错，总是在打压着每一个人的自信心，从来没有想过的结果，可能最后会成为自己必须经历的。就像读大学的选择，高中时立下不在云贵川读大学的誓言，最终却走进了贵州师范大学，我们只能在接受命运的同时努力改变命运。怨天尤人不是最好的解决方法，每一次的遇见和选择都会让自己的人生有不一样的经历。我们也要有面对生活压力的信心，生活是残酷的，而总是有不少人能把腐朽变为传奇。在这一场意外的相遇中，遇见了师大美好的夜晚，遇见了不一样的同学和朋友，越努力越幸运。相信努力能够摆平一切困难和坎坷，带着希望和目标，我们会变得越来越好。困惑和迷茫都只是暂时的，确立好目标和方向，就义无反顾地前行。

五、大学：坚定目标无畏艰难努力

大学时期，刚进校的时候，对大学的生活节奏没有完全适应。选择的教育学专业其实是自己的第一志愿，并没有后悔自己曾经做过的选择，因为我觉得每一个专业和行业都有自己的存在价值。只要自己足够优秀，就会在自己的领域取得一些收获。在大一的时候，我大多数时间都会用来学习，在其他阶段都没有过多地看过课外书，都是看课本。在进入大学之后，希望能够多阅读一些书籍来提升自己的视野，又因为大一的闲暇时间特别多，所以自己在大一的时候会主动阅读一些书籍。刚踏入教室时，老师告诉我们，这个专业本科生不好找工作，也曾无数次的迷茫与困惑，但是我知道迷茫与困惑的同时不能放下学习的脚步，因为这所学校和这个专业都不会是我们的终点。或许我们都会经历迷茫与困惑，我们也会面临着不喜欢自己所读的学校和专业。但是不要带着偏见进入课堂和学习中，有时候需要我们转变观念，每一个专业都值得被尊重，每一个专业学好了都有自己的价值。我想在学习过程中，我们需要少一些功利主义，保持良好的心态，打好自己的专业基础，这样我们会有更多的资格去选择。

在经历了大一的迷茫后，大二的我懂得了自己真正想要的是什么，懂得了努力后的自己更加坚定，懂得了努力就会有希望，心中也就有了自己明确的目标。朝着心中前进的方向努力，相信自己不会再迷路。大二是专业知识基础最宝贵的时间，在闲暇时阅读几本专业书籍，上课认真听讲，认真备考。现在的我，明确自己的学习目标，明确自己要做的每一件事，明白自己需要付出的唯有时间和努力。我们总是在寻求更高的方向，其实走好当下的路比任何好高骛远都重要。

人生的节奏已经跳跃到大三，班级里的每个同学或许都在迫不得已下选择规划自己未来的道路，每天看着同学们无论是上课还是下课时都在背诵单词，看着考研的相关书籍，我知道接下来的日子我们又将全力以赴了。与同学相约第二天起床的时间；渴望着吃饭时间的片刻放松；欣喜着今天又听了凯程、唐叔的几个视频；又被徐涛的政治课讲解逗笑了几次；享受在图书馆楼梯下吹着晚风大声背诵的愉悦，好像大自然就是自己考研路上的听众。枯燥的备考生活里或许会因为有几个志趣相投的挚友而变得有趣，在自己只有些许脑容量里互相问答知识点来让自己和对方都变得印象深刻，走在昏暗的校园小径上巩固知识点时也会觉得原来寝室与学院之间的物理距离并没有那么远。当然，在这段艰难的日子里，我也听见了各种质疑的声音，也有很多同学和我交流学习的技巧，总是抱怨知识点背了又忘，我会说知识点记了又忘，是我们记忆的固有规律，忘了就继续再背，忘了又背，总有一次你将记住它。在我备考期间，每天的生物钟不是闹钟给的，而是身边的伙伴与自己的毅力给的，备考的力量让我惊叹，原来有那么多的人可以为了自己的理想而全力以赴。大学四年，如果问我最好的学习方式是什么，我的答案就是脚踏实地，没有捷径。

如今，自己已经拥有了一个新的身份，新的身份赋予我的是新的使命，思考更多的教育问题，积累更多的教学经验。身边的同学在备考时总是对我说很羡慕自己的状态，不用担心自己未来没有 "书" 读，我知道在现在人们追求的不仅仅是一个本科学历，他们都在害怕自己没有 "书" 读。每当我听到这样的话时自己也在反思。因为对于我来说，准备考研的过程是一个充实与提升自己知识积累的过程，这样的过程不仅能收获系统的专业知识，也能够锻炼自己的心理素质以及毅力，从这个层面来说，我更希望自己能和同学们一起并肩作战，一起享受努力后的喜悦。无论是理论的积累还是实践操作上，自己仍然有很大的提升空间，我很清楚自己能够提前获得一个新的身份，并不是因为自己足够的优秀，只是在有限的大学生涯里给自己的另外学习生活的延续。从大一开始对自己严格要求，每一个强迫自己学习的习惯都让自己清楚自己正在追求的是什么。面对新的身份，我感到的是随之而来的压力，无论是在专业思考还是在论文写作方面我都是不合格的，在这个 "内卷" 的时代，我追求的是远离赞扬与利益的纯粹学习，撕开标签后的学生身份。这一路的学习经历让自己清楚不要去想别人在做什么，而是做好当前的自己，不要有目的地去追求什么，而是脚踏实地地提升自己。

回头再看，大学生活也即将结束，在经历了总想长大的心境之后现在总在祈求时间流逝得慢一点。或许是觉得不舍与自己朝夕相处了四年的同窗好友，或许是自己还没有做好迎接下一个社会角色的准备，我们都在留恋着什么。或许是从刚踏入大学校门时自己心里就有很多遗憾，背负着很多人的期待，因此从大一到大三的学习过程中，我都始终有动力督促自己认真学习。现在，感谢在无数个悠闲的周末空荡荡的教室留下了身影的自己，在无数个专业课课堂里认真听讲做笔记的自己，感谢在迷茫困惑时仍然不忘前进时的自己……在大一、大二的认知里，每一个学年的成绩仅仅代表着自己这一段时间来取得的努力，在简单和没有 "目的" 的日子里每天收获一点点会让自己很满足，仍然记得在大一时室友的那句"要做自己村里的第一个研究生"。每一位家长都有望子成龙的心愿，希望自己的孩子在学习上获得成功。无法取得高学业成就取决于很多因素，有来自"寒门难出贵子"的环境因素，有来自保罗·威利斯在他的著作《学做工：工人阶级子弟为何继承父业》里面曾说的人很难超越自己的文化，因为难以察觉的文化因素影响。在坎坷的学业成长过程中，我无疑是幸运的，拥有互相交流讨论的学习伙伴、始终鼓励和关爱自己的老师……或许随着眼界的开阔和知识的积累，我们对自己学业成长道路的认识会更加深刻。只有不断地反思和总结才能从中有所收获，让这些经验成为最终的价值，指引着我们未来的道路。

在学习了那么多的专业知识以后，我审视了自己整个学习成长之路。根据遗传决定论和文化匮乏论来说，一些群体一直贫困是因为其代代相传的文化病态匮乏和缺失所致，这些儿童由于其家庭或社区没有为他们提供主流学校所期望的那种生活经历而在文化上缺失素养。农村家庭环境和传授主流价值观的学校环境之间存在断裂，许多家庭没有文化建设和文化重视，在监督自己孩子的学习时，往往只是口头叙述而没有实际行动，即使是在父母闲暇的家庭里，娱乐设施与网络充斥在周围，没有营造一个良好的文化氛围。在我自己的求学生涯中，家庭的文化氛围是十分薄弱的，父母可能最多的就是言语上的监督与提醒，而在这样的环境下，在家里的学习效率是十分低下的。根据文化剥夺理论，家庭社区环境没有给儿童提供足够的发展认知能力、文字能力和其他提高学业成就的技能的刺激，而这些能力和技能又是在学校中获得成功的学业成就所必需的。家庭经济条件不好的父母没有足够的条件帮助孩子的学习，一般家长关心的都是孩子在学校中的吃穿住行，在农村，父母很少会主动询问孩子是否需要资料书，是否需要补习等。文化中断理论认为，当孩子们带着不同的文化背景来到学校或在不同的文化当中接受教育时，就在教育中产生了文化中断。例如，当他们在一个家庭与众不同的环境中接受教育时，来自不同文化背景的孩子对课程和教学方法所预示的学习内容和形式有不同的需要。家庭中的教育文化和学校中的教育文化没有促成很好的衔接，学生们往往认为在家庭当中就是要学会生活，在学校当中才是要学会学习，学会生活和学会学习之间没有促进良好的合作关系。角色身份理论指出，一个学生只有把其学生身份放在最重要位置，且其他身份可以辅助学生身份时，他才能获得较高的学业成就，每个人都有多重身份和角色，每个角色身份都与一个社会地位相映，都有其存在的价值。审视自己的学业历程，小学阶段的求学生涯里并没有把学生身份放在最重要的位置。作为一个农村孩子，放学回到家之后就扮演着干农活、做家务以及其他角色，父母也没有意识强化孩子的学生身份，而是在弱化孩子的学生身份，当孩子帮助家里干活以减轻他们的负担时，他们会感到很高兴，孩子因此强化了自己在家庭中的身份而弱化了学生身份。

一个孩子可能一生都在追求高学业成就。在我学业成长的道路上，我也在不断地反思每个阶段成功与失败的原因。在小学阶段，我总是把一切的原因归结为父母没有陪伴我的成长，没有参与我的学习生活，埋怨和渴望交织，一路走来似乎都是自己一个人在默默努力。但是，后来我知道正是因为缺失父母的陪伴，我能够更加独立地生活，我也深刻地知道父母的不关心有着他们不得已的苦衷。生活中总是有太多不得已，他们缺失了我的成长，这让我学会了独立。没有任何人可以搀扶着你一直成长，必须在不断地摸索中前行。我也懂得了坚持与反思，只为了成为他们的骄傲，为了抚慰他们劳累的心。我想通过学习给他们心理上的慰藉，享受着他们的开心。我们在高、低学业成就中徘徊，思考怎样取得高学业成就。每个人都期望取得高学业成就，但不是每一个人的学业成长道路都是一帆风顺的。爱笑的女孩运气都不会太差，所以我们需要笑对生活，笑对学习。在关键时刻要抓住机会，不负光阴，不负韶华。无论是高学业成就还是低学业成就，每个人的学业成长道路都是人生不可缺少的部分，它会影响着我们接下来的生活，会让我们的生活变得越来越好，会让我们从中吸取经验和教训，也会教会我们怎样去对待生活。在学习中的坚持与忍耐，也让我们在以后的生活中面对其他事情时，都觉得小事一桩，没有什么大不了。平静的生活成了学业中的一种奢侈，我们会更加享受生活，因为这是我们来之不易的努力。后来我们都懂得了感恩，感谢那一段坎坷的求学之路。

每个人的学业成长道路都需要很多时间去经历。在这个路途中，所有的欢乐、成就、悲伤与难过虽能几笔画过，但是影响久远。人们常常津津乐道着不平凡的人，但大多数人都在经历着平凡，所有的这些经历都成了美好的回忆。许多不起眼的学习小事与学习过客也会被个人赋予很多意义，丰富了我们内心的情感，也教会了我们如何去爱他人。徘徊在漫长而久远的学业道路上，我们总会有很多不如意的时候，时常犹豫在坚持与放弃之间，再往前一步就是坚持，再往后一步就是放弃。漫漫即慢慢，慢慢地选择、慢慢地等待、慢慢地坚持、慢慢地勇敢，在努力向上过后，相信生活会给予我们惊喜，相信人生会收获一笔财富。

第三节　苗乡女孩的教育坚守历程

我是一个土生土长的农村苗族女孩。在我小时候的记忆中，除了快乐，贫苦占据了大部分的记忆空间。作为贫困山乡苗族的"95后"，我的受教育历程在经济、环境、父母引导能力等多种因素的影响下，可谓一波三折！当然，我比很多苗乡女童都幸运数倍。我遇到了长期受封建思想侵扰，仍能平等对待"女性"这个文化符号的父母。正因为如此，我获得了义务教育之外的受教育的机会，在学业历程中先后上了高中，读了大学，也读到了研究生。

一、小学：初出茅庐渴望融入世界

我在 2005 年左右成为入学适龄儿童，当时国家已经基本普及了义务教育，即使在最偏远的深山里，也建起了乡村小学和乡镇中学。即便如此，当时家乡的教育条件还是很差，我见过最朴素的老师（村里上过小学的一位伯伯），最烂的操场、教室和桌椅，人们能通过纪录片或者其他形式知晓的山村小学的破落场景，我几乎都切身体验过。

由于家乡教育水平严重落后，我进入一年级以前没有接受过任何形式的学校教育或正规教育，直到我去县城上初中，才听到周围的学生谈到"幼儿园"和"学前班"。如今的教育体系越来越完善，九年义务教育不仅免费，国家还大力支持学校优办。但那时，乡村小学困难到需要我们一群穷人支付书费才能运行的地步。我记得很清楚，我们那批人基本上到了三四年级才开始接受免费的九年义务教育，一二年级每个学期的学杂费是 80 元钱。一年级下学期结束，我由于成绩优异，在升入二年级时被减免了一半费用。事实上，那时候的 80 元钱对于一个低收入农村家庭来说不是一笔小数目。尽管大多数父母都咬着牙送子女入学，但我身边每一个家庭都有 2 ~ 3 个孩子，甚至更多，且孩子的年龄相差不大。这就意味着一个家庭需要在同一时间段内承担几笔数目不小的学杂费，有部分孩子会因为钱的原因无法准时入学。真正让贫困人民看到教育意义的不是艰难踏入大山的那一缕文明之光，而是教育结果带来的"铁饭碗"。因此很多家庭愿意全力支持男童入学，经济条件导致的低入学率里，女童占了"大半边天"。

那时候的农村，八九岁上一年级，甚至十岁或十一岁才上一年级的孩子并不少见。除了农村人的身份，我还是一个苗族的孩子，从小在一个纯苗语的环境里长大，上学之前我完全没有接触过本地汉语方言，这一点似乎成了我在接受教育时的一个阻力，但周围同龄的孩子也大多是在纯苗语的环境里长大，大家的起跑线基本相同，没有学习基础就是我们上学前共同的特征。

七八岁的年纪，正是孩童天性捣蛋的时候。我年幼的时候特别调皮，对周围的一切事物都抱有强烈的好奇心，看到任何东西我都想去追问。第一次拿起镜子端详自己的容貌时，我脑子里的第一个想法是"我为什么会长成这个样子？"叔娘生堂妹的时候，正好是我上完一年级后的那个暑假，她临盆那天，我在场，但是大人们都不让我进屋。那时候家里住的还是木房子，事实上屋里并不隐秘，出于好奇，我爬到房梁上，企图看清里面的一切，结果里面被奶奶她们用大块布料支起的架子裹得严严实实的，我什么都没有看见。后来我问妈妈，我是怎么来的？妈妈讲的故事，我到现在都记得，她说，谷麦金黄季节里的某个早晨，她踏着晨露去井边挑水，回程时在路边的青石上发现了我，觉得可爱，便将一只水桶里的水倒掉，把我装回了家。我当时半信半疑，因为我发现叔娘生完妹妹之后，肚子变小了，我怀疑小堂妹是从她的肚子里面出来的，但是妹妹究竟是怎么出来的我一无所知。妈妈强调以后不要再问她这种问题，我虽然好奇，但还是听了妈妈的话，没再问过她，也没再问过任何人。印象中，性教育是人们非常避讳的话题，进而也就避讳谈论生孩子本来的样子。回想起来，在我目前的人生历程中，父母从未与我谈过性教育的问题，但细想，妈妈在我很小的时候就用其他方式完成了这件事。她会告诉我，适当与异性保持距离、不能单独和家人以外的男性待在一起、不能随便让别人碰自己、不能在男性朋友家里留宿……很多"不能"和学会保护自己的叮嘱，让年少的我不解，但也让听话的我平安。

在我就读的小学里，有一半以上的教师是本地人，因为新入学的学生缺乏国家通用语环境，所以一二年级的课程都会由讲苗语的教师负责。前期他们主要用普通话和苗语两种语言进行教学，二年级之后逐步过渡到纯用普通话教学。一年级上半学期结束的时候，我会说一些简单的普通话了，但考试成绩特别差，语文考了 7 分，数学考了 8 分。我这辈子都不会忘记这两个代表着我能力水平的分数。上学后，我对普通话产生了极大的兴趣，我很想学会并能说出一口流利的普通话。

家里唯一的姑姑嫁了个汉族人，我那个时候就特别喜欢去她家里玩，也因此交到好几个汉族的小朋友。我总爱借着和他们玩乐的时间学习汉语方言，每当我问出一些在他们看来很傻的问题，像 "蝴蝶怎么说？""辣椒怎么说？""茄子怎么说？""花怎么说？""树怎么说？"等。他们总是先笑我，随后一一给我解答。我学习语言的速度并不慢，生活里的事物，他们说一次，我基本就不会忘记了。现在回想起来，我那时候跟他们之间最多的交流竟然是 "那个东西用汉语方言怎么说"。

上大学之后，我学习到了不少关于教育学和心理学的知识，人类的发展具有阶段性，每个阶段有不同的特点。七八岁的年纪，正是好奇心爆棚的时候，总对外界充满好奇，想知道山的那边是什么？想知道站在最高的山顶能不能摸到云？想知道云层之上是不是真的有那么大的蟠桃园？为什么爸妈不爱吃大米饭？为什么流浪汉不回家？那时候，就是 1 个 G 的脑袋装着 2 个 G 的疑惑。在那时候的农村，上学是一件非常稀奇的事，每个孩子都渴望上学，每个父母都渴望自己的孩子上学，因此，我们对老师和学校抱有绝对的敬畏之心。

我上一年级的时候，由于个子小，经常受到同桌的欺负。现在回想起来，我已经学会尝试自己去解决问题。关于同桌欺负我这件事情，我一开始想到的不是告诉父母或老师，而是想自己解决问题，我用警告的方式告诉同桌，你不要再欺负我，否则我会告诉家里人和老师。七八岁时，在我的世界里，父母是最值得依赖的人，但是父亲和老师才是我眼中最有权威的人。然而，我的警告并没有起到作用，我的同桌仍然欺负我。他是一个又高又胖的男生，我们之间除了口角之争，也交过手，但一番权衡之后，我肯定我一个人打不过他，所以决定让父亲到学校与老师商议后解决这个问题。爸爸到学校里跟老师说明情况后，老师批评了同桌，这件事情在表面上暂时得到了解决。然而没过几天他又继续欺负我，而且比之前更为严重，甚至影响到我的学习和安全，使我不得不路走偏锋，采取其他办法，我的同桌就再也没有欺负过我。

上三年级的时候，学校来了一位新的语文老师，他很年轻，也就二十出头的样子。很幸运，我们三年级成了他带的第一个班。接触一段时间之后，我能很清晰地感知这位新老师与其他教师的不同，他有着区别于其他老师的思维、与学生沟通的方式以及教学方法。我对语文的"兴趣之种"大概也是那位老师种下的，即便我并不真的明白《和时间赛跑》里说的"一寸光阴一寸金，寸金难买寸光阴"的深刻内涵，但是我依然将那些词句烂熟于心。我一直都对老师有一种神秘而敬畏之情，认为老师就是全世界最厉害的人。我对老师的崇拜程度高到老师说公鸡会下蛋，我也一定会无条件相信。

上三年级之后，我开始逐渐体会到学习的快乐，具体来说是学习结果带来的成就感让我在学习过程中不断收获愉快的体验。因为足够信任新来的老师，我在语文学科上的学习很用心，但从我现在的经验来看，我那时的用心仅仅是因为想得到语文老师的奖励和认可。比如，有一次老师布置的生字抄写的作业，奖励是一块方形橡皮。那时候，不知道老师手里那块我从未见过的方形橡皮有多大魔力，能让我在下笔写生字的时候，心慌手抖。可能是因为橡皮只有一块吧，我没有犯错误的机会，我一旦不是最好的，它一定不属于我。我现在都会毫不迟疑地说，我当时拿出了120%的专注度去完成那次作业。所幸，努力的结果很好，我最后拿到了那块橡皮，也得到了老师的鼓励。其实说起来，还得感谢我爸爸买的字帖，让我从一年级的时候开始，偶尔用空闲的时间练字。那块方形橡皮，陪我过完了小学的后半段，它代表着我对老师的敬重，也代表着我对知识的敬仰。

三年级下学期，语文老师提议将学校的图书室对学生开放，在那之前，大概是没有学生亲眼见过那间图书室的真容。在那之后，除了每个班的前三名，也就只有后来在暑假撬窗进去 "偷盗破坏" 的学生见过。图书室开放当天，我借了一本《丑小鸭》，此前我没有看过课本和《新华字典》以外的书籍。那时候，教师对我来说是神圣的，书本也同样如此。丑小鸭含泪离开母亲的那幅插图，我至今难忘，可能是因为过了苦日子，它的经历让我产生了强烈的共鸣。因为回家路远，我整个小学几乎没有在上学日吃过午饭。这也是为什么我现在回想起在山村小学的那段日子，对课堂没有太多记忆，但总是记得太阳好大，肚子好饿。我那时候几乎天天去图书室，现在回想起来，除了《丑小鸭》和一些零碎的插图，我并不记得当时都看了什么书。事实是我当时只是被新鲜的彩色插图吸引，而并非对阅读这件事产生兴趣。

听说大人的生活通常都是一波未平一波又起，其实小孩的生活也不太容易。四年级下学期，政府出了一个政策：本村的孩子只能在本村的小学里就读。入学初期，出于对上学路程的考虑，我们村很多的家长没有选择本村的小学。政策出来时，我刚在外村的小学里完成报到，还没领到书本，就被接到新消息的老师遣回了家，被迫转学回本村的小学。在我看来，两所学校最大的区别在于本村小学的生源都是苗族孩子，在本村小学任教的老师也基本是少数民族教师，双语教学是常态。为了能最大程度上照顾到所有学生，即使到了小学高年级，老师们依然采用双语教学模式完成教学任务。

我在本村小学待了不到三个月时间，就回到了原来就读的小学，至于为什么能回去了，我并不清楚。时光已久，对本村小学的记忆好像除了那幢摇摇欲坠的矮楼、土坯操场旁边的小卖铺和核桃树，就只剩下学习委员和数学老师了。我在村里的小学就读之前就对班里的学习委员略有耳闻，是听在本村小学就读的表哥说的（表哥的父亲是村小学的教师，所以他是我们村里唯一在本村小学就读的孩子）。学习委员的舅舅在村里的小学任教，加上她本身成绩很好，因此成了学校里的风云人物。不仅学生们羡慕她崇拜她，老师也常拿她来与我们作比较。也许老师的初衷是让脑袋不开窍的我们向优秀的同学看齐，但说实话，他们的话让我觉得泥潭里长不出鲜花，干木里发不出嫩芽，而我们就是泥潭和干木本身。这些话虽不是针对我一个人，但好像已经默认了我不是读书的料。受多了负面评价，再多苦口婆心地劝诫，也很难让我们再次建立学好知识的信心了。比我们后出生四五年的弟弟妹妹们参与了村小学的复式教学，再后来，在出生率降低和学生外流严重的双重压力下，外村的小学停办了，本村小学反倒在政府的支持下越办越好。

回到外村小学不到一周，我最喜欢的语文老师就因为太优秀被调到镇上去了。他离开之前，给我们上了最后一堂课，是王维写的《送元二使安西》，我那时只觉得"渭城朝雨浥轻尘，客舍青青柳色新"把景讲得很美，并不太理解"劝君更尽一杯酒，西出阳关无故人"里写的离别情。老师走那天，我幻想过很多种告别的情景，但没有一种成为现实，哪怕是给老师送上一张卡片或是一封信，后来都不会那么遗憾。也许是老师太权威，也许是我太胆小，老师离开时我揣着五味杂陈的心在班级面前望着他，无数次欲言又止，但最后还是一句话都没有说。老师会知道我们胆小吗？老师会怪我们没有心吗？后来，我在镇上见过老师一次，原本想跑掉的，但姐姐说，"王老师以前对你那么好，你该去和他打个招呼的，我想他会高兴"。我听后鼓足勇气，蹑手蹑脚地走向老师，但我还没打招呼，他就先喊了我，也许他是看见了我的窘迫，也许他只是看见了自己的学生，无论因为什么，我都感谢他先向我招手。他还是像以前那样，会笑着问班里最近的生活，就像他刚来学校那会儿，与我们在教室里讨论谁家到学校的距离最远一样。

二、初中：拨云见日重新定义世界

我在 2011 年迎来人生最大的转折点，父母将我送往县城新办的私立学校，换了一个学习环境重新开始。我到现在都非常感谢那所私立学校，感谢这所学校选择了我的家乡，如果没有那群老师来县城里办学，我可能连高中都考不上，也许会去打工，也许已经嫁人，也许还有别的路。当然，我最感谢的是我的父母，感谢爸爸的远见和果断，感谢妈妈的鼓励与支持。

到私立学校之后，我看到了完全不一样的世界。父母打工的广东并不是一个只有工厂和菜场的地方，高中不是学习的尽头，女孩也并不比男孩低等。

由于从小生活的地方比较闭塞，我对外面的世界一无所知。毫不夸张，我在小学之前，并不知道有 "大学"。在我的认知里，读书这事的尽头就是县里的高中，上完高中的人就可以当老师或者当官，而只念完初中的人就只能出门打工或者回家种地。那个时候我所知晓的职业也是寥寥无几，无非就是种地的、当老师的、卖东西的、打工的。当时的我认为每个人的人生都是：出生，长大，上学，恋爱，结婚，种地，生子，育子，老去，带孙，死亡。当外面的人们踩在网络尖端看世界的时候，我们还陷在 "你耕田来我织布，我挑水来你浇园，寒窑虽破能避风雨，夫妻恩爱苦也甜" 的 VCD 童话里，看不见那茫茫草地以外的世界。

初中开学当天，爸爸在凌晨 3 点叫醒我，我们草草收拾便拎着行李出门。我记得特别清楚，天刚破晓，我和爸爸已经站在工商银行门前。等了两个小时，银行的工作人员才陆陆续续走入工位。银行开始上班，爸爸进去取叔叔寄过来借给我读书的学费，我一个人站在工商银行那栋大楼（其实只有6层楼）前一间未开业的旧门面下守我的行李，望着爸爸的背影、望着银行里的工作人员、望着陌生的街道和稀疏的行人，闻着周围浓郁的饭香，心里突然觉得读书这件事特别重要，我到现在都还记得那天暗暗发誓我一定好好读书。爸爸出来后带我就近吃了早饭，然后直奔学校。我一路上东张西望，觉得县城大得不得了，街道宽得不行，数不清的店铺和高楼、来来往往的人群、各种嘈杂的喇叭声……一切都是新的，是我从未见过的。进校后我特别紧张，差到不能看的成绩和农村人的标签让我在期待新生活的同时很心慌，我并没有做好和城里人相处的准备，还好老师们都非常亲和热情，让我紧张的心情缓解不少。学校里并不都是城里的学生，有绝大一部分学生都是留守儿童。

本着"棍棒之下出人才"的理念，那所私立学校主张军事化管理，严格就是学校管理学生的方向标。不论是学习上还是生活上，我们都按照学校的规矩来做。比如：被子要叠成豆腐块；鞋子、脸帕、漱口杯、盆和桶等都必须摆成一条线；宿舍必须每天打扫；脏衣服不能久堆；上课吃饭睡觉都要准时……此外，学校还特别提倡"严师出高徒""不打不成才"等理念。老师规定，每一次考完试，除了80分以上的同学，分数低于上一次的学生，低了多少分就挨多少下打（打手板心）！我刚进去的时候排在全班的倒数，成绩特别差，刚开始我总挨打，特别是英语学科，因为小学没学过英语，基础很差，那时候真的平均考两次试就要挨一次打，我后面都被打怕了。但我没有因此讨厌学习，一方面，我家里经济条件并不太好，但是我的父母仍然愿意花高额学费让我进私立学校就读，我不想辜负他们；另一方面，进入私立学校之后，我发现大家的成绩都特别好，所以我不想再像以前那样虚度光阴，我也不想再做最差的人，我想改变，我想考上高中，而且要考上市里最好的高中。有了这样的目标，学习就不是痛苦的事，挨打和被批评也变得合理了起来。经过一个学期的埋头苦读，我的成绩突飞猛进，虽然英语差一些，但总成绩已经能考进班级前五名了。人真的是一种很奇怪的生物，一旦尝到了努力的甜头，就会为了更多的甜头拼命付出，坚定不移地相信付出与回报的正向关系。十年过去后，我再回过头去看自己的经历，发现很多时候自己能获得一些成就，不只是因为付出了绝对的努力，遇到的人也很重要。

在初中之前的学校里，老师们从未跟我们谈过高中和大学，可能他们觉得没有必要和乡下的穷孩子说这些，那是对牛弹琴；可能他们认为小孩子什么都不懂，说了也没用；也可能他们本身就对大学知之不多。城镇里的小孩可能会烦恼，大人们为什么总爱问他们以后想做什么？在村里，我们根本没有这样的烦恼，大人们从来不会问我们未来的事，他们觉得我们不是读书的料，命定是农人。进了私立学校之后，老师会和我们畅谈未来，会非常坦诚地告诉我们，对于生在深山里的我们来说，上好的高中和大学多么重要。如果我们想要改写命运，读书是最切实可行的路径。余华老师说，不要轻易走那些僻静的路，先往宽广的大路走，等你真的积攒了一些人生阅历，能承受蹊径带来的压力，也有能力抓住蹊径里的机遇，你再走。大路未必不好，读书就是那条大路。我知道有大学这么一个地方之后，甚是好奇，但由于家里支付不起，我并没有任何属于自己的电子设备，听他们说在百度上可以搜到大学，所以我就花三块钱进了我一直不愿进的网吧，借着生疏的电脑上网搜了一个小时的大学。旁边的人都在玩游戏，我一个人在那里看各种大学的图片，现在想起来，真的傻而清醒。

初中阶段正是绝大多数人的青春期，不论是生理上还是心理上都会发生比较大的变化。那时候，老师经常提醒我们，上了初二之后一定要稳住成绩，不要被其他事情分了心。老师们都认定初二是我们叛逆期来得最猛烈的一个阶段，所以把大家抓得特别紧。但我觉得我没有什么叛逆期，我会偶尔跟父母斗嘴，但也仅仅是斗嘴而已，他们说的话我都会听。初二时，我们班有几个同学从浙江转回来，他们的成绩比我们好很多，我在班上原本的优势一下子就没有了。但是一个学期以后，他们跟这边的同学逐渐混熟，就开始有不少同学忙着早恋了。我很"心机"，他们在忙着早恋的时候，我也挺忙的，我忙着在学习上超过他们。初二一整年我都在努力学习，到了初三，我如愿以偿地回到了班级前三名的位置。当然，我不能说自己完全隔绝了情感上的问题，谁都有过青春期的悸动，大概很少有人能逃过大自然的生长规律。我也在初中的时候遇上过相互欣赏的男孩，可我一直都是一个克制的人，我愿意在十本日记里写到他，但不会与他在一起。后来听我最好的异性朋友说，那个男孩因为不想影响我中考，所以在初三后很少和我说话。但我很清楚，即便我们在一起了，我也一定以自己为主，他不会成为左右我决定的任何一个理由。我想去市一中，我就一定要竭尽全力去做到，至于他和不和我一起，是他自己的事，不在我的考虑范围里。这种观念我到现在都没有变，也许有人觉得很冷漠，我还是希望自己一直是一个独立的个体，开朗自由、乐观向上、尊人爱己，我可以在合理的范围内有所付出，投入情感，但我绝不能失去自己，那是我最后的自保封地和翻身筹码。

我不知如何才能最完美地呈现私立学校的那三年在我心中的分量，那三年对我来说特别重要，也特别难忘，是我脱胎换骨的三年。当我知道这个世界上有更多的东西等着我去发现，当我脑袋里装着更丰富的知识，当我看见了更遥远的远方，我一下子就觉得生活有了希望。在那三年里，我不再像以前一样畏首畏尾，我学会了主动交朋友。在学习遇到困难时，我会主动请求朋友和老师的帮助，那都是以前的我所做不到的。

三、高中：沉迷在自我学业的世界

上高中之前，县城是我去过最远最繁华的地方。2015 年我顺利考上了市一中，去报名的那天，我特别兴奋，即便晕车吐了一路，我依旧对高中生活满怀期待。我喜欢城市，也很希望自己有一天能住进城里。走出汽车站，跟着入学指南的提示，我们找到了对应的公交车，在那之前，我从来没有见到过真正意义上的公交车。上车后我选择了靠窗的位置，透过窗，一路四处观望目之所及的每一处风景。市里不仅楼比县里高、街比县里宽、店铺和人也比县里多了很多。车走了几个站，上来了一位年迈的老人，我第一次践行书本里说的在公交车上给老人让座，心里不自觉地为自己打起气来，告诉自己别紧张，放宽心。下车之后，我们没有找到一中，当时也不会用导航，没其他办法，只能靠嘴了，我去问了路人才找到路。在路人的指引下，我们不紧不慢地随着行人走完古旧的石板街，一中偌大的石门就映入了眼帘。虽然远没有我想象的那么好，但是有很浓厚的学习氛围，感触特别深的是一中门口的校训"做人，做学问"，一中的那棵百年老树，也给人一种很庄重的感觉。

正式上课后，我不禁感叹，一中的教学设备比我们初中好太多，我们的科任老师也很年轻，他们基本上都是各所高校刚毕业不久的大学生。我们经常问他们就读于哪些大学？大学有什么好的？……各种各样奇奇怪怪的问题，老师也不觉得烦，时间充裕的时候，还会一一给大家解答。我们学校绝大部分的老师是西南大学毕业的，也有来自北京师范大学的，师资还是很不错的，而且很多老师都是研究生学历，听说近年来一中已经不招收本科学历的教师了。

一中老师的教学方式都很新颖，虽然我们还是跟之前一样，为了应付考试而学习，但是明显感到，学习知识的时候会更多地注重理解记忆，而不是死记硬背。说实话，整个高一我过得比较颓废，我初中的英语还行，但是上了高中之后因为不适应高中老师的教学模式和高中英语的题型，我对英语产生了很大的厌恶感。再加上我们的英语老师常常全英文授课，这对听力不好的我来说，简直是噩梦。作为一个少数民族孩子，我小学才接触汉语，初中才接触英语，之前学英语都是靠死记硬背，根本没有办法马上适应老师的全英文教学。其次就是数学，我们的数学老师太温柔了，她讲课的时候我特别容易睡着，而且她每一次问"会了吗？"班上几个学霸立马就会回答"我们会了"！于是老师就果断跳过了，留下我们一堆的学渣一脸茫然。高一上学期我的数学作业全都是抄的，直到下学期换了一个数学老师，那个老师特别严厉，从那以后我再也没有抄过数学作业，并且非常认真地去学。

高二分科的时候我选了文科。其实我的物理化学生物等科目都不算很差的，是因为数学太差，我才选了文科。但我现在也不知道当初的决定是否正确，在学业上，一直以来我都是一个人，家里没有人能指点我，完全摸着石头过河，而很多路过去就过去了，没有机会再来。其实我后边仔细想想还是有些后悔的，我并不是因为喜欢文科才选的文科，完全是因为数学学不进去，才选的文科。不过我还算有一点文科的天赋，我在文科班的排名就靠前了很多，但是高二之后英语的劣势就越来越明显了。有一次考试我考了班级的第二名，是因为我的英语居然破天荒地及格了。说实话，高考结束后我特别后悔没有把英语抓上来，如果我当初好好学英语，高考把英语考高一点，我可能会拥有不一样的人生。但是后悔有什么用呢？既来之则安之吧，现在也挺不错的。

高一、高二我总共和两位同学闹过两次矛盾，我一直不太善于去处理人际关系，所以我尽量不和任何人发生矛盾，但生活怎么肯让你一帆风顺啊。当时，我是真的不知道她们突然生那么大的气是出于什么原因，所以也没有及时去解决问题。她们生气的方式就是不理我，和我冷战，可能是希望我做出妥协吧。但我很轴，我并不是很在意她们不理我这件事，因为我不知道我错在哪里。可能和我成长的经历有关，我对物质和感情的期望并不高，所以也从来不去讨好别人，总觉得人与人之间的缘分尽了就尽了，不想思考那么多。后来，冷战一两个月后，我们就和解了，但是两次和解我都没有做任何努力，都是她们主动来找我和解，我也知道这种性子不好，但我改不了，特别是我问心无愧的时候，我绝不退让。我心很大，只要彼此之间没做过什么过分的事情，你愿意给我台阶，那么我们依然是好朋友。

对高三的记忆就是漫无边际的上课和考试，所幸对未来抱有一些期待，所以生活并不算无聊。要说有没有遗憾，那肯定是有很多遗憾，没有谁对过去绝对满意。

四、大学：步履不停走进绚烂世界

刚入学那会，我心里其实一点也不踏实，觉得自己没有考上心仪的大学，加之我选的专业与想象中差距很大，这又给了我重重一击。最开始那段时间，我真的整天都处于一种颓废的状态，什么都不想干，不认真上课，不去图书馆读书，也不社交，对一切事物都不感兴趣。我想，没有什么比丢了脑子更糟糕了，完全失去了思考的能力。所幸我总能开解自己，这种状态持续的时间并不久，有句话叫"但行好事，莫问前程"，人生才开始呢，不必太过慌张，好好准备，好多事都还有机会。

收拾好心情后，我就往学院的学生组织投去了人生中第一份简历，被录取后，生活突然就不那么糟糕了，一切都慢慢好了起来。回顾我的大学四年，加入学生组织是我做的最正确的一个选择，我在里面找到了自己的价值，至少在那时候是的，这让我觉得我也不是那么一无是处。我所在的部门主要负责策划学院的各种活动，包括制作活动 PPT、联系领导和摄影师、维护场内秩序等。我参与策划了学院不少大型活动，也在学生组织里认识了很多小伙伴。总而言之，人和事都在推着我成长。在学生组织里的收获让我逐渐正视自己的学业，教育学自然是我喜欢的，一直以来都没变过，但是想当老师的人不学习怎么当老师，对教育一无所知，那也着实搞笑。所以，我还是硬着头皮和学院的老师们穿梭在柏拉图、卢梭、斯宾塞、雅斯贝尔斯、杜威、陶行知等一群教育家之中，去了解他们的教育主张，试图理解他们眼里的教育，建构自己的教育认知。

曾经觉得"时间如白驹过隙"是老师拿来吓唬学生的，后来都在感慨时间如白驹过隙。大学四年真的一晃就过去了，或许是过得并不充实的缘故，过去的好多日子都无迹可寻，虚度光阴的证明，大概就是找不到时光从自己手里溜走的证据了。还记得初入大学时，辅导员让我们每个人给四年后的自己写一封信，制定一些目标，刻画一些成长的模样，四年后再回过头来看看自己的初心。毕业时，我们宿舍四个人一同拆开的信封，我们同样都只完成了其中的一些事。"计划赶不上变化"是真的力不从心，还是自己着实没有努力，我很清楚自己是后者，但好像每个人生阶段都不可避免地犯一些傻，那些傻大概也是成长中浓墨重彩的一笔吧。其实我自己也不知道怎么评价我这些年的成长，我到底让岁月磨成了一个什么样的人？当局者迷，有时候我也不太了解我自己，好多时候都是被时间和事情推着走。

人生旅途里遇见的每一个人，都有意义。一直以来我都觉得我们专业四十几个人遇到了大学最负责的辅导员，他在学业、生活、就业等各方面给我们指了不少路，大家和老师的关系很好，亦师亦友。大一和大二是我们最为迷茫的时候，脑子里全是高中老师给我们灌输的思想：上大学就好了，什么都不用考虑，全是你们玩的时间！但事实上，真的是这样吗？上大学之后压力反而更大了，最可怕的是我们都在摸着石头过河，没有目标。不像高中那样，虽然学习辛苦，但是我们目标明确。没有目标真的非常痛苦,你不知道自己在干什么,每天过得又忙又颓废。幸运的是,我们有一个好的班导,他没有直接帮助我们定目标,而是领着我们去寻找自己想要的目标。在班导的带领下,我们读了不少书,对问题有了不一样的看法。高尔基说,书籍是人类进步的阶梯。培根说,读书使人明智。没读过什么书的时候,我觉得这些话很虚浮,但真的认真读完一些书之后,我倒很认可这个观点。到了大二,班导依然领着我们读书。此外,也领着我们去了解就业以及考研方面的信息,让我们进一步明确自己的目标,找准方向,朝更好的自己走去。

五、考研:励志实现小学育人之梦

我是在大三刚开始的时候决定考研的,但真正着手准备是在 2021 年的暑假,由于大三的课程过于紧凑,加之我个人的其他事务和工作,我在大三这整年当中,除了背单词,几乎没有做任何关于考研的事情。2021 年的暑假,学院为考研的学生争取到了留校的机会,为了能够更好地备考,我选择留校。在留校的这一个多月当中,我一直在探索适合自己的学习方法,备考进度极慢。我在网上了解过很多考研的学习方法,但最终都没能用上,别人的东西终究是别人的,全套照搬一定不适合自己,反倒有可能浪费时间。自己探索的路程虽然很艰辛,但总结出方法之后,学习起来更踏实。扪心自问,考研是我迄今为止做过的最认真的一件事,高考都没有这么努力过,不然我也不会留在本地上大学。谈及高考,我不得不提及我目前人生里最后悔的一件事:高中时我完全放弃了英语的学习,70 分的英语成绩,打破了我的名校梦,所以我一直认为英语是我人生当中永远过不去的坎。在大学的英语学习当中,我也没有认真对待过,因为我始终认为无论我怎么努力都不可能学好英语,强烈的心理暗示让我很排斥英语的学习。但英语确实是过不去的坎，考研就跳不过英语，我没有其他办法，只能硬着头皮学。经过长时间的磨炼，我在英语学习上从被动变成了主动，尤其在考研的最后阶段，英语竟然变成了我最愿意学习的科目。

考试那天，贵阳下雪了，我刚出地铁口，就被夹杂着雨雪的冷气冲了一身，越往考场走，雪下得越大。明明前一天才踩过点，我还是走错了路，少走了一条街，好在我这些年养成了做什么都提前的习惯，我那天提早了一个小时，宽裕的时间允许我走错路。绕道回来的时候，还顺道在路边把早餐解决了，提前半小时到达，没耽误什么事。考试持续了两天，雪化的时候，我们刚好考完，南方留不住雪，就像故乡留不住漂泊的孩子。因为我十月份才开始看专业课二的书，确实准备得不充分，结果也预料之中，我在拿到专业课二的试卷时，我就觉得自己考不上了，有100多分的题我没见过，但本着来都来了的心态，我用自己现有的储备把答案全部答完。考完后我小小地放纵了一下，然后就开始投入下一阶段的学习了。

复试名单出来的时候，我还在小学实习。一开始不打算看名单了，因为我认定自己考不上，但不看白纸黑字的结果，总不死心，所以我看了。2022级扩招了，录取了七八十人，少数民族骨干计划的考生被排在最后，我差点就没往后翻了，好在还剩最后一点耐心和好奇心，我在最后几排看到了熟悉的名字，我没敢相信，连忙对了一遍考号，是我！我进复试了！拿到结果的那一刻，我很激动，但我没告诉任何人，万一最后没被录取，我还要对自己"意难平"的结果解释一番，不必那么麻烦自己。复试我准备了一周，因为认定自己考不上，考完后我几乎没再看过考研的书籍，一心扑在了考公上，希望能给自己再开一条路。但生活有时候就是会给你很多惊喜，潦草准备了一周后，我在录取名单上再次看到了自己的名字。打电话给爸爸妈妈的时候，我心里特别平静，我问他们：今天，有一个好消息和一个坏消息，你们想先听哪个？爸妈的第一反应是我是不是遇上了什么麻烦，他们比我更操心。我说没有遇到麻烦，就是有一个好消息和一个坏消息，你们想先听哪个？他们明确没有麻烦之后，松了一口气，爸爸说：那就先听好消息嘛！我说好消息是我考上研究生了，坏消息是你们两个还得继续养我两年嘞！爸妈特别高兴，妈妈说那算什么坏消息，我们在这呢，钱都给你准备好的，不用担心，自己想做什么好好做就行了。爸爸笑了笑，他说我就知道你行。我爸妈好像和别的家长有些不同，他们一直对我特别放心，因为在读书上确实懂得不多，所以从来不过问我的学习，让我自己安排。从初中开始，我就很自由，当堂妹暑假被大伯压在家里写作业的时候，我可以无所事事地晃荡在村里的各个角落，当叔叔用棍棒盯着小堂妹写作业的时候，我可以看电视或者出去玩。我整个暑假不写作业，最后两天联系同学要作业抄，爸妈也不说我，他们觉得我在学校里用好时间就行，不用每时每刻都读书，不仅累还容易厌倦学习。经常听到别人说 "穷人的儿女早当家"，可我一直以来都没长大，5 岁时我是小孩，15 岁时我还是小孩，25 岁了我也还是小孩。有时候我也会隐隐担心，被保护得太好，没经历过什么事，进入社会后会被吊起来毒打吧！但仔细想想，也没那么害怕，兵来将挡水来土掩，车到山前必有路，过去好多路都是我一个人走，没什么的。关于未来，我对自己的定位没有改变过，我依然坚信自己会成为一名小学教师。未来可能没有我想象的那么轻松，但我依然对未来充满向往，未来一定很好，我希望自己在生活和学习上能更加通透，做好未来的规划并且步履不停。永怀善意，清澈明朗！但行好事，莫问前程！

小　结

本章的 3 个案例皆顺利进入硕士研究生阶段攻读硕士学位，她们大学的学业成就完全达到了专业人才培养方案的目标。她们中有保研的，也有考研的。纵观她们从小学到大学的学业成就来看，她们身上有很多共性，也有些许的差异。她们都出生在乡村，在乡村接受的基础教育，在她们的学业成长过程中主要有老师、家庭、关键事件、自我效能感等因素影响她们的学业成就。

第一，教师作为重要他人对学业成就的影响。本章的 3 个案例都提到了教师对他们学业的积极影响，当然第 3 节的案例也提到了一些消极的影响。由此可见，教师扮演着学生学业成长道路上引路人的角色。教师对个体的影响既体现在思想方面，也表现在行为意识方面。既承担着教书工作，又发挥着育人作用。教师的言行举止都会对学生产生潜移默化的影响，如果教师对个体给予较多的关注和关心，学生就会对这一学科领域表现出更多的学习兴趣。3 个案例大学阶段，班主任和辅导员是亦师亦友的存在。他们为迷茫期的个体找寻到自己的人生目标。通过引导多读书，开展读书会，从而提高学生的思想境界，抑或提供就业和考研信息，让每个人都有了人生奋斗的方向。

第二，家庭对她们学业成就的影响。3 个案例可以说都是极贫的家庭文化资本，仅靠着家庭教育信念而获得如此高的学业成就。这不得不让我们反思，教育信念在学生学业成长中的作用。在传统的文化情境中，孩子接受高等教育是光耀门楣、光宗耀祖的大好事，所以即便砸锅卖铁也会支持孩子求学，这里面隐含的教育价值观是"知识改变命运"。3 个案例共同体现出来的特点就是家庭对"知识改变命运"的教育信念。

第三，学业成长中的关键事件。在学生的学业成长中，关键事件能够让学生顿悟，或者说长大，对她们来说就是知道了要好好学习。例如，本章中第一节的个案为转校带来的文化冲击和适应问题。如果没有适应过来，结果肯定是不能取得高学业成就。同时，一波三折的异地高考对她来说也是学业成长中的关键事件。又如，第二节中的案例为百元激励带来的学习动机。第三节中的案例积极学习普通话或当地汉语方言，从而让自己更快地适应国家通用语言文字的教学，进而取得高学业成就。

第四，学生个体的自我效能感对学业成就的影响。本章的 3 个案例，她他们的学业成长经历来看，她们都具有较高的自我效能感，即便在学业成长过程中有过迷茫，有过退缩，但是经过一番自我斗争后又会与自己和解，继续保持较高的自我效能感。尤其是在她们大学学业成长中，从一个纯理科生来到了一个被普遍认为属于文科的专业，加之和自己同伴之间的比较，心理落差更加大，在经过一系列的斗争后，还是决定努力学习，相信自己一定能够扭转命运之轮。而第 3 节中的案例，作为一个出生在苗寨的女孩，在学业成长中更有过文化冲突和文化休克，但是经过时间的调适，她还是相信自己能行，最终在学业上取得较高的成就。

当然，我们必须承认，在她们的学业成长中，还有很多因素的影响，比如同伴、校园文化、社区文化，等等。但是，上述四个因素是最为关键的影响因素。

结　　语

人是悬挂在自己编织的意义之网上的动物。

——马克斯·韦伯（Max Weber）

一、初步结论

本书的 18 个案例给我们呈现了一幅幅从幼儿园到大学期间学业成长的精彩画面，每个案例都是一个鲜活和富有灵性的个体。他们学业成长的故事一定会给予我们些许的感触和反思。在每章对其进行阐述分析的基础上，我们认为这项研究目前可以初步得出如下结论。

（一）教育信念有助于学生跨越低资本的境遇

从本研究呈现的案例来看，在有限的文化资本、经济资本和社会资本之下，家庭的教育信念和学生的教育信念更有助于学生取得高学业成就。在这些案例中，大多数人的家庭都生活在有限的资本之中，他们却能取得较高的学业成就。在他们的学业成长中，我们看到了从低学业成就者到高学业成就者的逆袭。在这个过程中，教育信念发挥了积极的作用，尤其是在父母眼中是否为"读书的料"的那一部分人。在父母的期待之下，他们能够获得更高的学业成就。同时，父母对"教育改变命运"的教育信念，使得他们即便"砸锅卖铁"也会让子女接受更好的教育。在本书的研究案例中，不管是留守儿童，还是随迁子女，甚至是父母一直陪伴在身边上学的学生，他们家庭所体现出来的共同特点都是相对有限的经济、社会和文化资本。这样的现实境遇一定意义上不利于学生高学业成就的获得，但是他们能跨越家庭低资本的现实境遇，获得相对较高的学业成就。这一现象与文化再制现象形成了较为鲜明的对比，也冲破了"龙生龙，凤生凤……"的宿命论。

教师的教育信念也在很大程度上影响了学生的学业成就，从18个案例呈现的结果来看，学生眼中的好老师都有一个共同的特点，那就是"不唯分数论"（注重学生品德的培养，并有针对性地引导学生健康成长）。学生对"唯分数论"（课堂只关注到成绩好的学生的表现而忽视分数差的学生）的老师也提出自己的疑问。一定意义上，教师在他们的学业成长中是学生唯一的文化资本，高学业成就的获得更需要老师的肯定。后进生成功逆袭的一个重要因素就是班主任老师或是某科任老师的影响。而学业成绩一直很好的学生，在他们的学业成长中老师也发挥了积极的作用。这里的积极作用主要体现在老师对学生的态度或者说信念上。本书18个案例都没有回忆到老师教授的某个知识点，老师对他们的影响集中体现在态度、言行等方面。他们更欣赏具有独特个性和富有个人教育理念的老师。这样的老师对他们的影响更为深刻。

学生的教育信念集中体现在读书有用还是读书无用两个方面。当学生认为读书无用时，往往会选择消极应对学校文化的策略，集中体现在不喜欢上课，不完成作业，甚至在课堂上表现出抵触的情绪和行为。这类行为的孩子被冠以"坏小孩"的标签，并在日常的学习中表现出叛逆行为。同时，当学生的努力得不到老师的认可时，也会表现出消极的学习行为。这类学生在学习中显得比较压抑，缺乏自信，对学业缺少努力的动力。此外，在与同辈群体的比较中，当学生的物质生活一直处于不利地位时，也会表现出"读书无用论"的想法。这类情况最直接的结果是退学，然后进城务工。与之相反，秉持"读书有用论"的学生会积极表现出"亲学校文化行为"，具体体现在：在课堂上会与老师进行积极的互动，当自我认知与学校文化发生冲突时，会积极地调适自己的学习策略以适应学校文化。同时，在学业成长过程中有着明确的规划和积极的自我效能感。

（二）学生积极的校园文化适应利于学业成长

学生在学校的校园文化适应情况影响学业成就的获得。从本书 18 个案例叙述的情况来看，他们中大多数人在学校都经历了文化适应的问题。这里我们强调的文化适应更多是学生从生活社区所处的文化到学校教育教授的文化之间的适应。在本书的 18 个案例中，有 17 个来自乡村，在他们进入学校教育的过程中，很明显地表现出文化不适的现象。比如学生刚从乡镇中学考入更大的城市读高中时，对学校所处文化的适应和学校的管理理念都会表现出不适。再如随迁子女在省外和省内接受教育过程中所表现出来的不适。这些现象本质上都是学生从一种校园文化过渡到另外一种校园文化时所表现出来的现象。通过18 个案例叙述的数据我们可以看到，当学生能够与学校文化快速适应时，学生就能取得较高的学业成就，当学生不能与所在学校的校园文化快速适应，甚至产生排斥情绪时，学生往往取得的都是比较低的学业成就。比如，"苗乡放牛娃跨越文化冲突的教育历程"这个案例，在小学阶段面对网络文化和学校文化的冲突时，他选择了网络文化，排斥校园文化，甚至抵制校园文化，最终在他的小升初考试中两门课考了 9.5 分。初中时随着自己对学校文化的接纳，对校外网络文化等的排斥，学业成绩逐步提升，最终取得了较好的学业成就，实现了较为完美的逆袭。再比如"我和我的倔强在学海翱翔"这个案例，作为留守儿童的她有着过人的学习天赋，在小学和初中阶段花的时间比同辈群体少却能获得较高的学业成就，但是，到了高中阶段情况就发生了改变，甚至辍学外出务工，最后又回归学校教育。在这个过程中，她的选择一定意义上也是对学校文化的不适而产生的。在高中阶段她甚至认为读书无用，这是最典型的抵制校园文化的再制，不仅没有积极调适自己与学校文化相适应，而且还做出了与校园文化断裂的抉择。而当其在小公司做工四处碰壁，觉得社会不能给其提供一个生存的空间时，这其实也是她从校园文化过渡到工厂文化不适而导致的。

（三）角色身份认同影响学生学业成就的获得

角色身份是影响学生学业成就的重要因素之一。从本书呈现的案例来看，学生在学校中对自己身份的定位在很大程度上决定他们对学习采取何种态度。不管是学业成绩上的后进生，还是学业成绩一直处于前列的学生，从他们叙述的情况来看，在学校生活中，他们给自己身份的定位，或者说角色的认同都对他们的学业成绩产生了重要的影响。例如，"后进生的成功逆袭"这个案例，在小学到高中的学业成长中，他对自己在学校中的角色一直处于摇摆不定的状态。当受到来自老师、同学的否定时，他会选择游离在学生身份之外的身份，但是又没有积极地融入班级其他人所组成的小"团体"中，因为他觉得自己万一真把别人给打了，家里会收拾自己，还要赔一大笔钱。在这样的顾虑下，实际上他已变成了文化边缘人的角色。他既没有把学生身份这个角色贯穿于学习生活的核心，也没有把自己完全融入班级学业成绩不好的群体，而是游离在两个群体之间。当其意识到自己的学生身份和自己应该做什么的时候，他会积极地选择学业成绩高的同学和他们一起学习，并取得了相当不错的学业成绩。纵观他的学业成长，学生这个角色并未在他的学业成长中扮演着核心的位置，其他的身份也没有围绕着学生这个身份在转，或是服务于学生这个身份。

再如，"寒门学子求学路上的文化冲突与调适"这个案例，在其大三的时候也开始反思大学生活和学习中不同角色对自己的影响。在其大学期间，从高考录取成为大学生之后，她积极地查阅各种奖助学金政策文本，并积极了解保研、考研等事宜，在这个时候她还是很明确自己的学生身份的定位，并积极地认同这个身份，所以做的事情都是围绕学生这个身份转。当其进入大一之后，面对各种各样的社团、职务的吸引，自己的学生身份开始发生了变化，上课成了副业，其他的事情倒是成了大学期间的主业。从她的反思中，能够明显地看到她在各种角色中的成长，同时也看到她对自己大学学业成绩与预期值矛盾之间的懊恼。在各种角色的冲突中，最终她选择回归学生的角色，安心在学校学习，并发出了自己的感慨——"我特别认同角色身份理论中讲的一个学生只有能把其学生身份放在最重要位置，且其他身份可以辅助学生身份，他才能获得较高的学业成就"。

（四）重要他人在学业成长中扮演着关键角色

重要他人指在个体社会化以及心理人格形成的过程中具有重要影响的具体人物。从 18 个案例叙述的情况来看，在他们的学业成长过程中都有一些重要他人对他们产生积极或消极的影响。这些重要他人主要有教师、同辈群体、父母和爷爷奶奶等。其中，教师作为重要他人对每一个案例都产生了影响。在这些案例中，大多数老师对学生的影响都是积极的，也有一些案例认为一小部分老师对其学业成长产生了较为消极的影响。那些对学生产生积极影响的老师身上所共有的特征集中体现为以生为本，对学生进行循序善诱的引导，不以分数论学生，关心学生的身心健康，对学生进行积极的期待，等等。那些对学生产生消极影响的教师则集中体现在"唯分数论"，课堂上只关注学业成绩好的学生，对后进生抱有偏见，忽视后进生的身心健康。这就使得学生在成长过程中形成了鲜明的对比，不仅是与别的同学形成鲜明对比，在学生个体身上亦是。例如，"后进生的成功逆袭"这个案例，在其学业成长中高中班主任发挥了积极的促进作用。班主任老师对学生负责的态度让他改变了从小学到初中对教师的印象，更让其对学校教育产生了信任，而在初中学业成长过程中，当自己数学考了120分被老师怀疑后，便开始游离在班集体的边缘，使得其学业成绩一直都比较低。而"从'农'的传人到学术种子"这章的3个案例则告诉我们教师扮演着学生学业成长道路上引路人的角色。教师对个体的影响既体现在思想方面也表现在行为意识方面。既承担着教书工作，又发挥着育人作用。教师的言行举止都会对学生产生潜移默化的影响。3个案例的大学阶段，班主任和辅导员是亦师亦友的存在，为迷茫期的个体找寻到自己的人生目标。通过引导多读书，开展读书会，从而提高学生的思想境界，抑或提供就业和考研信息，让每个人都有了人生奋斗方向。

在学生学业成长过程中，同辈群体也是重要他人之一，也是影响学生学业成就的重要因素之一。从18个案例叙述的情况来看，在他们的学业成长过程中，同辈群体直接影响他们对学业的态度。在本书中，很多案例都叙述了同伴对他们学业的积极影响，偶尔有一两个案例叙述了同伴对他们学业产生的消极影响。其中积极的影响如"在广东和贵州的求学经历"这个案例，她自述道，在她的学业成长过程中，她的同伴基本上都是给予正向的刺激，从而使得她的学业成绩一直保持在较高的水平。而像"后进生的成功逆袭"这个案例，他则表示由于他小学同伴的影响，开始走进游戏厅，与学生的身份完全脱离，心不在学习上，而是把心思都放在了玩乐上，并且在班级的圈群文化中将自己完全与学业成绩好的学生形成的圈子隔离起来。再之后他的这个伙伴被老师在游戏厅外抓了现行，还把他给说了出来，他感觉自己被朋友"背叛"了，使得其性格变得孤僻、多疑和不愿意相信别人。而与之形成鲜明对比的是，他在回忆他的高中同伴时，重点提及了寝室长。他认为寝室长对他学业的影响是最明显的，他在寝室长的影响下形成了学习的好习惯，"后进生"的形象也得到了改变，最为明显的就是成绩的明显提升。成绩提升之后，同学们也会来问他问题，使得自己的人际关系也得到了扩大，性格也逐渐发生改变。由此可见，同伴作为学生学业成长过程中的重要他人，不仅对其学业成绩有直接的影响，而且对其身心健康也发挥着积极的作用。

本书呈现的案例一定意义上具有浓郁的"乡土"气息，因为在18个案例中17个案例都是农村的学子。在他们的学业成长过程中，父母扮演着重要的角色。同时，我们也看到即便是非农村的学子，在其学业成长的过程中，父母也发挥着重要的作用。本书农村学子的父母主要有双双外出务工、双双居家务农和一方居家带孩子读书另一方外出务工挣钱养家。不管是哪一种类型的父母，他们有一个共同的特点，即对教育充满了信心，相信学校教育能够改变学生的命运，让孩子实现跃"农"门的世代夙愿。这在教育信念与学业成就部分已经作了阐释，在此不再赘述。这里重点强调父母对孩子产生的影响。这种影响有积极的，也有消极的。其中，我们看到更多的案例叙述的都是积极的影响，比如父母辛苦的劳作，以身作则为生活奔波，这极大地激发了孩子学习的动力。而也有相对消极的影响，比如有的父亲就没有扮演好自己应有的角色，让孩子觉得不像一个父亲。尤其是在留守儿童的叙述中，对自己的父母一直不能理解，甚至有着极大的成见。这种成见就是孩子在成长的过程中，父母角色的缺失所导致的。这类孩子相对于父母，他们小时候不管是在学校的成长，还是在社区的成长中，爷爷奶奶、外公外婆对他们的影响更大。

（五）结构与主体的互动影响学业成就的获得

马克斯·韦伯说："人是悬挂在自己编织的意义之网上的动物。"❶

---

❶ 克利福德·格尔兹. 文化的解释［M］. 纳日碧力戈，等译. 上海：上海人民出版社，1995：5.

对学生学业成就高低进行阐释而形成的观点目前主要有遗传决定论、文化匮乏论、文化剥夺论、文化差异论、文化中断论、社会阶层论、文化模式论、角色身份论，等等。这些观点在本书阐释的过程中也有一定程度的提及，在上述的阐释中，提及了教育信念、低资本和学业成就之间的关系，本章的大多数案例都处于低资本的境地，而他们能够取得高学业成就的重要因素是他们和父母对教育持有极高的信念。同时本书也阐释了学生在学校校园文化中的适应问题、角色身份认同和重要他人对学生学业成就的影响。这些对他们学业成就的高低有着积极的影响，但还不能更好地诠释这些孩子为什么能够取得高学业成就。通过对 18 个案例的分析和上文的阐述可知，学生作为个体，其主体性的发挥对其学业有着积极的影响，同时，社会结构对学生而言就是学校升学结构，对其学业成就也有影响。而结构与主体之间能否互动一定程度上决定了学业成就的高低。

在所有案例的叙述中，都不同程度地对自己学业成就的高低进行了归因分析，在每章的小结中都对每章体现出来的共性问题进行了总结。不管是学生自我的分析，还是我在小结部分的总结，都没有从结构的视角来阐释结构如何影响他们的学业成就的。这里需要说明何为"结构"？相对于本书来说，结构就是一定时期内，学校教育发展的规模和录取的人数，以及升学相关的政策。这些一定程度上直接影响学生学业成就的高低。以高考升学为例，这 18 个案例中有少数民族预科生，有国家专项计划的考生，有省外的考生，而更多的是省内的考生，这样的学生来源结构足以说明高考录取已经在不断地走向多元化，同时，我们把视野放在本研究的案例之外，现在还有专升本、高中单报高职等升入大学的途径。这就说明了我们的升学结构在不断扩张，结构的扩大使得学生升学的路径不断增多。同时，在引言部分我强调 2018 年接手教育学班的时候，那年大学录取人数超 422 万，而这些数据也在逐年增加，这就说明整个结构在不断扩张。此外，本科

生升学、就业、创业等结构是否也在不断扩张。目前读研的渠道主要
有保研和考研两种，考研对应届生来说又分定向和非定向两种类型，
其中定向的主要是少数民族高层次人才骨干计划（简称"少数民族骨
干计划"）。因此，这个结构也在扩张。而就业上，近年来国家也在积
极增加就业岗位，并鼓励更多的孩子到基层和西部去，这说明就业的
结构也在扩张。创业亦是如此。那么，在各种结构不断扩张的背景之
下，为什么有的学生会就不了业、升不了学、创不了业呢？

这个问题的回答，还得从学生主体性的发挥来分析。因为结构是
固定的，结构对每个学生来说也是公平公正的。先来分析就业的情
况，本书的 18 个案例中，已经就业的案例是 13 人，其中已经取得教
师编制的 2 人，待编教师岗 3 人，西部计划 5 人，企业就业和创业 3
人。而本班其他没有被选进本书的同学中，有立志服务在西藏乡镇的
（1 人），也有献身国防建设入伍的（3 人）。从他们毕业后的选择来
看，他们能够走到社会结构的相应节点上，都是他们自我主体性的发
挥在起着积极的作用。在就业上，这些案例所去的都是社会急缺和紧
缺人才的地方，也正是基于这点很多大学毕业生不愿意选择去。因
此，在就业上，个体自我意识在结构中起着关键作用。再来看升学，
在 18 个案例中有 5 个升学的案例，其中两个保研，全班最后 49 人毕
业，为什么就这两个案例保研了？保研的结构机制都是固定的，更是
公正公平的，那么为什么不是别的同学，而是他们？通过阅读他们的
大学经历我们很明显地感觉到，他们会比别人在这个专业上付出更
多，这种更多换句话来说就是他们会跟这个专业结构发生积极的互
动，从而获得更高的学业成绩，最终获得高学业成就。而考研也同样
如此，那些考研上岸的，从他们的叙述中，就能看到在专业知识结构
和自我意识之间总是"若即若离"的，这样的状态肯定不能让其顺利
上岸。而那些考研上岸的学生，一直在积极的克服各种困难并与知识
结构互动，最终取得较为理想的成绩。在每章的小结部分，我都一定

意义上阐述了主体性的发挥对学业成就的影响，只是每章的术语不太统一，比如主体性发挥、自我效能感、自我觉醒和主观能动性等。这些表述实质上都只是在强调主体的作用，而未考虑到结构的影响。因此，我们认为结构与主体的互动将直接影响学生学业成就的获得。

二、研究反思

在此，首先说一下这本书的结构。其实在开始构思的时候，我也尝试着去根据每一个问题，构建相应的结构来阐释。后来我发现如果这样做，就会让每一个个体变成每一个部分，不能很好地呈现他们的故事和他们的丰富而多彩、更具有传奇性的学业生涯。所以我根据代表性选择了 18 个案例，组成了 6 章的篇章结构，并在每一章作了一个小结，给予相应的阐释。从现在的框架结构来看，这是一本可读性较高的自传式的教育叙述。当然，这样一来，这本书的学术性或者说学理性就稍弱。但是，在这 18 个鲜活的案例身上，我们或许能找得到自己的影子，并且产生共鸣。我想这是不是就已经足够了。很多时候我也在反思，学术研究的目的是什么？是为问题而问题，为研究而研究，为理论而理论？当这些问题呈现在面前的时候，我不得不反思我的这项研究究竟是为了什么？实际上，我们已经看到这本书更像是一本自传体式的小说，而它的意义或许就只是作为学生们和我在特定的时空中相遇的见证。

其次，对本书研究过程中的方法和理论做些说明。这本书的成书过程可以说比较漫长，写书也是出于偶然。从 2018 年我开始带他们，便初步策划写一本有关我和他们之间的故事的学术性专著。从我的学科背景来看，我当时想把它写成人群志这类的专著。但是，介于各种机缘巧合，最后我把它写成了叙述性的，并且还是自传体式的叙事研究。因此，在研究方法上，我更尊重学生们自己的叙述，没有设置访谈提纲，学生们认为什么对他们最重要，就写什么。这一定意义上保护了学生的隐私。当然我们也必须看到，这样一来，文章的主题就比较散，同时，也给数据的分类产生了很大的困惑。

在理论上，我非常想尝试与文化中的文化模式、文化冲突、文化适应等理论进行相应的对话。在这本书阐释的过程中，我也尝试着去回应这些问题。学生们也在尝试着用这些理论去回答他们学业生活中的种种困惑。我非常欣慰的一点是，学生们能够用我课上教授的教育人类学的理论去反思他们自己的生活、自己的学业，我觉得这是作为一个老师最幸福的地方。尤其当学生告诉我专业知识出了学校就很少发生作用，而那些教育人类学知识能让他更好地去理解他的生活和工作时，我想这难道不就是教育所追求的吗？当我们今天在一味地追求教育的实用性、职业性的时候，学生个人主体性、自觉性的成长很多时候是非常缺失的，而这些孩子在一定意义上实现了这样的成长。

我在这项研究和他们的生活中是一个多重角色的存在。我习惯了他们从班导（班主任兼辅导员）逐步地叫我罗老师、新哥、老罗、新新……当然在这个过程中，很多人一直很尊敬地叫我罗老师，也有一直坚持叫我班导的。这些称谓里面，反映了我与他们之间心理距离的远近，情感上的生疏程度。但是，不管他们怎么称呼，我都欣然接受，并享受这种称谓。我也时常反思自己的角色，如果基于这项研究来说，我是一个研究者，但是在和他们相处的 4 年中，我更多的时候不是一个研究者，我也早就忘了自己研究者的身份。4 年中我经历过上课、开班会、评奖、找人、心理辅导、撬锁……这一切在今天看来，对我而言都是一种新的尝试。因此，和他们相处的这 4 年对我而言是一个教学相长的过程，尤其是他们每每"鄙视"我"王者"水平的时候，我更相信他们才是我的老师，而这个时候我就会搬出米德的《代沟》一书来进行"自我防御"。

参考文献

专著

[1] 本尼迪克特·安德森. 想象的共同体 ［M］. 吴叡人，译. 上海：上海人民出版社，2001.

[2] 彼得·伯格，托马斯·卢克曼. 现实的社会构建 ［M］. 汪涌，译. 北京：北京大学出版社，2009.

[3] 彼得·圣吉. 第五项修炼 ［M］. 郭进隆，译. 上海：上海三联书店，1998.

[4] 迈克尔·波特. 竞争战略 ［M］. 陈小悦，译. 北京：华夏出版社，1997.

[5] 欧文·戈夫曼. 日常生活中的自我呈现 ［M］. 冯钢，译. 北京：北京大学出版社，2008.

[6] 亚伯拉罕·马斯洛. 动机与人格 ［M］. 许金声，等译. 北京：中国人民大学出版社，2007.

[7] 约翰·杜威. 民主主义与教育 ［M］. 王承绪，译. 北京：人民教育出版社，2001.

[8] 斯宾塞尔. 教育论 ［M］. 任鸿年，译. 北京：商务印书馆，1974.

[9] 博尔洛夫. 教育人类学 ［M］. 李其龙，等译. 上海：华东师范大学出版社，1999.

[10] 马克斯·韦伯. 学术与政治 ［M］. 冯克利，译. 北京：生活·读书·新知三联书店，2005.

[11] 雅思贝尔斯. 什么是教育 ［M］. 邹进，译. 北京：生活·读书·新知三联书店，1991.

[12] 保罗·朗格朗. 终身教育导论 ［M］. 滕星，等译. 北京：华夏出版社，

1988.

[13] 布尔迪约，帕斯隆. 再生产：一种教育系统理论的要点 [M]. 邢克超，译. 北京：商务印书馆，2002.

[14] 迪尔凯姆. 自杀论：社会学研究 [M]. 冯韵文，译. 北京：商务印书馆，1996.

[15] 卢梭著. 爱弥儿（上下卷）[M]. 李平沤，译. 北京：商务印书馆，2008.

[16] 米歇尔·福柯. 规训与惩罚 [M]. 刘北成，杨远婴，译. 北京：生活·读书·新知三联书店，2003.

[17] 米歇尔·福柯. 临床医学的诞生 [M]. 刘北成，译. 南京：译林出版社，2001.

[18] 米歇尔·福柯. 性经验史 [M]. 佘碧平，译. 上海：上海人民出版社，2000.

[19] 米歇尔·福柯. 知识考古学 [M]. 谢强，马月，译. 北京：生活·读书·新知三联书店，2003.

[20] 柏拉图. 理想国 [M]. 郭斌和，张竹明，译. 北京：商务印书馆，1986.

[21] 安妮特·拉鲁. 不平等的童年 [M]. 张旭，译. 北京：北京大学出版社，2010.

[22] 班克斯. 文化多样性与教育：基本原理、课程与教学 [M]. 荀渊，译. 上海：华东师范大学出版社，2009.

[23] 大卫·费特曼. 民族志：步步深入 [M]. 龚建华，译. 重庆：重庆大学出版社，2007.

[24] 杜威. 民主主义与教育 [M]. 王承绪，译. 北京：人民教育出版社，1990.

[25] 吉鲁. 教师作为知识分子 [M]. 朱红文，译. 北京：教育科学出版社，2008.

[26] 柯林斯. 文凭社会 [M]. 刘冉，译. 北京：北京大学出版社，2018.

[27] 克利福德·格尔茨. 烛幽之光：哲学问题的人类学省思 [M]. 甘会斌，译. 上海：上海人民出版社，2017.

[28] 克利福德·格尔茨. 地方知识：阐释人类学论文集 [M]. 杨德睿，译. 北京：商务印书馆，2014.

[29] 克利福德·格尔兹. 文化的解释 [M]. 纳日碧力戈，等译. 上海：上海人民出版社，1999.

[30] 库恩. 科学革命的结构 [M]. 4 版. 金吾伦, 胡新和, 译. 北京: 北京大学出版社, 2012.

[31] 马尔库塞. 单向度的人: 发达工业社会意识形态研究 [M]. 刘继, 译. 上海: 上海译文出版社, 2014.

[32] 玛格丽特·米德. 萨摩亚人的成年 [M]. 周晓虹, 李姚军, 刘婧, 译. 北京: 商务印书馆, 2010.

[33] 迈克尔·阿普尔. 官方知识: 保守时代的民主教育 [M]. 曲囡囡, 刘明堂, 译. 上海: 华东师范大学出版社, 2004.

[34] 特纳. 社会学理论的结构 [M]. 邱泽奇, 张茂元, 译. 北京: 华夏出版社, 2001.

[35] 威廉·富特·怀特. 街角社会: 一个意大利人贫民区的社会结构 [M]. 黄育馥, 译. 北京: 商务印书馆, 1994.

[36] 沃尔科特. 校长办公室的那个人: 一项民族志研究 [M]. 杨海燕, 译. 重庆: 重庆大学出版社, 2009.

[37] 伊万·伊利奇. 去学校化社会 [M]. 吴康宁, 译. 北京: 中国轻工业出版社, 2017.

[38] 詹姆斯·克利福德, 乔治·E. 马库斯. 写文化: 民族志的诗学与政治学 [M]. 高丙中, 等译. 北京: 商务印书馆, 2006.

[39] 胡森·托尔斯顿. 社会环境与学业成就 [M]. 张人杰, 译. 昆明: 云南教育出版社, 1991.

[40] 乌申斯基. 人是教育的对象 [M]. 张佩珍, 郑文樾, 张敏鳌, 译. 北京: 人民教育出版社, 1989.

[41] 阿曼达·科菲. 人群志 [M]. 巴战龙, 译. 上海: 上海人民出版社, 2023.

[42] 安东尼·吉登斯. 现代性的后果 [M]. 田禾, 译. 南京: 译林出版社, 2000.

[43] 保罗·威利斯. 学做工: 工人阶级子弟为何继承父业 [M]. 秘舒, 凌旻华, 译. 南京: 译林出版社, 2013.

[44] 洛克. 教育漫话 [M]. 傅任敢, 译. 北京: 人民教育出版社, 1985.

[45] 斯宾塞. 斯宾塞教育论著选 [M]. 胡毅, 王承绪, 译. 北京: 人民教育出版社, 2005.

［46］艾米娅·利布里奇. 叙事研究：阅读、分析和诠释［M］. 王红艳，译. 重庆：重庆大学出版社，2008.

［47］巴战龙. 学校教育·地方知识·现代性：一项家乡人类学研究［M］. 北京：民族出版社，2010.

［48］程猛. "读书的料"及其文化生产［M］. 北京：中国社会科学出版社，2018.

［49］池丽萍. 亲子沟通与儿童学业成就［M］. 北京：北京师范大学出版社，2013.

［50］丁月牙. 行动者的空间：甲左村变迁的教育人类学研究［M］. 桂林：广西师范大学出版社，2016.

［51］丁钢. 声音与经验：教育叙事探究［M］. 北京：教育科学出版社，2020.

［52］费孝通. 江村经济［M］. 北京：商务印书馆，2005.

［53］费孝通. 文化与文化自觉［M］. 北京：群言出版社，2010.

［54］费孝通. 中华民族多元一体格局（修订版）［M］. 北京：中央民族大学出版社，2003.

［55］冯友兰. 中国哲学史［M］. 重庆：重庆出版社，2009.

［56］冯跃. 教育的期待与实践：一个中国北方县城的人类学研究［M］. 北京：民族出版社，2009.

［57］范先佐. 三尺书桌何处寻：流动人口子女教育困难与破解［M］. 南京：江苏教育出版社，2011.

［58］蒋太岩. 从歧视走向公平：中国农民工及其子女教育问题调查与分析［M］. 沈阳：东北大学出版社，2014.

［59］高宣扬. 当代社会理论［M］. 北京：中国人民大学出版社，2005.

［60］黄志成. 被压迫者的教育学［M］. 北京：人民教育出版社，2003.

［61］黄兆信，万荣根. 农民工随迁子女融合教育研究［M］. 北京：中国社会科学出版社，2014.

［62］李剑. 西部少数民族聚居区贫困儿童学业成就的质性研究［M］. 北京：民族出版社，2014.

［63］联合国教科文组织. 反思教育：向"全球共同利益"的理念转变？［M］. 联合国教科文组织总部中文科，译. 北京：教育科学出版社，2017.

［64］ 联合国教科文组织. 教育：财富蕴藏其中［M］. 联合国教科文组织总部中文科，译. 北京：教育科学出版社，1996.

［65］ 联合国教科文组织国际教育发展委员会. 学会生存：教育世界的今天和明天［M］. 北京：教育科学出版社，1996.

［66］ 林耀华. 金翼［M］. 庄孔韶，林宗成，译. 北京：生活·读书·新知三联书店，2008.

［67］ 林德全. 教育叙事论纲［M］. 北京：中国社会科学出版社，2008.

［68］ 刘丽红. 中学生学习主体性与学业成就的相关研究［M］. 哈尔滨：黑龙江大学出版社，2014.

［69］ 刘世民. 错位与抉择：论农村学校教育的主导功能和路向［M］. 重庆：西南师范大学出版社，2003.

［70］ 刘良华. 叙事教育学［M］. 上海：华东师范大学出版社，2011.

［71］ 罗银新. 培养有根的现代人：贵州民族民间文化进校园的教育人类学研究［M］. 北京：民族出版社，2020.

［72］ 潘乃谷，潘乃和. 潘光旦教育文存［M］. 北京：人民教育出版社，2001.

［73］ 任杰慧. 中国式在家上学［M］. 北京：社会科学文献出版社，2017.

［74］ 任运昌. 空巢乡村的守望：西部留守儿童教育问题的社会学研究［M］. 北京：中国社会科学出版社，2009.

［75］ 尚文鹏. 在家上学：美国中产家庭非主流教育的理念与实践［M］. 北京：商务印书馆，2021.

［76］ 沈红. 结构与主体：激荡的文化社区石门坎［M］. 北京：社会科学文献出版社，2007.

［77］ 滕星. 教育人类学的理论与实践：本土经验与学科建构［M］. 北京：民族出版社，2009.

［78］ 滕星. 教育人类学通论［M］. 北京：商务印书馆，2017.

［79］ 滕星. 书斋与田野：滕星教育人类学访谈录［M］. 北京：民族出版社，2010.

［80］ 滕星. 文化变迁与双语教育：凉山彝族社区教育人类学的田野工作与文本撰述［M］. 北京：教育科学出版社，2001.

［81］ 王国维. 人间词话［M］. 北京：中华书局，2009.

［82］ 王孝武. 大学生阅读与学业成就研究［M］. 南京：南京大学出版社，2022.

［83］ 吴为民，李忠. 教育叙事与案例撰写［M］. 上海：华东师范大学出版社，2007.

［84］ 项飙，吴琦. 把自己作为方法［M］. 上海：上海文艺出版社，2020.

［85］ 杨红. 拉祜女童的教育选择［M］. 北京：民族出版社，2013.

［86］ 张劲英. 中国研究型大学本科新生学业成就之影响因素分析［M］. 杭州：浙江大学出版社，2017.

［87］ 张雨强. 基础教育学业成就评价：国际视野与本土实践［M］. 北京：北京师范大学出版社，2017.

［88］ 赵中建. 教育的使命：面向 21 世纪的教育宣言和行动纲领［M］. 北京：教育科学出版社，1996.

［89］ 周怡，朱静，王平，等. 社会分层的理论逻辑［M］. 北京：中国人民大学出版社，2016.

［90］ 庄孔韶. 教育人类学［M］. 哈尔滨：黑龙江教育出版社，1989.

论文

［1］ 鲍振宙，张卫，李董平，等. 校园氛围与青少年学业成就的关系：一个有调节的中介模型［J］. 心理发展与教育，2013（1）.

［2］ 程黎，李浩敬. 教师课堂行为感知与家长参与对 10 - 12 岁低学业成就学生学习策略的影响［J］. 中国特殊教育，2015（7）.

［3］ 傅敏，田慧生. 教育叙事研究：本质、特征与方法［J］. 教育研究，2008（5）.

［4］ 董柔纯，周宗奎，刘庆奇，等. 儿童网络使用与学业成就：有调节的中介模型［J］. 心理科学，2019（1）.

［5］ 董妍，俞国良. 青少年学业情绪对学业成就的影响［J］. 心理科学，2010（4）.

［6］ 丁钢. 教育叙事研究的方法论［J］. 全球教育展望，2008（3）.

［7］ 丁钢. 教育叙事的理论探究［J］. 高等教育研究，2008（1）.

［8］ 方长春，风笑天. 家庭背景与学业成就：义务教育中的阶层差异研究［J］. 浙江社会科学，2008（8）.

［9］ 韩英君. 中学生人格特点与学业成就、学习动机、学业自我效能的关系研究［D］. 西安：陕西师范大学，2008.

［10］ 胡桂英，许百华. 初中生学习归因、学习自我效能感、学习策略和学业成就关系的研究［J］. 心理科学，2002（6）.

［11］ 蒋国河，闫广芬. 城乡家庭资本与子女的学业成就［J］. 教育科学，2006（4）.

［12］ 李德建. 文化差异与民族地区学生低学业成就分析［J］. 贵州民族学院学报（哲学社会科学版），2010（4）.

［13］ 李若兰. 大学生专业认同对学习投入的影响：学校归属感和学业自我效能感的链式中介作用［D］. 广州：华南理工大学，2018.

［14］ 李汪洋. 教育期望、学习投入与学业成就［J］. 中国青年研究，2017（1）.

［15］ 李文桃，刘学兰，喻承甫，等. 学校氛围与初中生学业成就：学业情绪的中介和未来取向的调节作用［J］. 心理发展与教育，2017（2）.

［16］ 李永江，周贝贝. 低学业成就学生群体形成的社会学原因［J］. 现代中小学教育，2014（3）.

［17］ 李忠路，邱泽奇. 家庭背景如何影响儿童学业成就？：义务教育阶段家庭社会经济地位影响差异分析［J］. 社会学研究，2016（4）.

［18］ 刘良华. 教育叙事研究：是什么与怎么做［J］. 教育研究，2007（7）.

［19］ 彭亚华. 少数民族女童低学业成就的归因分析与对策［J］. 民族教育研究，2004（1）.

［20］ 乔婷婷. 大学生主观幸福感与学业成就归因、就业压力的关系研究［D］. 上海：华东师范大学，2010.

［21］ 曲苒. 中学生自我调节学习与学业自我效能感、成就目标定向及学业成就的关系研究［D］. 西安：陕西师范大学，2004.

［22］ 任萍，张云运，秦幸娜，等. 初中生公正世界信念对其学业成就的影响：感知的教师支持和班级公正的中介作用［J］. 心理发展与教育，2017（2）.

［23］ 孙丹枫. 低学业成就大学生学业归因策略的质性研究［D］. 北京：北京建筑大学，2022.

[24] 陶红，杨东平. 我国高中学生学业成就与家庭背景关系的实证研究 [J]. 清华大学教育研究，2007（1）.

[25] 滕星，杨红. 西方低学业成就归因理论的本土化阐释：山区拉祜族教育人类学田野工作 [J]. 广西民族学院学报（哲学社会科学版），2004（3）.

[26] 王静. 成就动机与学业成就的关系：学业情绪的中介效应 [D]. 郑州：郑州大学，2013.

[27] 王振宏，刘萍. 动机因素、学习策略、智力水平对学生学业成就的影响 [J]. 心理学报，2000（1）.

[28] 吴越. 大学生学习策略与场认知方式、学习风格、学习动机以及学业成就关系的研究 [D]. 西安：陕西师范大学，2004.

[29] 徐赛亚. 自尊、归因方式、学习动机、主观幸福感与学业成就的关系研究 [D]. 上海：上海师范大学，2009.

[30] 杨琦雪. 教育人类学视角下美国少数族群学生学业成就归因理论研究综述 [D]. 北京：中央民族大学，2013.

[31] 叶宝娟，胡笑羽，杨强，等. 领悟社会支持、应对效能和压力性生活事件对青少年学业成就的影响机制 [J]. 心理科学，2014（2）.

[32] 叶月婵. 家长参与对小学生学业成就的影响研究 [D]. 兰州：西北师范大学，2010.

[33] 于海琴，李晨，石海梅. 学习环境对大学生学习方式、学业成就的影响：基于本科拔尖创新人才培养的实证研究 [J]. 高等教育研究，2013（8）.

[34] 于倩. 青少年主观幸福感对学业成就的影响 [D]. 喀什：喀什大学，2020.

[35] 袁同凯，陈·巴特尔. 论学校教育民族志的研究取向：对少数民族儿童学业成功与失败原因的理论探讨 [J]. 广西民族大学学报，2007（4）.

[36] 张宏如，沈烈敏. 学习动机、元认知对学业成就的影响 [J]. 心理科学，2005（1）.

[37] 张云运，黄美薇，任萍，等. 朋友的学业成就会影响我的学业成就吗？：成对友谊关系中成就目标取向的中介作用 [J]. 心理发展与教育，2020（1）.

[38] 张云运，骆方，陶沙，等. 家庭社会经济地位与父母教育投资对流动儿童学业成就的影响 [J]. 心理科学，2015（1）.

[39] 张希希. 教育叙事研究是什么 [J]. 教育研究, 2006 (2).

[40] 赵小云. 中学生学业自我发展及其与人格特征和学业成就的关系研究 [D]. 重庆：西南大学, 2007.

[41] 周炎根, 桑青松, 葛明贵. 大学生自主学习、成就目标定向与学业成就关系的研究 [J]. 心理科学, 2010 (1).

[42] 朱巨荣. 中学生学习压力、学习动机、学习自信心与学业成就的关系研究 [D]. 武汉：华中师范大学, 2014.

外文文献

[1] ANDREWS D C. Achievement as Resistance：The Development of a Critical Race Achievement Ideology among Black Achievers [J]. Harvard Educational Review Vol. 78, 2008 (3).

[2] ANDREWS D J C. The Construction of Black High – Achiever Identities in a Predominantly White High School [J]. Anthropology and Education Quarterly Vol. 40, 2009 (3).

[3] BARBARA S, LEE Y. A Model for Academic Success：The School and Home Enviroment of East Asian Students [J]. Anthropology and Education Quarterly Vol. 21, 1990 (4).

[4] BARIC L, VALENTINE C A. Culture and Poverty：Critique and Counter – Proposals [J]. Man Vol. 4, 1969 (2).

[5] CARSPECKEN F P. Community Schooling and the Nature of Power：The Battle for Croxteth Comprehensive [M]. London：Taylor and Francis, 2019.

[6] CUMMUNS J. Empowering Minority Students：A Framework for Intervention [J]. Contemporary Education and Culture Vol. 56, 2011 (1).

[7] ERICKSON F. Transformation and School Success：The Politics and Culture of Educational Achinevement [J]. Anthropology and Education Quarterly Vol. 18, 1987 (4).

[8] GONZALEZ F, RICAN N P. High Achievers：An Example of Ethnic and Academic Identity Compatibility [J]. Anthropology and Education Quarterly Vol. 30, 1999 (3).

［9］ FOLEY，DOUGLAS E. Reconsidering Anthropological Explanations of Ethnic School Failure ［J］. Anthropology and Education Quarterly Vol. 22，1991（1）.

［10］ HELWEG R B A W. Accommodation without Assimilation：Sikh Immigrants in an American High School ［J］. International Migration Review Vol. 23，1988（1）.

［11］ JENSEN，ARTHUR. How Much Can We Boost IQ and Scholastic Achievement ［J］. Harvard Educational Review Vol. 39，2012（1）.

［12］ LEDLOE S. Is Cultural Discontinuity an Adequate Explanation for Dropping Out？［J］. Journal of American Indian Education Vol. 31，1992（3）.

［13］ MATUTE – BIANCHI，EUGENIA M. Ethnic Identities and Patterns of School Success and Failure among Mexican – Descent and Japanese – American Students in a California High School：An Ethnographic Analysis ［J］. American Journal of Education Vol. 95，1986（1）.

［14］ MCDERMOTT R. The Explanation of Minority School Failure，Again ［J］. Anthropology and Education Quarterly Vol. 18，1987（4）.

［15］ OGBU J U. Minority Education and Caste：The American System in Cross – Cultural Perspective ［J］. Crisis Vol. 86，1978（3）.

［16］ OGBU J U. School Ethnography：A Multilevel Approach ［J］. Anthropology and Education Quarterly Vol. 12，1981（1）.

［17］ OGBU J U.，HERBERT D. SIMONS. Voluntary and Involuntary Minorities：A Cultural – Ecological Theory of School Performance with Some Implications for Education ［J］. Anthropology and Education Quarterly Vol. 29，1998（2）.

［18］ OGBU J U. Racial Stratification and Education：The Case of Siockton ［J］. California ICRD Bulletin Vol. 12，1977（3）.

［19］ OGBU J U. Variability in Minority School Performance：A Problem in Search of An Explanation ［J］. Anthropology and Education Quarterly Vol. 18，1987（4）.

［20］ OSTHOLM S E，OGBU J U. The Next Generation：An Ethnography of Education in an Urban Neighborhood ［J］. Contemporary Sociology Vol. 12，1974（2）.

［21］ PHILIPS S U. The Invisible Culture：Communication in Classroom and Community on the Warm Springs Indian Reservation ［J］. The Elementary School Journal

Vol. 86, 1985 (2).

[22] PHILIPS S U. Commentary Access toPower and Maintenance of Ethnic Identity as Goals of Multi – cultural Education [J]. Anthropology and Education Quarterly Vol. 7, 1976 (4).

[23] SHUMAN A, HEATH S B. Ways with Words: Language, Life and Work in Communities and Classrooms [J]. Man Vol. 19, 1984 (3).

[24] SINGH, M. G. A Counter – hegemonic Orientation to Literacy in Australia [J]. Journal of Education Vol. 151, 1989 (1).

[25] TAN, CHEE – BENG. Education in Rural Sarawak [J]. Borneo Review Vol. 4, 1993 (2).

[26] VALENZUELA A. Subtractive Schooling: US – Mexican Youth and the Politics of caring [J]. Harvard Educational Review Vol. 71, 1999 (3).

后　记

　　这本书的成书过程如同学生的成长一样，总是在某些机缘巧合，并伴随些许的遗憾之下完成。学生们走完了他们的大学学业生涯，这本书也即将交付给出版社出版。行文至此，我已经忘了自己等到两个宝宝都熟睡后熬了多少个夜晚，才勉强完成书稿的初稿。每每自己的研究生提醒"老师少熬点夜，黑眼圈太重了"时，我才意识到自己再也不是5年前那个坐在电脑前，可以熬到深夜两三点写博士论文的学生了，而这些我毕业后带的首届本科生也在各地"奔生活"去了。我们现在都兼多重角色，他们中有和我一样为人父母的，也有为人师者的，更有为理想还在努力求学或备考研究生的，甚至还有一直坚持努力拼搏立志要走到"宇宙的尽头"——编制的，此外，也有很多我不知道他们身在何处，撒落在世界的角落里生根发芽的……

　　我没想到会在初冬的龙文山下，写下此篇，用以追忆学生们逝去的青春和我在这里激情澎湃带他们的四年。2018年9月，他们从全国各地，实际是两省来到龙文山下求学，那时我刚博士毕业，意气风发，生怕辜负了这大好的时光，所以在带他们的过程中也倾注了挺多的心思，如每周举办一次读书会。他们初来的时候有62人，后来有两人想退学，我再三做工作后，最终有一个男生还是选择了回去复读，这算是第一个分流的学生。后来大一下学期，因为转专业，有两个学生转到院外，13个学生转到了本院的小学教育和学前教育专业，最终剩下 46 名学生。在给他们上课和平时的辅导中，我还是感觉很吃力，班上大多数同学还是想"学而为师"，学一个对口的专业能够就业。这让我很是头疼，他们的问题我无法给出一个比较满意，或者说稍微满意的答案。最后他们中大多数带着遗憾离校，我带着对他们的愧疚继续留在这美丽的龙文山下"念经"，在秀丽的白云湖畔"敲钟"。

　　书稿在构思的过程中，我原本想根据不同的主题截取每个学生相同的经历来阐释某些问题。这样做有两个好处：一是能尽可能地把全班同学的故事都放进来；二是这样的篇章结构更符合学术研究的范式。但是，这样做也会带来一些弊端，例如，我不能很好地呈现每个学生充满传奇色彩的求学历程。与其为问题而问题，为范式而范式，不如把每个充满灵性的个体单独地呈现出来。或许我们能在某个案例中找到自己的影子，或是给我们些许的感触。为此，经过几轮的筛选，加上篇幅的限制，本书最终选用了 18 个同学的故事组成 6 章的结构。之所以是 6 章，因为这里面有我个人对他们的祝愿！我想更有学生对自己的祝福！在此，就每章的案例作如下的简要说明。

　　第一章，从后进生到高成就者的逆袭，呈现的 3 个案例在小学阶段的学业成就都很低，到初中阶段逐步实现了逆袭，最终在自我的努力之下成功过一本线上岸大学。大学毕业后，他们中的一人去了西部计划，正在积极投身于乡村振兴建设之中，一人还继续奋战在考研的路上，追寻自己的梦想，还有一个同学如愿实现了育人之梦，相信他能早日走到"宇宙的尽头"——编制。

　　第二章，从留守儿童到本科生的涅槃，呈现的 3 个案例从小学到大学的学业成长中都是"别人家的孩子"。他们身上有着相同的经历和共同的特点，留守成了他们童年共同的记忆，隔代教育让他们感到幸福也有些许的遗憾。作为"别人家的孩子"，他们是幸运的，同时他们在学业成长中也有困惑。大学毕业后，他们中的一人顺利实现升学攻读硕士学位；一人加入西部计划投身于乡村建设之中；一人越挫越勇、屡败屡战，在工作之余继续备考研究生，实现对自己的期许。我相信功夫不负苦心人。

第三章，从异乡到家乡的教育体验差异，呈现的 3 个案例在学业成长过程中都有过异地求学的经历。作为随迁子女的他们对迁入地教育有切身的体会，同时随着父母务工的需要转回到原籍读书，也感受到了家乡和他乡学校文化氛围的不同。在这个过程中，他们有过跨文化的适应，也感受到了他乡教育资源更有助于自我高学业成就的获得。他们从小学到大学的学业成就都比较高。大学毕业后，他们 3 人中有两人去了西部计划（其中一人在小学支教，一人在政府服务），一人继续攻读硕士学位。他们都在为自己的梦想奋斗着，我相信他们一定能够实现心中所愿。

第四章，从文化冲突到文化适应之旅，呈现的 3 个案例的经历差异性较大。即便如此，我们也能够看到他们在学校教育的成长中都不同程度地存在文化冲突和文化适应的问题。其中有学校学业文化与自我认知文化之间的冲突，也有作为少数群体的文化与学校文化之间的冲突，更有一般学校文化与国际学校文化之间的冲突，在他们积极的自我调适之后，都能取得较高的学业成就。这足以说明学生作为主体与学校结构之间的积极互动有助于学生取得高学业成就。大学毕业后，他们 3 人中有一人如愿成为小学教师（有编制），一人回家自主创业，一人自主择业在社会上打拼。

第五章，从山乡女童到师范生的蜕变，呈现的 3 个案例都来自乡村，她们的故事在一定程度上折射出乡村女童受教育的经历，更折射出家长对美好教育追求所做出的努力。她们在学业成长过程中，都是妈妈身边的乖乖女，在升学中更多考虑的是家里的承受能力。她们在中小学阶段都是十分优秀的学生，甚至有贵州省最好的高中毕业的学生，但要知道，她们的家庭文化资本都是极度薄弱的。她们在大学毕业后，一人经历考研二战的鞭打后顺利考进教师编，实现了育人之梦；一人一直在小学当老师，只是未能如愿入编；一人进入社会自由择业。

第六章，从"农"的传人到学术种子，呈现的 3 个案例都来自山乡村寨，其中一个来自苗族村寨，小学学业成长中还需要经历语言过渡教育。他们从小学到大学都是高学业成就者，在大学阶段，他们中的 2 人是以专业第一和第二的成绩顺利保研某重点大学攻读硕士学位，另外一位同学通过少数民族高层次人才骨干计划（简称"少数民族骨干计划"）顺利进入某重点师范大学攻读硕士学位。他们的成长更多体现出结构与主体之间的互动。升学结构是一个相对客观的存在，如保研和少数民族骨干计划，只有当学生自己积极发挥主体性，才能让自己和结构之间产生互动，从而实现心中所愿。他们或许经过几年的成长，能够实现专业培养的目标，也或许硕士毕业后从事不同的职业。

当然，这里也需要说明，在 18 个案例中所体现的几个攻读硕士学位的学生之外，班里也有其他在攻读硕士学位的学生。他们或许经过几年的努力，能够真正地成为这个专业的种子。

在这里还需要进一步说明，本书中的 18 个案例只是这个班的一部分，其他人的学业成就在我看来也是很高的。他们中有去部队历练的，有去中小学当教师的，有去当公务员的，也有继续"三战"考研即将上岸的……作为他们的辅导员和班主任，我见证了他们大学四年的成长，通过他们的高考分析我也能感受到他们高中时代的辉煌。很多时候我们需要反思，何为高学业成就，尤其在大学阶段？是每次都拿到奖学金，还是顺利保研、考研上岸、考进编制，还是……这些问题一直伴随着我带他们的四年。一次周日读书会上，大概在讨论《拉祜族女童的教育选择》的时候，一个男生说，大学的学业成就不仅仅从分数、就业这些来评价，更应该看这个学生自己怎么定位高学业成就。我顿时意识到这不就是我期待的答案吗。这个男生在专业学习上一直表现平平，但是在大四下学期开学之际，他主动联系我讨论他的毕业论文，因为他要去部队历练了。他是我最担心毕业后去哪的人，却在毕业之际第一个分流，并且走得如此之美。

这个班在大三的时候，还进来了4个二学位的同学，其中一个在进来一周后找到自己的方向，没有继续攻读二学位，回家准备考研，后来考上了天津师范大学的研究生。其他3人继续攻读学位，毕业后有一人去西藏就业，两人去了中小学当老师。在大四毕业的时候，全班总计49人，从大一的62人到大四的49人，我见证了他们的分流，看着他们的成长。现在想想他们都已经毕业一年多了，他们经历了很多，也基本实现了心中所愿。即便没有实现心中所愿，我相信大学的经历也一定能化解他们在生活和工作中的困惑。诚如一位在广东工厂工作的学生跟我说的：

> 其实现在对我来说，您组织的读书会的作用是最大的，因为专业教育的知识出了这个专属系统，比较难发挥作用，但是那些社会学、人类学的知识，反而让我在工作中能更好去适应与理解。在这些环境中工作，很多事情结合这些知识的反思，自然就通透了。如果没有您之前的读书会，现在我还不知道用些什么来解惑呢。格尔茨文化的解释，以及您之前推荐的项飙的田野点的相关文章，很多知识点在这些环境中都能得到解释，只不过不是直白地映射出来，而是需要将知识迁移一下。

当下流行一句话："脱下孔乙己的长衫"，这个学生做到了这一点。我相信他不会永远地留在工厂工作，相反，这段"奔生活"的经历一定会让他去反思自己的人生和大学期间所接触到的不同理论，在理论与实践中实现人生价值的升华。

行文至此，我要感谢我博士毕业后所带的这66名学生（加上大三转进来的4名攻读二学位的学生），实际上最后是49人坚持在这个专业毕业。在4年相伴中，我们见证着彼此的成长。从第一个退学的学生身上，我看到了自己第一年去读大学时也是心有不甘而顶着压力退学复读。从转专业的学生身上，我看到了自己大二的时候为了梦想而毅然决然地选择跨专业考研，就只为"我喜欢！"三个字。现在想想，如果放在今天，面对房贷、嗷嗷待哺的两个宝宝，我还会有勇气这么选择吗？大学是一个充满着希望与无限可能的地方，在最美的华年，可以尽情随性地去追求心中所愿。最后坚持在本专业毕业的同学是49人，而因各种事情没来，定格在毕业照的同学只有44人。纵观这本书中的内容，实际上大家都无比怀念中小学阶段，对大学多少带着些许的遗憾。我相信，再过5年，或者10年，当他们翻开这本书追忆自己最美的华年时，一定会像大学期间追忆他们小学、中学一样的自豪。

此外，还要感谢教育学院的领导和老师对学生们辛苦的栽培，对我工作的支持，尤其是对学生院内转专业的支持。学生的成长是一个复杂的过程，在这个过程中，我扮演的只是一个小小的角色，他们的成长更多得益于学校和学院的培养。

最后，感谢知识产权出版社的邓莹副编审对该选题的支持，并对书稿的框架结构和文字润色付出了艰辛的工作，从而让本书减少了许多错漏。同时，我的研究生团队成员——龙佳佳、吴祎璠、孙小义、匡元卉、阮发梅、谢艳、赵钰芳、姚杨、向艳、黎涛、张卫娜、罗小维等同学对初稿进行认真细致的校对。尤其是龙佳佳同学作为教育学本科专业留在我身边攻读硕士学位的种子型学生，我对她的要求比较严厉和苛刻，当然，更担心在我这个"半吊子"导师的指导下，她不能得到更好地成长。她在前期的研究过程中给我收集了所有同学的数据，在书稿写作过程中不断地联系同学确认信息，并带领团队成员对本书的初稿进行了初步的校对。她在做大量基础性的工作和付出很多艰辛的体力、脑力劳动的过程中，自己的研究素养也得到了很大的提升。同时，吴祎璠同学在书稿撰写过程中帮我处理了大量的访谈数据，并对书稿语句进行了适当的修改，从而让语句少了很多方言式的表达。在这个过程中，她的学术素养也得到了提升。还要感谢在西南大学攻读硕士学位的李敏和潘勤情同学，在东北师范大学攻读硕士学位的杨小燕同学，以及在贵州师范大学攻读硕士学位的刘琴琴同学对书稿的校对。当然了，更要谢谢本书中的 18 个同学愿意分享他们学业成长的故事，让我有机会聆听他们的故事，反思自己的工作和生活。

此外，感谢我的家人对我工作的支持。尤其是我的爱人袁仙梅女士，这几年不仅给我们的小家增添了两个可爱的小天使，而且在照顾她们的同时准备考研和攻读硕士学位，这于我来说是莫大的恩赐。也感谢两个宝宝健康成长，让我有精力从事这些较为烧脑的劳动，更愿她们长大后能在这本书中看到父母的影子，并以此激励自己在学海成长。

我相信一切都是美好的际遇。祝福学生们都能拥有一个远大的前程，并获得幸福！

罗银新

2023 年 11 月 14 日 夜

于贵阳花溪龙文山下